改訂版 社会人のための
産業・組織心理学入門

高橋　浩　著
高橋　修　編著

はじめに

　20 世紀初頭に誕生した「経済心理学」は、1930 〜 40 年代には「産業心理学」と呼ばれるようになりました。さらに 1960 年代に入ると「組織心理学」が台頭し、従来の産業心理学に社会心理学的な視点が新たに加わりました。そして、1970 年代以降には「産業・組織心理学」として発展してきました。

　産業・組織心理学がこの 100 年余りに蓄えてきた研究知見には、企業・病院・大学・官公庁・地方自治体などの組織で働く社会人が、日々の仕事を遂行していくうえで有益な理論やモデルが数多くあります。そこで、“理論と実践の橋渡し”のお手伝いをしたいというねらいをもって、本書は執筆されました。主たる読者としては、大学院・大学・短大・通信教育課程などで学ぶ社会人学生の方々を想定しています（もちろん、社会人経験のない学生の皆さんが読まれることも大歓迎です）。

　本書のねらいを具現化するために、社会人経験を有する実務家研究者が執筆に当たりました。両名とも民間企業などで長らく実務に従事した経験をもち、現在も大学などで教鞭を執る傍ら、さまざまな形で実務にタッチしています。そして、執筆に当たっては、単なる理論やモデルの解説にとどまらず、本文およびコラムの中に、できるだけ具体例や実践事例、実証調査の結果などを盛り込むことを心がけました。

　また、筆者たち自身も社会人学生として、働きながら学問を修めることの大変さを経験してきました。講義を受けている最中に、うまくいかない仕事のことが頭の中を駆け巡ったり、仕事をしているときに締め切り間近のレポート提出のことが気になったり……。そんなことがたびたびありました。しかし、悪戦苦闘しながらも共に学ぶ仲間と互いに励まし合いながら、何とか卒業・修了できたときの充実感や達成感は、何事にも代えがたいものでした。ですから本書は、読者の皆さんよりも少しだけ先輩である筆者たちから、後輩の皆さんへ贈る応援メッセージという意味合いも込められています。

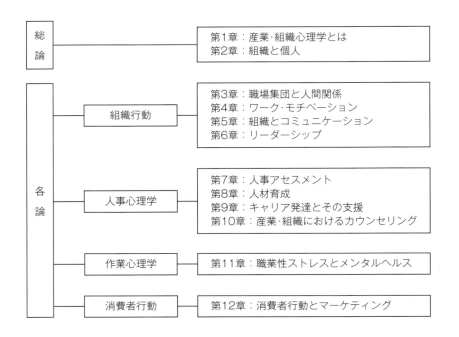

　さて、産業・組織心理学の研究領域は、組織行動、人事心理学、作業心理学、消費者行動の4つに大別されます。それを踏まえて、本書は全12章から構成されています（図参照）。

　第1章と第2章は総論に当たります。すなわち、第1章では産業・組織心理学の歴史と研究領域について概観します。第2章は、産業・組織心理学を学ぶうえで必要となる、組織そのものおよび個人に対する理解を深めるための章です。

　次の第3章から第12章までは各論です。4つの研究領域ごとに、主要な研究テーマを取り上げて解説しています。

　組織行動の領域からは、職場集団と人間関係（第3章）、ワーク・モチベーション（第4章）、組織とコミュニケーション（第5章）、リーダーシップ（第6章）を取り上げています。

　人事心理学の領域からは、人事アセスメント（第7章）、人材育成（第8章）、キャリア発達とその支援（第9章）、産業・組織におけるカウンセリング（第10

章）を取り上げています。

　作業心理学の領域では、職業性ストレスとメンタルヘルス（第 11 章）、消費者行動の領域では、消費者行動とマーケティング（第 12 章）をピックアップしています。

　総論部分で全体像をつかんだ後、各論部分については、章の順番どおりに読み進めても、あるいは興味のある章から読んでもよいように構成されています。

　"実践なき理論は空虚" です。机上の空論だけでは仕事はできません。また、実践が伴わない理論は空しいだけです。しかし、だからといって理論を軽視してはなりません。なぜならば、"理論なき実践は無謀" であるからです。勘と経験と度胸に頼った実践では、今日成功したとしても、明日もまた成功するとは限りません。再現性の低い危うさが難点です。

　社会人は実務上の実践経験が豊富です。それを理論に当てはめて一般化することを心がけましょう。それが、理論に基づいた次の実践へとつながり、必ずや再現性の向上や仕事のレベルアップをもたらしてくれます。そして、本書が少しでもそのお役に立てれば、筆者としてこれ以上の喜びはありません。

　最後になりましたが、今回の編集の労を取ってくださった産業能率大学出版部の坂本清隆様に、心から感謝申し上げます。

　2024 年夏

著者を代表して

高橋　修

目　次

はじめに　*i*

第 1 章　産業・組織心理学とは　*1*

1節　産業・組織心理学の歴史‥‥‥‥‥‥‥‥‥‥‥‥‥‥‥‥‥‥‥ *2*

2節　産業・組織心理学の研究領域‥‥‥‥‥‥‥‥‥‥‥‥‥‥‥ *12*

第 2 章　組織と個人　*17*

1節　組織観の変遷‥‥‥‥‥‥‥‥‥‥‥‥‥‥‥‥‥‥‥‥‥‥‥ *18*

2節　組織の定義と構成要素‥‥‥‥‥‥‥‥‥‥‥‥‥‥‥‥‥‥ *23*

3節　組織設計の原理‥‥‥‥‥‥‥‥‥‥‥‥‥‥‥‥‥‥‥‥‥ *28*

4節　組織の中の個人‥‥‥‥‥‥‥‥‥‥‥‥‥‥‥‥‥‥‥‥‥ *33*

第 3 章　職場集団と人間関係　*37*

1節　職場集団の特徴‥‥‥‥‥‥‥‥‥‥‥‥‥‥‥‥‥‥‥‥‥ *38*

2節　職場集団の成立‥‥‥‥‥‥‥‥‥‥‥‥‥‥‥‥‥‥‥‥‥ *43*

3節　職場集団における人間関係‥‥‥‥‥‥‥‥‥‥‥‥‥‥‥ *52*

第 4 章　ワーク・モチベーション　*67*

1節　ワーク・モチベーションとは‥‥‥‥‥‥‥‥‥‥‥‥‥‥ *68*

2節　モチベーションの内容理論‥‥‥‥‥‥‥‥‥‥‥‥‥‥‥ *72*

3節　モチベーションの過程理論‥‥‥‥‥‥‥‥‥‥‥‥‥‥‥ *82*

4節　モチベーションと諸理論‥‥‥‥‥‥‥‥‥‥‥‥‥‥‥‥ *86*

v

第5章　組織とコミュニケーション　　93

1節　コミュニケーションとは・・・・・・・・・・・・・・・・・・・・・・・・・・・・・・・・ *94*
2節　コミュニケーションのタイプ・・・・・・・・・・・・・・・・・・・・・・・・・・・ *97*
3節　対人的コミュニケーションのスキル・・・・・・・・・・・・・・・ *102*
4節　組織内コミュニケーション・・・・・・・・・・・・・・・・・・・・・・・・・ *108*

第6章　リーダーシップ　　117

1節　リーダーシップとは・・・・・・・・・・・・・・・・・・・・・・・・・・・・・・・・・ *118*
2節　リーダーシップ研究の発展系譜・・・・・・・・・・・・・・・・・・・・ *120*

第7章　人事アセスメント　　137

1節　人事アセスメントとは・・・・・・・・・・・・・・・・・・・・・・・・・・・・・ *138*
2節　採用選考・・ *140*
3節　人事考課制度の目的と仕組み・・・・・・・・・・・・・・・・・・・・・ *150*
4節　人事考課制度の運用・・・・・・・・・・・・・・・・・・・・・・・・・・・・・・・ *154*

第8章　人材育成　　161

1節　人材育成の意義と重要性・・・・・・・・・・・・・・・・・・・・・・・・・ *162*
2節　職業能力の捉え方・・・・・・・・・・・・・・・・・・・・・・・・・・・・・・・・・ *165*
3節　人材育成の方法・・・・・・・・・・・・・・・・・・・・・・・・・・・・・・・・・・・ *172*

第9章　キャリア発達とその支援　　183

1節　キャリア発達の基礎知識・・・・・・・・・・・・・・・・・・・・・・・・・ *184*
2節　キャリア発達の理論・・・・・・・・・・・・・・・・・・・・・・・・・・・・・・ *189*
3節　キャリア発達支援・・・・・・・・・・・・・・・・・・・・・・・・・・・・・・・・・ *201*

第10章　産業・組織におけるカウンセリング　213

1節　産業・組織とカウンセリング ・・・・・・・・・・・・・・・・・・・・・・・・ *214*

2節　カウンセリングの理論 ・・・・・・・・・・・・・・・・・・・・・・・・・・・・・・ *221*

3節　カウンセリングの技法 ・・・・・・・・・・・・・・・・・・・・・・・・・・・・・・ *232*

4節　カウンセリングのプロセス ・・・・・・・・・・・・・・・・・・・・・・・・ *238*

5節　カウンセリングの実施にあたり必要なこと ・・・・・・・・・・・ *243*

第11章　職業性ストレスとメンタルヘルス　249

1節　職業性ストレスに関する理論・モデル・・・・・・・・・・・・・・・ *250*

2節　トレスやメンタルヘルス不調に強くなるための着眼点・ *263*

第12章　消費者行動とマーケティング　277

1節　消費者行動とは ・・・・・・・・・・・・・・・・・・・・・・・・・・・・・・・・・・・ *278*

2節　消費者行動の理論モデル・・・・・・・・・・・・・・・・・・・・・・・・・・・281

3節　マーケティング・リサーチ ・・・・・・・・・・・・・・・・・・・・・・・・ *290*

索　引　*298*

著者略歴　*308*

第1章
産業・組織心理学とは

　産業・組織心理学とは、どのような学問分野なのでしょうか。いつ頃に誕生して、どのような歴史をたどってきたのでしょうか。また、どのようなテーマを探究する心理学なのでしょうか。

　第1章では、第2章以降の理解を助ける基礎知識として、上記のような疑問について考えていきます。まず第1節では、産業・組織心理学の生成と発展の歴史を概観します。続く第2節では、産業・組織心理学の研究領域を組織行動、人事心理学、作業心理学、消費者行動の4つに大別したうえで、研究領域ごとの特徴や主な研究テーマを概説します。

担当　高橋 修

1節
産業・組織心理学の歴史

　20世紀の初頭に産声を上げた「経済心理学」は、1930～40年代には「産業心理学」と呼ばれるようになりました。さらに1960年代に入ると「組織心理学」が台頭し、従来の産業心理学に社会心理学的な視点が新たに加わりました。そして、1970年代以降には「産業・組織心理学」として発展してきました。本節では、こうした産業・組織心理学の歴史を概観します（図表1-1 参照）。

1. 産業心理学の誕生

(1) ミュンスターベルクの3部門体系
　一般的に、科学としての心理学がスタートしたのは、ヴント（Wundt, W, M.）がドイツのライプチヒ大学に心理学実験室を設置した1879年とされます。そして、彼の下には多くの研究者が集まりました。ミュンスターベルク

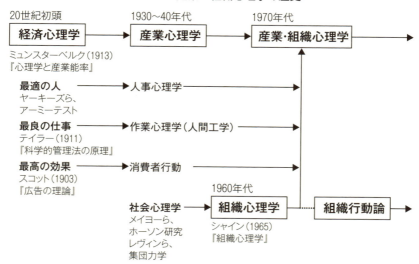

図表1-1　産業・組織心理学の歴史

出所：各種文献を参考に筆者（高橋修）作成

（Münsterberg, H）もその中の１人です。ヴントの下で実験心理学を学んだミュンスターベルクは、その後母国ドイツを去ってアメリカに渡り、ハーバード大学で教鞭を執りました。

ミュンスターベルクは、心理学の知見を産業場面の諸問題、とりわけ経済生活上の問題の解決に応用しようとさまざまな研究に取り組み、1912年の『心理学と経済生活』、1913年の『心理学と産業能率』、1914年の『精神工学の原理』などの著作を刊行しました。

ミュンスターベルクは、自分が目指す学問を「精神技術学」と称しました。その後「経済心理学」とも呼ばれるようになりますが、彼は経済生活上の諸問題に対して、次の３つの部門において心理学の応用を考えました（佐々木,1996）。

①最適の人（最適な人材を選抜すること）
　　職業と適性、職業の科学的指導、職業の心理学的分析に必要な実験心理学的方法、個人と集団など
②最良の仕事（最良の仕事方法を見出すこと）
　　学習と訓練、作業における心理学的な問題と技術的な問題、動作経済、単調、注意と疲労、労働力に及ぼす物的・社会的影響
③最高の効果（最高の効果を発揮すること）
　　経済的要求の充足、広告の効果、陳列の効果、商品・商標などにおける不法イミテーションに関する実験事例、購買と販売、経済心理学の将来構想

彼が示したこの「３部門体系」をその後の産業心理学の研究領域に対応させてみると、①は人事心理学、②は作業心理学あるいは人間工学、③は消費者行動となります（図表1-1）。

このように、「他に先駆けて産業分野への心理学の応用を主導したこと、現代に至る研究領域の体系的枠組みを提唱したこと」（産業・組織心理学会,2009）から、ミュンスターベルクは産業心理学の創始者と呼ばれています。

（2）スコットの広告心理学

ミュンスターベルクと同じくヴントの下で学んだ後、アメリカのノースウェスタン大学で教鞭を執ったスコット（Scott, W. D.）は、心理学の知見を広告の分野に応用した先駆者です。彼は1903年に『広告の理論』、1908年には『広告

心理学』を著し、効果的な広告活動を行うために心理学の知見を応用することの必要性を説きました。

　このように、彼はミュンスターベルクが3部門体系を提唱するよりも前に広告に関する研究を進めており、それが「後の消費者行動に関する心理学的研究に先鞭をつけるものであった」（産業・組織心理学会, 2009）ことから、スコットは広告心理学の創始者とも呼ばれます。

（3）テイラーの科学的管理法

　19世紀末期から20世紀初頭のアメリカでは、工場での大量生産の時代を迎えていました。しかし、雇用主と労働者との関係は必ずしも良好なものではありませんでした。雇用主は賃金を極力抑えて、最大限の作業をさせたいという発想で労働者に接していました。一方の労働者は、そうした雇用主の態度に反発するように意図的な怠業を繰り返していました。これでは、工場の生産性が向上するはずがありません。

　アメリカの鉄鋼会社で機械工学技師として働いていたテイラー（Taylor, F. W.）は、このような現状を憂い、仕事の管理に明確で厳密な定義を求め、科学的な法則を設定しようと試みました。そして、その考え方や実践結果を1911年に『科学的管理法の原理』として刊行しました。

　「科学的管理法は、雇用主と働き手の利害は最終的には一致する、という揺るぎない信念をよりどころ」（テイラー, 2009）としています。そして、その柱となる考え方は、以下のようなものです。

①仕事を分析し、単純化・専門化(分業)・標準化を図り、能率を高める。

②動作研究……最も能率の上がる最適な作業方法を調べ、確定させる。

③時間研究……一流の労働者が1日になしうる作業量を測定し、1日の公正な作業量としての課業（task）を設定する。

④差別出来高制……同じ仕事について2種類の賃率を設け、所定の課業を達成できたときには高い賃率を、できなかったときには低い賃率を適用する賃金制度。これにより労働者を動機づける。

⑤計画と執行の分離……計画職能と作業（執行）職能を分離し、前者を管理者、後者を労働者に担当させる。

作業心理学の源流ともいえるテイラーの科学的管理法は、生産性を高める管理手法として産業界に急速に浸透していきました。しかしその反面、組織を精密機械のように捉え、そこで働く人間をその機械の歯車や部品のように扱っている、などの批判を受けるようにもなりました。

（4）第1次世界大戦と産業心理学

1914年に始まった第1次世界大戦では、アメリカやイギリス、ドイツなどを中心に、軍隊では兵員の選抜や適正配置、訓練などが重要課題となりました。そして、こうした問題の解決に産業心理学の知見が活用されることになりました。

その代表例が、当時アメリカ心理学会の会長であったヤーキーズ（Yerkes, R. M.）を中心として開発されたアーミーテスト（軍隊式知能検査）です。これには、文字が読める人向けのアーミーアルファと読めない人向けのアーミーベータがありました。当時172万6000人もの新兵がこのテストを受けた（外島, 2019）とされ、その後の各種心理テストの開発や発展を促す契機となりました。これが人事心理学の端緒といえるでしょう。

以上のような発展の後に、マイヤーズ（Myers, C. S.）の『産業心理学』（1929年）、ヴィテルス（Viteles, M.）の『産業心理学』（1932年）、ティフィン（Tiffin, J.）の『産業心理学』（1942年）などの書籍が刊行されました。こうして1930〜40年代には、「産業心理学」という呼称が徐々に定着していきました。

2. 産業心理学から産業・組織心理学へ

（1）メイヨーらのホーソン研究

「産業心理学」という呼称が定着してきた同時期に、労働者の人間性を重視する新たな動きがみられるようになりました。その契機となったのが、ホーソン研究またはホーソン実験と呼ばれるものです。

これは、アメリカの長距離電話会社AT&Tの製造部門であったウエスタン・エレクトリック社のホーソン工場において行われた、生産性の規定要因に関する1924〜1932年の長期間にわたる研究です。研究当初は、物理的な環境条件

としての照明の明るさが労働者の作業能率に及ぼす影響について調べられました。しかし、両者の間には関連性が認められず、実験は失敗に終わりました。

そこで、ハーバード大学のメイヨー（Mayo, E.）やレスリスバーガー（Roethlisberger, F. J.）らが、同工場の労働者を対象として、継続的な観察実験や大規模な面接調査を行いました。その結果、次のようなことが明らかになりました（メイヨー, 1967；レスリスバーガー, 1954）。

①作業能率には、労働者の感情や態度などが影響している。

②その感情や態度は、職場の中の人間関係や自然発生的に生じる仲間集団（非公式集団）に大きな影響を受けている。

③労働者の生産行動は、会社が定めた公式集団の規則や作業標準ではなく、非公式集団の中で形成された規範に従っている。

ホーソン研究の意義は、感情や態度をもつ心理学的な存在としての人間に着目したこと、そして労働者の協力を得て生産性を向上させるには、職場の人間関係や規範のありようを管理・改善することの必要性を指摘したことにあります。

このようなホーソン研究によって、「従来の科学的管理法では省みられなかった社会心理学的な視点が組み込まれ、人間関係論的アプローチの展開」（産業・組織心理学会, 2009）につながっていきました。

（2）レヴィンらのグループ・ダイナミクス（集団力学）

産業心理学の中に社会心理学的な視点を加えたもう1つの動きとして、社会心理学者であったレヴィン（Lewin, K.）らの研究を挙げることができます。

彼らは、成員が互いに心理的に影響し合うことで形成される心理的な「場」として集団を捉えて、「場の理論」（レヴィン, 1979）を展開しました。そして、集団形成と発達、集団凝集性、集団規範、集団圧力、リーダーシップ、コミュニケーション・ネットワーク、成員のモチベーションなどに関する理論的仮説を実証的に検証することに取り組みました。こうした集団における成員の相互作用の力学的特性を明らかにしようとするアプローチは、「グループ・ダイナミクス」または「集団力学」と呼ばれています。

第1章　産業・組織心理学とは

（3）組織心理学の台頭

　ホーソン研究やグループ・ダイナミクスを契機として、心理学者たちは組織
や集団における社会的な要因にも目を向けるようになりました。換言すれば、
「それまでの産業心理学が重視してきた、作業能率の向上を通じて組織の生産性
を高めるという視点だけではなく、組織のあり方そのものや、組織と個人の心
理的なかかわりに着目することの重要性」（産業・組織心理学会，2009）が認識
されるようになりました。

　そして、1965年には同名の書籍が2名の研究者によって発表されました。す
なわち、シャイン（Schein, E. H.）の『組織心理学』とバス（Bass, B.）による『組
織心理学』です。また翌年の1966年には、カッツとカーン（Katz, D. & Kahn,
R.）による『組織の社会心理学』も刊行されました。このように、1960年代には
「組織心理学」という新しい研究領域が台頭してきました。

　なお、組織心理学は「組織行動論」との違いについてしばしば議論されますが、
本書では、両者はほぼ同一の研究領域であると捉えます。あえて相違を指摘す
れば、「①組織心理学は米国では大学の心理学部の科目として設置され、組織行
動論はビジネススクールやマネジメントスクールで教えられている例が多いこ
と、②組織心理学があくまでも心理学を基礎とした学問体系を目指している一
方、組織行動論は心理学の他に社会学、政治学、文化人類学などの知見や手法
を積極的に取り入れようとしていること」（渡辺，2012）や、「産業・組織心理学
は個人の行動力により注目し、組織行動は集団等複数の階層に注目すること」
（坂爪ら，2023）などが挙げられます。

（4）産業心理学から産業・組織心理学へ

　このような産業心理学における研究領域の広がりを受けて、1973年にアメリ
カ心理学会は第14部門の名称をそれまでの「産業心理学」から「産業・組織心
理学」へと改称しました。さらには1983年に法人化して、現在はSociety for
Industrial and Organizational Psychology（SIOP）となっています。こうして
1970年代以降には、「産業・組織心理学」として発展を遂げています。

7

3. 日本における産業・組織心理学の発展

(1) 産業心理学の誕生期

20世紀の初頭に、元良勇次郎が東京帝国大学（現、東京大学）、松本亦太郎が京都帝国大学（現、京都大学）にそれぞれ心理学実験室を開設したことで、日本でも心理学の研究が本格的に開始されました。

産業心理学に関しては、まず海外文献の翻訳がいち早く進められました。例えば、テイラーの『科学的管理法の原理』（1911）は、『学理的事業管理法』として星野行則が1913年に翻訳・出版しています。ミュンスターベルクの『心理学と産業能率』（1913）は、鈴木久蔵によって1915年に『実業能率増進の心理』として翻訳・出版されています。また、松本亦太郎の『精神的動作』（1914）、上野陽一の『人及び事業能率の心理』（1919）、田中寛一の『人間工学』（1921）など、日本の心理学者による書籍も刊行されています。

こうした書籍の刊行された1910～20年頃を、わが国の産業心理学の誕生期と見ることができます（佐々木,1996）。この時期は、第1次世界大戦前後の工業化の進展や生産規模の拡大を背景に、労働力をより有効に利用して作業能率の向上を目指す「能率増進運動」が、民間企業や逓信省電信局、電話局などの現業官庁で展開されました。そして、この運動の一環として労働時間や疲労に関する調査が心理学者によって実施されました。

(2) 上野陽一と日本産業能率研究所

能率増進運動を展開したパイオニアの1人が上野陽一です。彼は東京帝国大学で心理学を専攻し、元良勇次郎らの指導を受けました。卒業後には産業能率や科学的管理法の研究者となり、その業績から「能率の父」と称されています。

「能率の父」上野陽一

上野は、1920年に小林商店（現、ライオン株式会社）において経営指導を行いました。これは、わが国初のコンサルテーションといわれています。彼は、まず工場で行われていた粉歯磨きの袋詰め作業を数ヵ月間にわたって観察しました。その後、ストップウォッチで各作業工程の標準時間を計測し、そのデータを踏まえて作業場のレイアウトを変更しました。また、午前と午後に1回ずつ休憩時間を導入しました。その結果、省スペースと生産量アップを同時に成功させました。

翌1921年に、この小林商店での成功事例を大阪で発表したところ、中山太陽堂（現、株式会社クラブコスメチックス）や福助足袋（現、福助株式会社）からもコンサルテーションの依頼を受け、それぞれの工場において作業能率の改善指導を行いました。

さらに、1925年には日本産業能率研究所を設立して、アメリカの最新経営理論と技法を導入し、わが国の産業界に紹介しました。そして、自らを「能率技師」と称し、近代的な経営理論と技法を実践すべくさまざまな企業や官庁で経営指導に当たりました。能率技師とは、現在の経営コンサルタントの先駆けといえるでしょう。

第2次世界大戦後は、人事院人事官として公務員制度の刷新に努める一方で、1950年には産業能率短期大学（現、自由が丘産能短期大学）を設立しました。こうした彼の研究や実践活動は、日本の企業経営の近代化に大きな影響を及ぼしました。上野は1957年に故人となりましたが、彼の遺志は現在も学校法人産業能率大学に脈々と受け継がれています。

（3）倉敷労働科学研究所

1919年、倉敷紡績株式会社の社長であった大原孫三郎は、私財を投じて大原社会問題研究所を設立しました。これは労働問題解決のための研究機関でした。その後、同研究所の社会衛生研究部門が独立して、1921年に倉敷労働科学研究所が発足しました。

倉敷労働科学研究所の初代所長を務めた暉峻義等は医学者であり、他に心理学者の桐原葆見、生理学者の石川知福も在籍していました。彼らは、医学と心理学を中心にして、労働と生活に関する科学的基盤を確立することを目指して

実証的研究（具体的には、作業速度、作業習熟過程、疲労、労働災害などの研究）を行いました。それは、当時過熱ぎみであった能率増進運動や科学的管理法へのアンチテーゼともなるものでした。

　その後、倉敷労働科学研究所は大原孫三郎の手を離れ、1937年に関東の地に移されました。現在は、公益財団法人大原記念労働科学研究所として、各種事業場における労働の状況、条件および環境ならびに労働者の資質、健康生活および医事厚生に関する研究調査などに重点を置いた活動が続けられています。

（4）産業・組織心理学会の設立

　第2次世界大戦が終わると、軍事研究に従事していた心理学者たちの多くは、労働省や厚生省、人事院などの官公庁に研究の場を移しました。また、数は多くありませんが国立・私立大学で産業・組織心理学の授業も開設されるようになり、大学に移る研究者も増えていきました（産業・組織心理学会,2009）。

　このような興隆を背景に、わが国でも産業・組織心理学に関する研究活動の場として専門学会を求める声が高まりました。そして、1984年の日本応用心理学会第51回大会で開催されたシンポジウム「産業心理学の動向と展望」が直接のきっかけとなり、翌1985年には産業・組織心理学会が設立されました。

　設立当初は、人事部門、組織行動部門、作業部門、市場部門の4部門構成でしたが、2004年に市場部門を消費者行動部門に名称変更されました。

　本学会は、研究者と実務家の有機的連携を図ることを目指して、研究者のほかに企業の人事担当者や安全管理担当者、マーケティング担当者などの会員が所属しています。学会活動としては、年に1度の研究大会、機関紙「産業・組織心理学研究」の発行（年2回）、部門別研究会の開催（年4回）などが行われています（金井,2019）。

ムダ、ムリ、ムラ

「能率の父」と呼ばれた上野陽一は、能率の考え方を普及させるに当たってさまざまな工夫を凝らしていますが、その要諦を「能率10訓」としてまとめています。これらは、現代でもさまざまな場面で引用されており、今なお脈々と息づいています。

①どんな営みをするにもその目的と目標を明らかにし、まずこれを確立せよ。目的と目標のはっきりしないところには励みが起こらぬ。

②その目的と目標を達するために、最も適合した手段を選んでこれを実行に移せ。

③もし、その手段が目的と目標に適合していないと、あるいはムダあるいはムリを生む。

④ヒト・モノ・カネをはじめ、時間も空間もこれを十分に活用するような目的のために使え。活用が正しくないと、やはりムダまたはムリを生む。

⑤ムダとムリはその性質相反し、世の中にムラを作り出す元になる。

⑥ムラがひどくなると大事を起こす。常にムダを省き、ムリを除いて、ムラを少なくすることに努めよ。これを怠ると社会は不安になる。

⑦能率とは、ムラを減らしてすべてのヒトとモノとカネとが生かされている状態である。

⑧すべてのもの(ヒト　モノ　カネ　時間　空間)を生かすものは生かされ、これを殺すものは殺される。

⑨人生一切の営みがこの能率の主旨に基づいて行われなければ、社会は安定せず人類は幸福になれない。

⑩そのためには、個人も家庭も企業その他の団体も、その営みを能率的に運営することが必要である。

2節
産業・組織心理学の研究領域

　第1節でみたような生成と発展を遂げてきた産業・組織心理学とは、「主として心理学の知見を応用することにより、組織とかかわりを持っている人々の行動を記述し、理解し、予測することによって、人間と組織との望ましい、そして、あるべき関係の仕方を見出すことを目的とした科学」（馬場・馬場,2005）です。

　そして、産業・組織心理学が取り組む研究テーマは多様ですが、これまでの生成と発展の歴史を踏まえると、それらを大きく4つの研究領域に分類することができます。すなわち、組織行動、人事心理学、作業心理学、消費者行動です（図表1-2参照）。本節では、4つの研究領域の特徴とそこに含まれる主な研究テーマを概説します。

1. 組織行動

　組織行動という言葉はOrganizational Behaviorの和訳であり、「組織の中の人間行動」を意味しています。この研究領域では、組織と個人との相互作用に

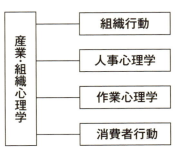

図表1-2　産業・組織心理学の4つの研究領域

研究領域	主な研究テーマ
組織行動	モチベーション、職場の人間関係、コミュニケーション、リーダーシップなど
人事心理学	採用選考、人事考課、人材育成、キャリア発達、カウンセリングなど
作業心理学	作業能率、作業負荷と疲労、ヒューマンエラー、職業性ストレス、メンタルヘルスなど
消費者行動	購買意思決定プロセス、消費者の個人差要因と外部影響要因、マーケティング・リサーチなど

出所：各種文献を参考に筆者（高橋修）作成

第1章　産業・組織心理学とは

焦点を当て、組織という環境の下で個人がどのような心理状態を経験し、どのような行動をとるのかを究明します。

そこには、グループ・ダイナミクス（集団力学）という研究アプローチ（本章第1節参照）を提示したレヴィンによる、B=f（P・E）という人間行動に関するモデルが前提にあります。ここでBは人間の行動、Pは個人、Eは個人が置かれている環境を表しています。つまり人間の行動とは、個人特性と個人がそのときに置かれている環境要因との関数であり、両者が相互に影響し合って起こることを意味しています。

組織行動の具体的な研究テーマとしては、個人のパーソナリティや態度、仕事に対するモチベーション、職場の人間関係やダイナミクス、成員間で交わされるコミュニケーション、組織目標の達成に向けて成員同士が協働する営みとしてのチームワーク、コンフリクト（対人葛藤）とその調整、リーダーが成員に影響を与える過程であるリーダーシップなどがあります。

このうち、モチベーションは第4章、職場の人間関係やダイナミクスは第3章、コミュニケーションは第5章、リーダーシップは第6章で取り上げて詳しく解説します。

2．人事心理学

人事心理学は、ミュンスターベルクの3部門体系のうち、「①最適の人（最適な人材を選抜すること）」に関するテーマを中心に発展してきた研究領域です。すなわち、「ある職務を客観的に把握し、その職務に最も適した人に必要とされる能力や資格を明確にし、そのような人をどのように選抜し、配置し、育成し、仕事の結果を評価し、そして処遇するのか」（産業・組織心理学会,2009）などに関して心理学的に研究する領域です。

具体的には、職務分析、採用選考、配置・異動、人材育成、キャリア発達、人事考課、報酬・処遇ということになります。このうち本書では、第7章で採用選考および人事考課、第8章で人材育成、第9章でキャリア発達について解説します。加えて第10章では、産業・組織におけるカウンセリングについても取り上げます。

13

この領域は、経営学の一領域である「人的資源管理論」との関連性がとても高いことが特徴です。産業・組織心理学とりわけ人事心理学も、人的資源管理論も、共に働く人間を研究対象としており、その関心領域は多くの部分で重なり合っています。しかし、同一の学問ではありません。

　両者の関係を端的に述べれば、産業・組織心理学（人事心理学）で得られた知見を人的資源管理論が取り入れ、組織目標の達成に資する効果的、効率的な管理制度を構築するためにその知見を活かす、ということになります。言い換えれば、「前者が産業・組織部面における人間労働の解明と政策的提言を行う基礎科学、そして後者がその知見を積極的に受け入れる応用科学」（馬場・馬場,2005）という関係になります。

3. 作業心理学

　作業心理学が対象とする研究領域は、働く人間の作業能率、安全、健康の3つに大別することができます。

　作業能率に関しては、テイラーの科学的管理法（本章第1節参照）を端緒として数多くの研究が蓄積されてきました。またその一環として、作業負荷と人間の疲労の関係についても研究がなされています。こうした作業能率に関する心理学的な研究（能率心理学）は、製造現場などにおける作業改善活動の基盤となり、組織の生産性向上に大きく寄与してきました。

　安全も重要な研究テーマです。もし、工場、建設現場、鉄道、飛行機などで事故が発生した場合、事故を起こしてしまった当該組織の問題だけにとどまらず、社会全体にも大きな被害をもたらします。したがって、事故を未然に防止し、各種の危険による不測の事態を適切に処理するためには、リスクマネジメントに関する研究と実践が不可欠です。

　そこで、人間が犯してしまう失敗であるヒューマンエラーなど、「人間の心理や生理、行動の特徴に関する研究成果を応用して、より便利で安全な道具や生活環境を作り出そうとする研究分野」（山口・金井,2007）である人間工学が発展してきました。

　健康に関しては、わが国の政策の重点が、従来の職業病対策や生活習慣病対

14

策から、近年では過重労働対策やメンタルヘルス対策へと移っています。そして、作業心理学の領域においても、働く人間のストレスやメンタルヘルスが重要な研究テーマとなっています。

このうち本書では、第11章において職業性ストレスとメンタルヘルスに焦点を絞って、働く人間の健康について解説します。

4. 消費者行動

組織行動、人事心理学および作業心理学が、生産者あるいは組織成員としての人間行動に着目するのに対して、消費者行動の領域では、消費者としての人間がとる購買行動のメカニズムを科学的に明らかにしようとします。

実際の購買段階では、消費者は事前に収集した情報をもとにしながら、購買店舗、商品のデザインや色、数量などを意思決定します。ただ、ときには、事前情報とは無関係に別の商品を衝動買いする場合もあります。

しかし、消費者の購買行動は購買段階だけでは完結しません。その前段階では、買おうとする商品やサービスについてパンフレットや Web サイトで比較検討したり、友人・知人から口コミ情報を得たりします。また購買後は、実際に使用したうえでその商品の価値を判断します。そして、アフターサービスなども含めて満足度が高ければ、繰り返しその商品を購買することになります。そこで、消費者行動の領域では、このような購買前後の行動も含めて購買行動のメカニズムを解明します。

また、消費者行動の研究によって得られた知見は、商品の生産者や販売者のマーケティング活動に活用されます。具体的には、消費者がどのような商品やサービスに魅力を感じ、どのくらいの価格帯で購買意欲が高まるのか、あるいは、どのような広告や宣伝が有効なのかなどを理解することは、効果的なマーケティングを展開するうえでは不可欠です。

本書では第12章において、消費者行動のプロセスと主な影響要因や、マーケティング・リサーチの定義や基本的ステップについて取り上げます。

【引用・参考文献】

馬場昌雄・馬場房子〔監〕(2005)『産業・組織心理学』白桃書房

金井篤子(2019)「第1章　産業・組織心理学とは」金井篤子〔編〕『産業・組織心理学講座第1巻　産業・組織心理学を学ぶ』北大路書房

Lewin, K.(1951)Field Theory in Social Science. New York：Harper & Brothers.(レヴィン，K., 猪股佐登留〔訳〕(1979)『社会科学における場の理論〔増補版〕』誠信書房)

Mayo, E.(1933)The Human Problems of an Industrial Civilization. New York：Macmillan.(メイヨー，E., 村本栄一〔訳〕(1967)『新訳　産業文明における人間問題』日本能率協会)

Roethlisberger, F. J.(1949)Management and morale. Cambridge Mass：Harvard University Press.(レスリスバーガー，F. J., 野田一夫・川村欣也〔訳〕(1954)『経営と勤労意欲』ダイヤモンド社)

坂爪洋美・林祥平・細見正樹・森永雄太(2023)「第6章　個人から捉えた人事労務研究：心理学の観点から」梅崎修・江夏幾太郎〔編著〕『日本の人事労務研究』中央経済社

産業・組織心理学会〔編〕(2009)『産業・組織心理学ハンドブック』丸善

佐々木土師二〔編〕(1996)『産業心理学への招待』有斐閣

Taylor, F. W.(1911)The Principle of Scientific Management. New York：Harper and Row.(テイラー，F. W., 有賀裕子〔訳〕(2009)『新訳　科学的管理法 - マネジメントの原点』ダイヤモンド社)

外島裕〔監修〕・田中堅一郎〔編〕(2019)『産業・組織心理学エッセンシャルズ【第4版】』ナカニシヤ出版

渡辺直登(2012)「特集：この学問の生成と発展　産業・組織心理学」日本労働研究雑誌, 621号, p. 46-49

山口裕幸・金井篤子〔編〕(2007)『よくわかる産業・組織心理学』ミネルヴァ書房

第2章
組織と個人

　産業・組織心理学を学ぶに当たっては、まず組織そのものについての理解が必要です。この「組織」とは、一体どのようなものなのでしょうか。

　第2章では、組織観の変遷（第1節）、組織の定義と構成要素（第2節）、組織設計の原理（第3節）を取り上げ、組織とは何かについて考えていきます。

　また、個人についての理解も不可欠です。そこで第4節では、人間観という視点から、組織という枠組みの中で行動する個人にアプローチします。

担当　高橋　修

1 節
組織観の変遷

　組織に対する理解の仕方すなわち「組織観」は不変のものではなく、それぞれの時代に支配的であった理論やアプローチによって異なります（岡村，1994；坂下，2000）。図表2-1は、機械観から有機体観へという組織観の大まかな変遷を示したものです。

1. 機械観

　精密に設計された部品が組み合わされた、無生命の機械に例える組織観のことを「機械観」と呼びます。つまり、組織を機械に、成員個々人をその部品に例える見方です。科学的管理法や官僚制組織論が機械観の代表例です。

(1) 科学的管理法
　20世紀の初頭、テイラー（Taylor, F. W.）は科学的管理法（第1章第1節参

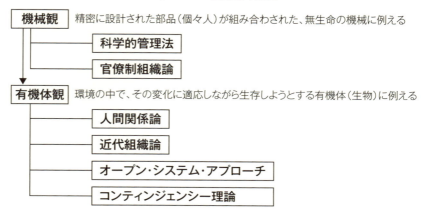

図表 2-1　組織観の変遷

出所：各種文献を参考に筆者（高橋修）作成

照）によって最高能率の精密機械としての組織を設計しようとしました。その
ための条件が、次の2つのサブ原理からなる職能化原理です。

① 計画と執行の分離

　計画職能と作業（執行）職能を分離し、前者を管理者、後者を労働者に担
当させます。

② 計画職能の分割

　計画職能をできるだけ細かな管理職能に分割し、1人の管理者にはでき
るだけ少数の管理職能を担当させます。

　しかし、組織を精密な機械として捉え、そこで働く労働者を機械の歯車や部
品のように捉える考え方は、その後に登場してくる有機体観に立つ理論から、
「労働者の人間性を考慮していない」「資本家による労働者の搾取である」など
という批判を受けました。

（2）官僚制組織論

　官僚制組織論は、ドイツの社会学者ウェーバー（Weber, M.）らが最も合理的
で効率的な組織のあり方として主張したものです。この理論では、組織を合法
的な手続きで定められた規則の体系と捉えます。そして、組織成員は必ず規則
や手続きに従い、個人的な感情を排して没主観的に行動することが求められま
す。そうすることによって、公平・合理的・効率的に職務が遂行されるからで
す。まさに機械観そのものの考え方です。

　このような官僚制組織は、以下のような特徴をもちます。

① 規則と手続き

　何をどのようにすべきかを公式に定めて、組織成員がそれに準拠して判
断し、行動できるような枠組みを提示します。

② 専門化と分業

　役割を明確に定めて、重複しないようにします。また、それぞれの役割
については専念できるようにします。

③ ヒエラルキー

　指示を発する人間、指示を受ける人間という役割関係をはっきりさせ、ヒ
エラルキー（階層構造）を形成します。

19

④　専門的訓練を前提とした職務活動

　　与えられた職務を遂行するために必要な能力をもっていることが大前提であり、能力のない人間を採用・配置しません。

⑤　文書主義

　　ミスや誤解が生じないように、文書化されたものを基準に職務を遂行します。

　ここで「注意すべき点は官僚制はあくまで理念であり、さまざまな非現実的な側面を含むことです。したがって、ウェーバーが主張するような、完全な官僚制を備えた組織が現実に存在すると考えるべきではないし、官僚制を実際の組織や管理のための理論とみなすのも誤りです」（安藤ほか,2019）。

2．有機体観

　機械観を批判する立場に立つ「有機体観」では、組織を、環境の中で、その変化に適応しながら生存しようとする有機体（生物）に例えます。ここでは、有機体観の代表例として、人間関係論、近代組織論、オープン・システム・アプローチ、コンティンジェンシー理論を紹介します。

（1）人間関係論

　メイヨー（Mayo, E.）らのホーソン研究（第1章第1節参照）によって、労働者の人間性すなわち感情や態度を有する心理学的な存在としての側面が注目されました。そして、個人の仕事に対する誇りや満足感、職場の人間関係の善し悪しや規範のありようが、個人の作業能率や組織全体の生産性を規定することが明らかとなりました。

　この研究をきっかけとして、朝礼、社内報、モラール・サーベイ（満足度調査）、各種の親睦活動などの手法が組織運営に取り入れられるようになりました。こうして、労働者を機械の歯車や部品のように捉えていた視点から人間性の重視へと、組織観が大きく転換することとなりました。

（2）近代組織論

　民間企業の社長を長く務めた実務家であるバーナード（Barnard, C.）は、経

営者としての経験と深い洞察力に基づき、1938年に『経営者の役割』を発表し、近代組織論を確立しました。

バーナードにとって組織とは、共通の目的を追求する人々が行う協働作業そのものであり、彼の理論は、人々の協働関係をいかにして確立し維持するかという視点から構想されています。このバーナードについては、改めて第2節で詳しく触れます。

また、1947年に『経営行動』、1958年にマーチ（March, J. G.）との共著『オーガニゼーションズ』を著したサイモン（Simon, H. A.）は、「制約された合理性」という概念を提示しました。

彼は、人間は常に合理的な意思決定を行うわけではなく、ときとして非合理的な意思決定を行う存在であるとし、そういった人間の非合理性のために徹底した合理性が追求できないことを「制約された合理性」と呼びました。そして、そうした人間の非合理性を理解したうえで、組織運営することが大切であると主張しました。

（3）オープン・システム・アプローチ

カッツとカーン（Katz, D. & Kahn, R.）は、1966年に著した『組織の社会心理学』において、オープン・システム・アプローチを展開しました。このアプローチでは、組織は有機体と同様に外的環境に開かれた存在であり、その外的環境に適応できない限りは存続できないものとして捉えます。

そして、組織が目標を達成するプロセスを、エネルギーの「インプット（導入・注入量）」→「スループット（処理量・効率）」→「アウトプット（生産量）」の3つの段階の連なりとして捉えます（山口・金井,2007）。この考え方は、現代の組織論にも暗黙の前提として深く組み込まれています。

（4）コンティンジェンシー理論（状況適応理論）

この理論では、組織を設計するためのワン・ベスト・ウェイ（唯一最善の普遍的方策）はない、と考えます。つまり、組織の置かれた環境や組織が採用する技術が異なれば、それらに適合する（高業績をあげる）組織のあり方も異なるという主張です。

21

例えば、バーンズとストーカー（Burns, T. & Stalker, G. M.）は、イギリスのエレクトロニクス企業の事例研究から、組織構造には機械的組織（官僚制組織）と有機的組織（非官僚制組織）という対照的な２類型があることを明らかにしました（図表 2-2 参照）。そして、安定的な環境下では機械的組織が高業績を挙げ、不安定で変化に富む環境下では有機的組織が高業績を挙げていることを発見しました（金井, 1999；坂下, 2000）。

またウッドワード（Woodward, J.）は、イギリスの製造業を対象に実証的研究を行いました。彼女はまず、生産技術を①単品生産および小規模バッチ生産、②大規模バッチ生産および大量生産、③装置生産（＝プロセス生産）の３つに区分しました。そして調査の結果、①と③では有機的組織が多く見られ、②では機械的組織が多く見られました。このことから、生産技術が異なれば有効な組織構造も異なることを発見しました（坂下, 2000）。

このように、組織という存在の環境への柔軟な適応力を強く意識している点に、コンティンジェンシー理論の特徴があるといえるでしょう。

図表 2-2　機械的組織と有機的組織の比較

機械的組織	比較の基準	有機的組織
職務・職能のリジットな分化	分化の特徴	知識・経験の分化
職位に基づくパワー（＝公式的パワー）	権限・パワーの基盤	専門知識に基づくパワー（＝専門パワー）
職務権限の明確性・公式性	権限の構造	職務権限の柔軟性・非公式性
上層部への情報の集中	情報の分布状態	情報の均等分布
垂直方向	情報伝達の方向	水平方向
命令・指示	伝達情報の内容	サービス情報・助言
ピラミッド型の伝達構造	情報伝達のパターン	ネットワーク型の伝達構造
組織や上司への忠誠の強調	忠誠の対象	仕事や技術への忠誠の強調
その組織に固有のローカルな知識	重視される知識	コスモポリタンな知識

出所：坂下（2000）p.89

第2章　組織と個人

2節
組織の定義と構成要素

　組織とは、一体どのようなものを指すのでしょうか。企業は組織の典型例ですが、病院や官公庁は組織なのでしょうか。あるいは、駅のホームに居合わせた人々やコンサート会場に集まった人々は、組織といえるのでしょうか。第2節では、組織の定義、組織成立の要件、組織の構成要素という視点から、組織とは何かについて考えていきます。

1.　組織の定義

　前節で見たとおり、組織観にはさまざまなものがあります。したがって、組織の定義もそれぞれの組織観によって異なります。このうち本書では、バーナードによる組織の定義を取り上げて紹介します。その理由は、「第1に、それが比較的少数の変数しか含まないために高い操作性をもち、第2に、広範な具体的状況に妥当する本質的な概念」(桑田・田尾,1998) だからです。
　バーナード (1968) によれば、組織とは「2人以上の人々の、意識的に調整された諸活動や諸力の体系」です。この定義に基づいて、組織とは何かについて考えてみましょう。
　第1に、組織とは「2人以上の人々」が構成するものであるということです。したがって、構成員が1人だけの場合、残念ながらそれは組織とはいえません。
　第2に、組織成員としての人間が提供する諸活動や諸力は、「意識的に調整」されていることが必要です。例えば、電気製品を生産する工場での諸活動を考えてみましょう。必要な原材料や部品を取引先から購入する人、生産ラインで部品を製品本体に取り付ける人、完成した製品を検査する人など、個々の人間はさまざまな活動をしています。にもかかわらず、これらの諸活動が個々バラバラにならないのは、営業部門の販売予測に基づいて当工場で設定した生産計画によって、意識的に調整されているからです。
　第3に、組織における諸活動や諸力は、「体系」(system) として相互作用を

23

もつことです。この体系（システム）とは、個々の要素には還元できない全体としての特性を有するものです。組織が成員個々人の努力の総和以上の成果を生み出せるのは、こうしたシステムとしての特性があるからです。

　なお、ここで述べたような諸活動や諸力が意識的に調整された組織のことを「公式組織」（formal organization）と呼びます。それに対して、一定期間以上の経験を共有した人間から構成される場合、成員個々人の行動が無意識的・暗黙的な調整によって体系としての相互作用を生み出すことがあります。このような組織のことを「非公式組織」（informal organization）といいます（岡村，1994；桑田・田尾，1998）。この非公式組織は、ホーソン研究を契機として注目されるようになった概念です。

2．組織成立の3要件

　さらに、バーナード（1968）は組織が成立し、うまく機能するための要件として、次の3つを指摘しています。
- ①　共有化された目的
- ②　協働しようとする意思
- ③　コミュニケーション

　例えば、「自動車を製造・販売する」「患者を診察・治療して健康を回復させる」「労働者の雇用を守る」など、組織が成り立つには成員に共有化された目的が必要です。また、その目的の実現に向かって協働しようとする意思、そして成員間で交わされるコミュニケーションが不可欠です。

　組織の定義および組織成立の3要件に照らして考えれば、企業、病院、大学、官公庁、地方自治体、労働組合などは組織といえます。一方、駅のホームに居合わせた人々（群衆）やコンサート会場に集まった人々（聴衆）は、以上の定義と3要件を満たさない限り組織ということはできません。

3．組織の構成要素

　次に、組織の構成要素について考えてみましょう。組織は、以下に示す組織

構造、組織過程、組織風土・文化的要素から構成されており（森田,1984）、組織成員としての人間は、このような枠組みの中でさまざまな行動をとります。

① **組織構造**

　組織構造は組織の静態をなします。具体的には、部門化の程度、管理階層数、権限・地位関係など分業の関係様式のほか、仕事の進め方や各種の手続き、評価制度や就業規則などの諸制度・規則・ルールを指します。

② **組織過程**

　組織過程は組織の動態をなします。具体的には、コミュニケーション、意思決定、リーダーシップ、コンフリクト（対人葛藤）解消など、組織成員の相互作用の過程を指します。

③ **組織風土**

　社風や校風のような、組織成員に共有化された組織全体に関する主観的な特性のことです。

④ **組織文化**

　組織成員によって共有化された信念、価値観、規範の集合体のことです（制度的規範としての文化）。ないしは、共有化されたモノの見方・考え方・パラダイムのことです（認知的解釈枠組みとしての文化）。

図表 2-3　構造とプロセス（過程）の考え方

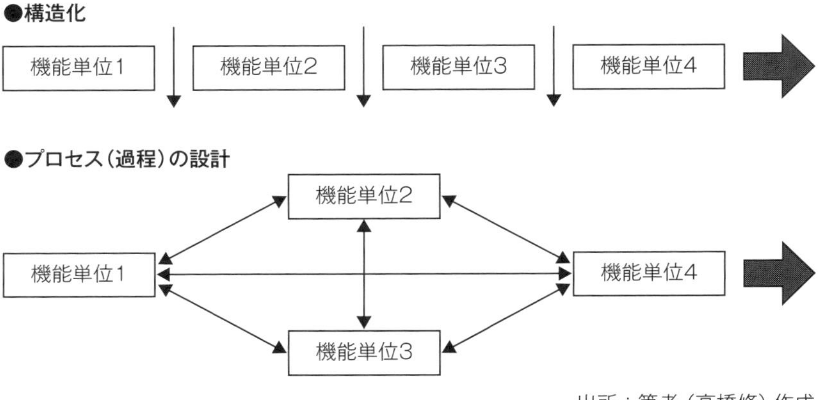

●構造化

| 機能単位1 | 機能単位2 | 機能単位3 | 機能単位4 |

●プロセス（過程）の設計

機能単位1　機能単位2　機能単位3　機能単位4

出所：筆者（高橋修）作成

なかなか理解しにくい概念だとは思いますが、組織構造と組織過程の関係については、図表 2-3 のように捉えることができます。組織を構造化するとは、本来は一連の活動プロセス（過程）であるものを、分業によって「分節化」することです。換言すれば、構造化とは機能単位への分化です。その後のプロセス（過程）の設計では、コミュニケーションによって活動を再度「連結」します。その意味で、プロセス（過程）とは、機能単位間を連結するルールだといえるでしょう。

　次に、組織風土について補足しましょう。例えば、「この組織は、歴史と伝統がある分だけ保守的だなあ」など、成員個人が知覚する組織全体に関する主観的な特性を「心理的風土」と呼びます。それが成員間の相互作用を繰り返すうちに、個々の成員が受け止めた知覚の相違部分が徐々に小さくなり、共通部分が大きくなっていきます。こうして、成員に共有化された組織全体に関する主観的な特性としての「組織風土」が形成されていきます。

　また、組織文化は成文化されていませんが、その組織の組織文化を読み取るための手がかりとしては、a. 入社式、創立記念日などの儀式やセレモニー、b. 制服や社章などのシンボルあるいは表象、c. 隠語などその組織独自の言葉、d. 創業時のエピソードといった物語や伝承などがあります。

　組織風土と組織文化の関係についても補足しましょう。アシュフォース（Ashforth, B. E.）によれば、組織風土は「共有された知覚」ですが、組織文化は「共有された仮説」です。組織文化は、何が重要であり何が重要でないかについて、成員の経験に共通の意味を与えることで、判断や行動を枠づけ、方向づけを与えています。そして、「共有された知覚」は、特定の方向づけが明示されるほど「共有された仮説」に転じるといいます。つまり、組織風土はやがて組織文化となって、成員の行動を規定するのが通常です（桑田・田尾, 1998）。

　こうした組織の構成要素が、組織成員である人間の行動に影響を与えることを示したものが図表 2-4 です。例えば、「彼は、新しいことにまったく挑戦しようとしない」と成員個人の行動に問題があるように見えても、実は「わが社では 1 回の失敗が命取りになるので、挑戦は避けたほうがよい」というような組織文化が、その個人の行動を規制してしまっている場合もあります。あるいは、減点主義的な評価制度が彼をそうさせているのかもしれません。

図表2-4 人間行動に影響を与える組織の構成要素

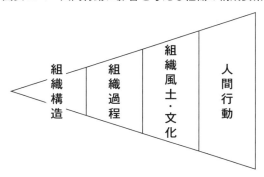

出所：筆者（高橋修）作成

　そこで、組織の中の人間行動を理解するには、成員個々人の行動だけではなく、その行動に影響を与える組織構造、組織過程、組織風土・文化のありようを見ることも必要です。例えば、いくら社内公募制度や社内ベンチャー制度を設けて組織構造を変更したとしても、失敗を恐れて挑戦を避けるような保守的な組織文化のままでは、それらの制度はうまく機能しないでしょう。成員の行動を変えるには、組織構造だけではなく、組織過程や組織風土・組織文化に働きかけることも必要となります。

3節
組織設計の原理

　組織を作った初期段階では、ほとんどの場合、成員は少人数でしょう。このような状況では、その少人数でさまざまな仕事を担当しなければなりません。売れそうな製品のアイデアを練って、それを製品設計図に落とし込み、その設計図に基づいて製品を作り、出来上がった製品を売り歩く……。これは極端な例だと感じるかもしれませんが、企業の創業者のエピソードとしてはしばしば耳にすることです。

　しかし、製品の売り上げが伸びてくると、それまでの少人数ではとてもすべての仕事に対応できなくなってきます。そこで、成員の数を徐々に増やしながら、製品アイデアを練る人、設計図を描く人、製品を作る人、製品を売る人など、成員それぞれに役割を決めて仕事を分担する必要に迫られます。これが分業です。

　そして、このような分業の関係様式を定めたものが、前節で述べた組織構造です。第3節では、組織構造を設計する際の原理として、部門化、階層化、集権化と分権化について概説します（図表2-5参照）。

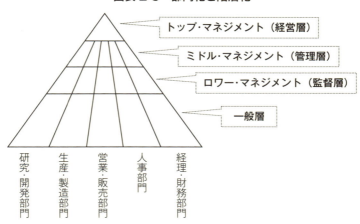

図表2-5　部門化と階層化

出所：日本経営協会（2023）p217-220を参考に筆者（高橋修）作成

1．部門化

　部門化とは、水平方向の分業です。一般的に、部門化の過程では「課業」(task)
→「職務」(job)→「職能」(function)→「部門」(unit)という順で、類似の仕
事をグループ化していきます。

　まず、仕事を分業するに当たって1人で行うのにふさわしい仕事にまで細分
化したものが「課業」です。次に、課業をコントロールするために、似たような
課業を束ねます。これが「職務」です。さらに、束ねたそれぞれの職務について、
その内容や他の職務との関係などを明確化します。そして、職務のまとまりを
作るために、一定の基準に基づいてグループ化したものが「職能」です。こうし
てできた研究・開発、生産・製造、営業・販売、人事、経理・財務などの職能
が、組織の単位である「部門」となります。

　部門化の過程では、「専門化の原則」という管理原則が用いられています。そ
れは、反復可能な特定の専門化された職務を行えば、知識やスキルが蓄積され、
習熟も早く、より効率的かつ安定的に遂行できると考えられるからです。

　なお、部門化の基準は1つだけではありません。白物家電部門、AV機器部
門、携帯電話機部門などと製品やサービスを基準として部門化する場合や、官
公庁事業部、製造業事業部、流通業事業部、金融・保険業事業部など顧客別に
部門化する場合もあります。あるいは、全国に事業を展開しているような場合
に、北海道・東北支社、関東支社、中部支社、関西支社、九州・四国支社など
と地域別に部門化することもあります。

2．階層化

　階層化とは、課業を一定の方法で関係づける垂直方向の分業です。一般的に
は、トップ・マネジメント（経営層）→ミドル・マネジメント（管理層）→ロ
ワー・マネジメント（監督層）→一般層というように、職位の上位者と下位者と
が権限によって階層関係をなし、仕事を分担します。

　階層化の過程では、次の2つの管理原則が用いられています。1つめは、「命
令一元化の原則」または「ワンマン・ワンボスの原則」と呼ばれる原則です。こ

れは、職位の上下関係において、成員は直接の上司 1 人からだけ命令を受ける
ようにしなければならないという原則です。2 人以上の上司から指示が出され、
両者の指示内容に食い違いなどが生じて部下が混乱してしまうことがないよう
にするためです。

　2 つめは、「管理範囲の原則」または「スパン・オブ・コントロール」と呼ばれ
る原則です。これは、1 人の管理者が直接的に管理できる部下の人数には限界
があり、これを超えて部下をもつと管理効率が低下するという原則です。もち
ろん、その人数は仕事の内容や管理者の管理能力などによっても異なりますが、
経験則では 5 〜 10 人程度といわれています。

　部下の人数を少なくして管理範囲を狭くすれば管理効率は上がりますが、階
層の数が増え、縦のコミュニケーションが複雑になったり、意思決定が遅くなっ
たりするなどのデメリットも生じます。一方、管理範囲を広くすると階層数が
少なくなり、迅速な意思決定が可能になるなどのメリットが期待できますが、部
下の数が多くなり管理効率が低下するということになります。

　なお、本節で紹介した管理原則は、ファヨール（Fayol, H.）によって創始され
た管理過程論に依拠していますが、「管理過程論は管理機能と管理原則の普遍性
を強調したために、近代組織論をはじめとするその後の組織研究者たちから批
判され、衰退しました。ただしその考え方は、『PDCA（plan, do, check, action）
サイクル』に形を変えて、現在でもさまざまな組織の現場で広く利用されてい
ます」（安藤ほか ,2019）。

3．集権化と分権化

　「集権化」とは、すべての意思決定権がトップ・マネジメントないし上位の管
理階層によって掌握されている状態をいいます。一方「分権化」とは、すべての
意思決定権がトップ・マネジメントに集中することなく、顧客や現場に近い下
位の管理階層にも一定の自主性が与えられている状態をいいます。

　近年の組織においては、分権化の傾向が強くなっているようです。なぜなら、
顧客のニーズが多様化したり、職務内容が高度化・複雑化したりしている現在、
トップ・マネジメントよりも詳細な知識や情報をもっている下位の管理階層に

意思決定を任せたほうが、より柔軟で早い対応が可能になると考えられるからです。しかしその一方で、情報技術の進展に伴って意思決定の集権化が促進される側面もあります。

　集権化と分権化は、組織設計の考え方の両極をなすもので、実際の組織設計に当たっては両者のバランスを考慮することが求められます。

4．組織構造を決定する要因

　本節の最後に、組織構造を決定する要因について改めて考えてみましょう。これにはさまざまな要因が考えられますが、ここでは、代表的な次の4つの要因を指摘しておきます（金井,1999）。

① 　経営戦略

　　組織は、組織目標の達成や経営戦略実現のための手段です。「組織の構造は戦略に従う」ものですから、経営戦略を大きく変更するときには、組織構造もそれに合わせて変えることが必要となります。

② 　環境特性

　　環境に適合した組織構造が必要です。バーンズとストーカー（本章第1節参照）に従えば、環境が不確実で不安定なほど有機的組織が適合するといえます。

③ 　技術（テクノロジー）

　　技術とは、組織が原材料、資金、人員などをインプットして、製品やサービスなどのアウトプットに変換する方法のことを指します。ウッドワード（本章第1節参照）の指摘にもあったように、組織構造は組織が採用する技術に規定されます。

④ 　組織の規模

　　規模の大きな組織は、小さな組織に比べて部門や階層の数が多くならざるを得ません。その意味で、組織構造は組織の規模に規定される面があります。

　組織の設計に当たっては、コンティンジェンシー理論（状況適応理論）が主張するように、ワン・ベスト・ウェイ（唯一最善の普遍的方策）はありません。経

31

営戦略、組織の置かれた環境特性、組織が採用する技術、組織の規模などが異なれば、それらに適合する組織構造も異なるということになります。

第2章　組織と個人

4節
組織の中の個人

　産業・組織心理学を学ぶに当たっては、組織に関する理解に加えて、個人についての理解も不可欠です。そこで本節では「人間観」という視点から、組織という枠組みの中で行動する個人にアプローチします。

1.　働くことの意味と人間観

　なぜ、私たち人間は働くのでしょうか。その捉え方によって人間観も異なります。ここでは、シャイン（Schein, E. H., 1966）および金井（1999）の所論に従って、代表的な人間観を説明します。

（1）経済人モデル
　これは、科学的管理法が前提としている人間観です。「経済人モデル」では、人間はお金を稼ぐために働く存在であり、したがって、賃金の多寡など経済的報酬によって人間の行動は変わるものだ、と捉えます。
　この人間観に基づいて設計された賃金制度が、テイラーの差別出来高制（第1章第1節参照）です。また、1990年代後半から21世紀初めにかけて導入された成果主義的な賃金制度の背景にも、経済人モデルの人間観があるように思われます。いずれも、一定の基準や目標を超えた部分の貢献に対する経済的報酬を増やすことによって、組織成員を動機づけようとする制度です。

（2）社会人モデル
　「社会人モデル」は、人間は単に経済的報酬のために働くのではなく、組織に所属し、心理的・社会的な関係の中で認められたいと考える存在である、と捉えます。これは、ホーソン研究を端緒として発展した人間関係論が主張する人間観です。
　社会人モデルの考え方に基づいて、朝礼、社内報、歓送迎会、忘・新年会、職

33

場旅行など、職場の人間関係やコミュニケーションを良好にするための制度・施策が、実際の組織運営に取り入れられています。

（3）自己実現人モデル

「自己実現人モデル」は、行動科学が前提としている人間観です。この立場では、人間は誰しも働くことを通して自分の個性や能力を発揮したり、創造的な仕事に取り組むことで自己の成長を求めたりする存在である、と捉えます。

行動科学では、個人がもつ潜在的な可能性や能力を重視し、また、個人が有する自己実現欲求に注目します。そして、個人を仕事に動機づけていく要因や過程を解明しようとします。こうした点から、行動科学の人間観は自己実現人モデルと呼ばれます。マズロー（Maslow, A. H.）、アージリス（Argyris, C.）、マグレガー（McGregor, D.）、ハーズバーグ（Herzberg, F.）らが、行動科学の代表的な研究者です。

自己実現人モデルの人間観に立てば、仕事そのもの、目標達成、承認、昇進など、組織成員の積極的な職務態度を引き出し、満足感をもたらす要因を重視した組織運営がなされるでしょう。

（4）複雑人モデル

人間という存在は多様です。ひたすら経済的な動機のために働く人もいれば、組織に所属してそこで良好な人間関係を築きたいという人もいます。仕事に自己実現を求めて働く人もいます。また、同じ人間の中にも、3つのモデルが示す各側面が多かれ少なかれ含まれることでしょう。そこで、シャインは各個人がもつ動機の多様性と、1人の個人の中にある動機の混在を認めて、人間とは複雑な存在である、と捉えます。これを「複雑人モデル」と呼びます。

複雑人モデルから得られる教訓は何でしょうか。それは、1つの人間観をすべての個人に当てはめようとするのではなく、さまざまな人間がいるのだということを認めようということです。

以上のように、立脚する人間観が異なれば人的資源管理上の制度・施策も異なるものが導入されます。また、管理者のマネジメント（職場運営）のあり方や

第2章　組織と個人

部下への接し方も、その管理者が抱いている人間観によって違ってきます（コラム参照）。したがって、組織の中の人間行動を理解したり予測したりするには、前提となっている人間観についても理解することが重要となります。

コラム

マグレガーの X 理論、Y 理論

　行動科学者の 1 人であるマグレガー（1970）は、アメリカの管理者たちと対話をする中で、極めて対照的な人間観があることを発見しました。そして、それを「X 理論的人間観」「Y 理論的人間観」と名づけて、以下のように整理しました。

■ X 理論的人間観

①普通の人間は生来働くことが嫌いで、できることなら仕事はしたくないと思っている。

②たいていの人間は強制されたり、統制されたり、命令されたり、処罰するぞと脅されたりしなければ、企業目標を達成するために十分な力を出さないものである。

③普通の人間は命令されるほうが好きで、責任を回避したがり、あまり野心をもたず、何よりもまず安全を望んでいるものである。

■ Y 理論的人間観

①仕事で心身を使うのはごく当たり前のことであり、遊びや休憩の場合と変わりはない。

②外から統制したり脅かしたりすることだけが、企業目標達成に努力させる手段ではない。人は自分が進んで身を委ねた目標のためには、自ら自分にムチ打って働くものである。

③献身的に目標達成に尽くすかどうかは、それを達成して得る報酬次第である。

④普通の人間は、条件次第では責任を引き受けるばかりか、自ら進んで責任をとろうとする。

⑤企業内の問題を解決しようと比較的高度の想像力を駆使し、手練を尽

35

くし、創意工夫を凝らす能力は、たいていの人に備わっているものであり、一部の人だけのものではない。

⑥現代の企業においては、日常、従業員の知的能力はほんの一部しか活かされていない。

　もし、ある管理者がＸ理論的人間観をもっているならば、その人は権限行使による命令統制型のマネジメントを行うでしょう。また、Ｙ理論的人間観に立つ管理者ならば、組織目標と個人目標を統合したうえで、部下の自己統制に任せるようなマネジメントを行うことでしょう。つまり、管理者がどのような人間観をもっているかによって、その人間がとる行動も変わってくるということをマグレガーは指摘しています。

【引用・参考文献】

安藤史江・稲水伸行・西脇暢子・山岡徹 (2019)『経営組織』中央経済社

Barnard, C. (1938) The Functions of the Executive. Cambridge, Mass：Harvard University Press. (バーナード, C., 山本安次郎・田杉競・飯野春樹〔訳〕(1968)『新訳　経営者の役割』ダイヤモンド社)

金井壽宏 (1999)『経営組織』日本経済新聞社

桑田耕太郎・田尾雅夫 (1998)『組織論』有斐閣

McGregor, D. (1960) The Human Side of Enterprise. New York：McGraw-Hill. (マグレガー, D., 高橋達男〔訳〕(1970)『新版・企業の人間的側面』産業能率大学出版部)

森田一寿 (1984)『経営の行動科学』福村出版

日本経営協会〔編〕(2023)『マネジメント検定試験公式テキスト (Ⅲ級)　経営学の基本』中央経済社

岡村一成〔編〕(1994)『産業・組織心理学入門〔第2版〕』福村出版

坂下昭宣 (2000)『経営学への招待 (改訂版)』白桃書房

Schein, E. H. (1965) Organizational Psychology. Prentice-Hall. (シャイン, E. H., 松井賚夫〔訳〕(1966)『組織心理学』岩波書店)

山口裕幸・金井篤子〔編〕(2007)『よくわかる産業・組織心理学』ミネルヴァ書房

第3章
職場集団と人間関係

　職場集団は組織によって規定されているため、個人は職場集団からの強い影響を受けています。その一方で、個人から集団へも影響を与えています。なぜなら、個人は機械ではなく心理的欲求や情緒をもった存在であり、その人間同士の関係が仕事の効率や生産性に対して大きく影響するからです。

　本章では、職場集団がどのような特徴や機能をもち、どのように形成され発達していくのか、また職場集団における人間関係にはどのような特徴があるのかについて説明します。

　職場集団と人間関係、あるいは組織と個人がどのように関係し合い、また調和していくべきかを意識して学んでください。

担当　高橋　浩

1 節

職場集団の特徴

1．集団とその種類

（1）集団とは

　集団とは、一般に人や動物などの集合や群れのことを指します。心理学的には、2人以上の人々によって形成される集合体で、その人々の間に心理的な関係性や相互作用があることを前提としています。その点で、集団は単なる群衆や聴衆・観衆とは異なります。心理的な関係性とは情緒的な関係のことを意味します。また、相互作用とは、集団の中で自分の行動が他のメンバーに影響を与えると同時に、他のメンバーの行動によって自分の行動も影響を受けるということを指します。

（2）集団の種類

　集団の種類は、その分類の視点によって多種多様です（図表3-1）。

　① 集団の規模による分類

　　　対面で相互にかかわり合うことが可能な比較的小規模のものを「小集団」、それが不可能なものを「大規模集団」といいます。QC活動におけるQCサークルは小集団であり、メンバー同士の意見交換がしやすい規模になっています。

　② メンバー間の関係性による分類

　　　客観的な組織構造に依拠するフォーマル・グループ（公式集団）とメンバー間の心理的結びつきに依拠するインフォーマル・グループ（非公式集団）があります。ホーソン研究（本章第3節参照）では、インフォーマル・グループが生産性に影響を及ぼしていました。

　　　ジェニングス（Jennings, H. H., 1947）は、共通の仕事や目的を達成しようとする集団のことをソシオ・グループ、一緒に遊んだり、話したりする心理的つながりのある集団をサイキ・グループと呼びました。ソシオ・グループは前述のフォーマル・グループに、サイキ・グループは前述のイン

フォーマル・グループに相当するといえます。

　また、社会学者のクーリー（Cooley, C. H., 1909）は、メンバー間の親密な心理的結びつきを基盤として形成されている集団を「一次集団」、社会制度的に形成され、メンバー間での心理的結合を必ずしも前提としない集団を「二次集団」としました。一次集団の例としては、家族・近隣集団・遊戯集団などが挙げられ、二次集団の例としては、学校、企業、政党、国家などが挙げられます。

③　集団に対する認知による分類

　サムナー（Sumner, W. G., 1906）は、自己カテゴリー化により集団を 2つに分類しました。1つは、メンバーが自分の所属する集団でウチであると認知する「内集団」、もう 1つは、所属していない集団でヨソであると認知する「外集団」です。

　また、ハイマン（Hyman, H. H., 1942）は、集団内における自己の主観的地位評価の準拠点となる集団として、メンバーが自分のよりどころとなると認知する「準拠集団」と、そうではない「非準拠集団」に分けました。準拠集団とは、必ずしも実際に所属している集団や所属によらずメンバーがよりどころと認知している集団を意味します。

図表 3-1　集団の種類

分類の視点	集団の種類	
集団の規模	小集団	大規模集団
メンバーの関連性	インフォーマル・グループ	フォーマル・グループ
	サイキ・グループ	ソシオ・グループ
	一次集団	二次集団
集団に対する認知	内集団	外集団
	準拠集団	非準拠集団

出所：各種文献を参考に筆者（高橋浩）作成

2．職場における集団

（1）職場集団とは

　職場集団とは、企業などの組織における心理的な関係性や相互作用をもった複数人で構成される集合体です。通常、企業は、開発、生産、営業、販売、総務などの複数の部署によって構成されており、企業のメンバーはそのいずれかに所属することになります。その所属する職場における集団が職場集団ということになります。それぞれの職場集団では、メンバー間の相互作用によって、その職場集団におけるメンバーの態度や行動が形成され、生産性などに影響を与えていきます。したがって、職場集団のもつ特性や機能に注目することは、職場集団を理解するとともに、より良い職場集団の形成について学ぶことになります。

（2）組織におけるその他の集団

　組織における集団には、日常業務を遂行する職場集団の他に、それと関連をもちながら異なる目的をもった「会議（体）」「委員会」「プロジェクト・チーム」などがあります。会議は決定を行い、それを速やかに実行に移すために同意を調達し、決定事項を周知徹底させるためにあります（田尾, 1991）。委員会とは、会議では処理しきれないような専門的な意図や関心を絞り込んで、スペシャリストなど特定のメンバーによって構成される分科会のことです（田尾, 1991）。また、プロジェクト・チームとは、短期集中的に、特定の仕事のためだけに作られる集団です（田尾, 1991）。これらの集団は、一時的に構成される集団であり、日常的にかかわり合う職場集団よりも安定した対人関係が構築されにくい、という特徴があります。

3．職場集団の特性

　山口（1994）は、集団には次のような6つの特性があることを示しています（筆者が加筆・修正）。
　①　共通の目標

職場集団は、製品やサービスの提供のためにメンバー全員に共通した目標をもっていること。

② 役割の分化と統合

メンバーのそれぞれに地位や役割が決められつつ（役割の分化）、職場集団全体として統合され組織的に活動することができること。

③ コミュニケーションと協力関係

職場集団の目標達成のために、メンバー間でコミュニケーションをとりながら、相互に協力し合う関係が成立していること。

④ 集団への魅力と愛着

メンバーがその職場集団に所属していることに魅力を感じ、その集団にとどまっていようとする愛着を感じていること。

⑤ 規範の共有

メンバーの態度や言動についての規範や価値観を共有していること。

⑥ 仲間意識（内集団と外集団の意識）

メンバー間に仲間意識が生まれ、その集団のメンバーとそれ以外の人々を区別するような意識をもっていること。

各職場集団の特徴は、上記の特性の強弱によって決定されるといえます。また、その特徴が各職場集団の活性度や生産性に影響を及ぼすことになります。

4．職場集団の基本機能

（1）目標達成機能と集団維持機能

カートライトとザンダー（Cartwright, D., & Zander, A., 1970）は、集団の機能を「目標達成機能」と「集団維持機能」の2つに識別しました。目標達成機能とは、メンバーに集団の目標や計画、手段を明確にするなど、目標達成を目指す機能です。一方、集団維持機能とは、集団における人間関係を良好に保ち、集団を維持させる機能です。これら2つが共に十分に機能している場合に、最も集団としてのパフォーマンスが高いといえます。しかし、実際の職場では、成果を優先しすぎるあまり人間関係がないがしろにされたり、あるいは、人間関係に力を注ぐあまり目標達成がおろそかになったりすることがよくあります。2つの

機能を両立することは職場集団を活性化するうえでの1つの課題といえます。

（2）職場集団の機能に影響する要因

シャイン（Schein, E. H., 1981）は、組織的機能（前述の目標達成機能に相当）と個人的機能（前述の集団維持機能に相当）を両立させる要因として、①環境要因、②メンバーシップ要因、③力動的要因の3つを挙げています。

① 環境要因

その集団の環境の文化的・社会的・物理的・技術的特徴です。集団が組織の課題を達成するように仕向けられる作業環境や、メンバー間の相互作用が生じやすい環境を用意する必要があります。

② メンバーシップ要因

個人的背景、価値観、相対的地位、技量などからみたその集団メンバーのタイプ、などです。地位の異なるメンバー間であっても基本的な価値観やコミュニケーションの方法に関して一致していることや、必要な能力と技量がメンバー間に適切に分布していることが必要です。

③ 力動的要因

集団と個人の間の相互作用や、集団における時間的な変化や成長といった変動要因のことです。このことを「グループ・ダイナミクス」ともいいます。シャイン（1981）は、力動的要因として以下の6つの要因を示しています。

　a）集団の歴史と伝統

　b）集団の組織やコミュニケーションの型

　c）集団におけるリーダーシップのスタイル

　d）集団参加や集団決定

　e）集団の問題処理や管理に当たってのメンバーとリーダーの感受性と技量

　f）メンバーに対する訓練計画

このように、職場集団は、組織によって規定される存在ではありますが、その特徴や機能といった集団らしさは、集団の歴史やメンバーの相互作用、グループ・ダイナミクスなど人間関係によっても規定されることがわかります。

第3章　職場集団と人間関係

2節

職場集団の成立

1．集団の形成

　私たちは、どのような理由で集団を形成するのでしょうか。カートライトとザンダー（1970）は、集団形成過程を3つに分類しました。

① 自然発生的形成

　　個人の欲求充足によって自然に集団が形成されること。例えば、同じ趣味をもつ人同士などが形成する遊び仲間などがあります。

② 計画的形成

　　何らかの目標を達成するために、効果的にそれを遂行できるように意図的かつ計画的に集団が作られること。目標とその達成に必要な集団の構造や規則を定め、適切なメンバーの配置によって形成します。例えば、学校や専門家会議、委員会など、公式的な目的をもつ集団のほとんどは計画的に形成される集団であるといえます。

③ 外部規定的形成

　　上述の計画的形成のような意図的なものではなく、性別、年齢、居住区、職業や職種、能力、言語、国籍、人種、民族、宗教など、同一の属性の人同士が仲間意識をもつようになって形成されること。例えば、同じ出身地域や出身校の人同士の集まりがこれに相当します。

2．集団の発達

　前節で、集団が6つの特性を備えていることを述べましたが、集団が形成された当初からすべての特性を十分に備えているわけではありません。集団は徐々に「集団らしさ」を増していきます。集団らしさを増していくことを「集団の発達（group development）」といいます。例えば、職場集団の形成初期においては、役割が十分に定められておらず、メンバー間の協力関係も不十分で、仲間意識も醸成されていません。しかし、やがてそれらが解決して6つの特徴が

43

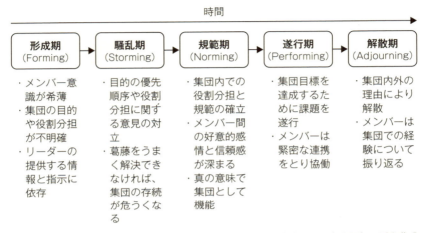

出所:Tuckman（1965），Tuckman & Jensen（1977）を参考に三沢（2007）p100 作成

十分備わってくると、より集団らしさが強くなるというわけです。

　タックマン（Tuckman, B. W., 1965）およびタックマンとジェンセン（Tuckman, B. W., & Jensen, M. C., 1977）は、集団の発達には形成期、騒乱期、規範期、遂行期、解散期の5つの段階があることを示しました（図表3-2）。

　歴史の長い組織に勤務する人にとっては、このような集団の発達を実感するのは難しいかもしれません。それは、おそらく遂行期が長く続いているからでしょう。今後、組織改編や新プロジェクトの発足に遭遇する際には、このような発達の視点で集団をみてみると実感が得られることでしょう。

3．組織社会化

　個人が組織に適応していく過程を考えるうえで「組織社会化」（乗船と言う意味から転じて「オンボーディング」ともいう）という概念があります。組織社会化とは、「新規参入者が組織の外部者から内部者へと移行していく過程」（Bauer, Bodner, Erdogan, Truxillo, & Tucker, 2007）です。

第3章　職場集団と人間関係

（1）組織社会化のメリット

　組織社会化がなされることによって、新規参入者の組織コミットメントや職務満足、ワークエンゲイジメント（第11章参照）の向上と転職意思の低下（Bauer, T. N. et al., 2007; 竹内・竹内 , 2009 など）や、心理的安寧の高まりやストレスの軽減などが確認されています（Cooper-Thomas, H. D. et al., 2014 など）。反対に、組織社会化が進まないと、個人は組織との不適応を起こして人材の流出につながることになります。そのため、組織社会化は採用後の人的資源管理において重要な概念といえます（第7章参照）。

（2）組織社会化の全体像と規定要因

　組織社会化の研究には、新規参入者が組織に適応するプロセスを明らかにする研究（過程アプローチ）と、そのプロセスで新規参入者が学習すべき内容を明らかにする研究（内容アプローチ）があります。竹内（2019）はこれらを統合した全体像を示しています（図表3-3）。過程アプローチでは新規参入者の組織適応の促進要因が検討されており、組織が行う導入研修や組織・仕事に関する情報提供などの組織要因、新規参入者の行動や特徴などの個人要因、新規参入者に関わる上司や先輩、同僚などの関係性に関する社会化主体に分類されています。内容アプローチではこれら3つの促進要因によって、知識や態度、行動などの組織社会化学習内容（一次的組織適応結果）への影響、さらに職務態度・職務成果・リテンション・心理的安寧など（二次的組織適応結果）への影響について検討がされています。

（3）組織社会化の一次的組織適応結果

　一次的組織適応結果にどのようなものがあるかについては、研究者によって結果が分かれています。ここでは3つに大別して解説します。

①　4次元に分けるモデル

　　モリソン（Morison, 1993）は、「仕事の習得（担当職務の習得度）」と「役割明瞭化（求められる役割の理解）」、「文化適合（組織の文化や価値観の理解）」、「社会的統合（職場集団との良好な人間関係）」の4つを挙げています。

45

図表 3-3　組織社会化研究の全体枠組み

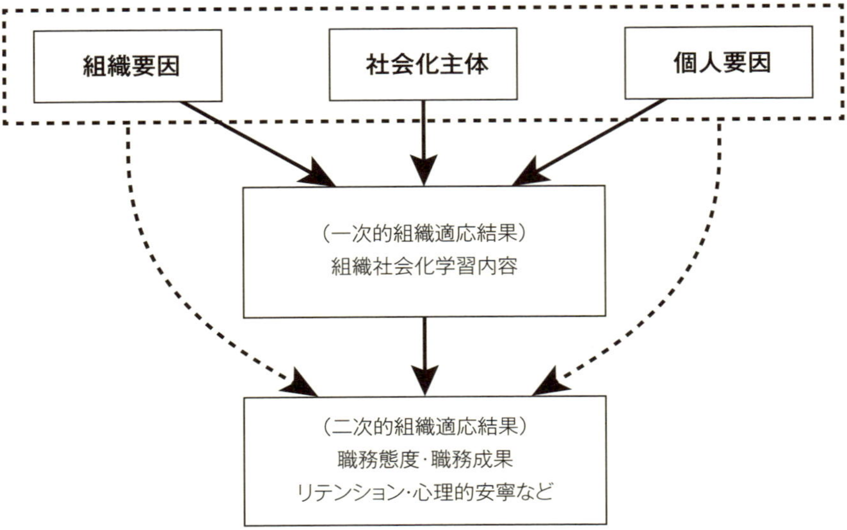

出所：竹内（2019）P153

② 6次元に分けるモデル

　　チャオら（Chao, G. T. et al., 1994）は、「歴史（企業や職場の成り立ちや沿革）」、「言語（仕事上および組織内で使われる専門用語や略語、隠語）」、「社内政治（組織内の派閥など、力関係を含めた社内政治の状況）」、「人間（職場のメンバーとの良好な人間関係の構築）」、「組織目標と価値観（企業の目標や規範、価値観の理解と受容）」、「熟達（仕事の効率的なやり方や必要なスキルの獲得）」の6つを挙げています。

② 3次元に分けるモデル

　　ホイターとマカン、ウィンター（Haueter, Macan, & Winter, 2003）は、新規参入者が適応すべき対象で分けて「組織（組織の規範や価値観、組織の沿革、社内政治の理解）」、「職場（職場の目標や方針の理解、職場の沿革、職場の組織全体への貢献、職場内での行動規範や職場内政治）」、「職務（仕事の進め方、必要なスキルの習熟度合い、組織から期待される成果の水準についての理解）」の3つにまとめています。

図表 3-4　組織社会化を通じた新規参入者の人材類型

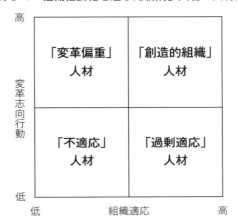

出所：竹内（2019）P175

　ここまでの組織社会化は、個人に組織の価値観や考え方を同化させる発想で説明されてきました。しかし反対に、組織が個人の価値観や考え方を受容する組織社会化もあり得ます。そこで竹内（2019）は、変革志向行動と組織適応の組み合わせから新規参入者を、組織適応が低く変革志向行動の高い「変革偏重」人材、組織適応が高く変革志向行動の低い「過剰適応」人材、両方低い「不適応」人材、両方高い「創造的組織」人材の4類型に分類しました（図表3-4）。そして竹内（2019）は、環境変動の激しい時代においては、組織の価値観や規範を受容しながら必要に応じて変革的な提案や行動を行う「創造的組織」人材の育成が組織社会化にとって重要であると指摘しています。

4．集団規範による個人への影響

　集団が発達するにしたがって、メンバーの行動は「斉一化」され、集団の「規範」が形成され、「集団凝集性」が高まるようになります。ここでは、これらの用語について説明します。

（1）斉一化

　集団が形成された当初は、各メンバーは異なった考え方や態度・行動をとっています。このことを行動の「斉一化（uniformity）」といいます。

（2）集団規範の形成

　斉一化されてくると、集団からメンバーに期待する行動様式である「集団規範（group norm）」が明確になっていきます。この規範とは、公式な文書や規則のような明文化されたものというよりも、メンバー間における暗黙のルールのことを指します。集団規範は、行動や判断をするための枠組みであり、その集団においてメンバーがしなければならないことや、してはいけないことの基準になるものです。職場集団における規範の例としては、仕事の進め方、休暇の取り方、会議の進め方、仕事の報告の仕方、服装のあり方など、その職場固有の規範が存在します。

　さて、皆さんの職場にはどのような集団規範があるでしょうか。意外とこれを意識することは難しいことです。ある職場集団に長く所属していると、その職場集団の規範は当然のことと感じられるようになり、通常はあまり意識せずに従っているのです。それだけ集団規範はメンバーに強く影響を与えているといえます。

（3）同調への圧力

　集団規範が形成されると同時に、メンバーはその集団規範に従い同調（conformity）するように求める「集団からの圧力（group pressure）」も強くなっていきます。同調しないメンバーに対しては制裁が加えられることもあります。人が同調する動機には、集団や他のメンバーとの関係を維持し承認を得て罰は避けたいという「規範的影響」があります。例えば、転職や異動をして新たな職場に参入すると、これまでと違う集団規範があることに気づくことがあります。この規範に従わないと、他のメンバーからの承認が得られなかったり、あるいは何らかの制裁を受けるようになり職場での居場所がなくなったりします。通

常、新規参入者はそうならないように、その職場の集団規範に適応するような認知の仕方や行動様式を身につけ、職場になじんでいくのです。

しかし、同調の動機には単に罰の回避だけでなく、集団や他のメンバーの意見を有効な参考情報として受け取り適切な行動をしたいという「情報的影響」もあります。ただし、規範的影響と情報的影響は表面的に同一の行動として見えるので、本人しかそれを区別することはできません。

（4）規範からの逸脱

集団規範に沿わない行動や態度をとることを「逸脱（deviance）」といいます。逸脱の動機には、集団規範や集団からの期待とは関係なく自分独自の立場をとろうとする「独立」と、あえて集団規範や期待とは反対の態度や行動をとろうとする「反同調」があります。

規範に忠実に同調してきた者は、報酬として地位と信用が与えられますが、これにより、その者はある程度の逸脱が許容されることがあります。これを「独自性クレジット」といいます。そして、地位と信用を得た者がその蓄積した信用（＝クレジット）を使いきるまでは逸脱が集団から許容されるのです。

5．集団凝集性

（1）集団凝集性とは

私たちの職場を見てみると、すべてのメンバーが職場に対して満足しているわけではないことがわかります。現在の職場集団に魅力を感じてとどまっていようと思う人と、魅力を感じないで転出しようと思う人がいます。この両者の差は「集団凝集性（group cohesiveness）」の違いであるといえます。

集団凝集性とは、「集団が個々のメンバーをその集団にとどまらせるように働きかける力の総体」（Cartwright & Zander, 1953）のことです。人がその職場集団に対して何らかの魅力を感じていればそこに長くとどまろうとしますし、そうでなければ離れていこうとします。その魅力にはさまざまなものがありますが、これらの魅力の総和が集団凝集性であるといえます。

49

（2）集団凝集性の要素

集団凝集性のもとになる魅力にはどのようなものがあるのでしょうか。カートライトとザンダーは、その魅力として、①集団の目標に対する魅力、②集団の活動に対する魅力、③集団内の人間関係に対する魅力、④集団に所属していること自体の魅力、の4つを挙げています（Cartwright & Zander, 1953）。これらの魅力を感じている場合に、人はその職場集団にとどまるといえます。もっとも、個人によって4つのいずれを重視するかは異なりますから、これら要素の強弱が複合されて集団凝集性が決定されます。

（3）集団凝集性を上げるには

集団凝集性を高める方法を、田尾（1991）は、先行研究を含め、次のようにまとめています。

① **メンバーとして近接する関係にあること**

　　ホーマンズ（Homans, G. C., 1978）の仮説に従うと、メンバーが相互作用を重ねるほど魅力を感じ合うことになります。これは、繰り返し接すると好意度や印象が高まるというザイアンス（Zajonc, R. B., 1968）の単純接触効果によって説明することができます。

② **タスクが相互依存的であること**

　　依存的であることは、相互にコミュニケーションをとり、合意をとり、協力し合う機会を増やします。

③ **外集団に競合相手があること**

　　外集団に競合相手がいることは、内集団の一致団結をしやすくし、メンバー相互の魅力を大きくします。

④ **等質的であること**

　　各メンバーがもつ価値観や態度、感じ方や考え方が類似していることがメンバー間の相互作用を促進します（Fork, D. & Johnson, D., 1977）。

⑤ **成功経験を共有すること**

　　成功経験を共にする、あるいは、成功しないまでも相互に不快になるような経験を共にしないことが互いの魅力を低下させないことになります。現在の職場を離れたいと考えている人は、一旦、上記の項目が強くなるよ

うに工夫してみるとよいかもしれません。

6. 集団の硬直化

集団の発達によって集団らしさは増していきますが、やがて集団は解散期を迎えます。カッツ（Katz, D., 1982）の調査では、集団が形成されて 1.5 〜 3.5 年経つと業績のピークを迎え、その後は業績が低下することが明らかになっています。このことを「集団の硬直化」といいます。古川（1990）は、硬直化には次の 5 つの原因があることを示しています。

①各メンバーの役割と行動が固定化する。

②メンバーの考え方が均質化し、刺激を与え合えなくなる。

③メンバーが互いに情報を伝達する相手を選択するようになり、コミュニケーションのルートが固定化する。

④外集団の情報と疎遠になり、内集団のことに関心が狭まる。

⑤リーダーが過去の前例と経験に縛られ、変化に抵抗を示す自己呪縛に陥る。

つまり、仕事に関連する役割、コミュニケーション、考え方、情報収集などが固定化してしまうことが集団を硬直化させるといえます。私たちは、作業を効率化するためにマニュアルを作り、仕事を定型化させることをしばしば行っていますが、そのことは、反面、集団を硬直化させる可能性もあるのです。このことは、私たちが人間である以上、機械のように働くだけでは職場集団を活性化することはできない、ということを示しています。

3節
職場集団における人間関係

1. ホーソン研究

第1章でも述べたとおり、テイラー（Taylor, F. W., 1958）は、効果的な組織管理として、作業量や作業環境などを科学的に研究する科学的管理法を重視してきました。これは20世紀初頭では主流の考え方で、それまでの勘や経験で行っていた経営を、実証的かつ効果的な管理へ変革させました。

ウェスタン・エレクトリック社ホーソン工場で行った一連の研究も、科学的管理法の効果を実験的に証明しようとするものでした。まず、メイヨー（Mayo, E., 1967）は、科学的管理法の効果を証明するために、照明の明るさや、賃金、休憩の回数や時間など物理的環境と生産性の関連を研究しました。ところが、物理的環境よりも、共に働く仲間との連帯感や忠誠心、そのときの気分といった情緒的要素が生産性に大きく影響を及ぼすことが明らかになったのです。さらに、レスリスバーガーとディクソン（Roethlisberger, F. J. & Dickson, W. J.）は、人の職位や職場での人間関係など、社会的要因の相互作用が、労働者一人ひとりの職務遂行態度や生産性に影響を及ぼすことを見出しました（Roethlisberger & Dickson, 1939）。このことから、組織で規定されるフォーマル・グループ（formal group：公式集団）よりも、職場メンバー間の人間関係で規定されるインフォーマル・グループ（informal group：非公式集団）のほうが職場集団での生産性に強く影響することが明らかになったのです。

結果的に、科学的管理法を支持しない結果となりましたが、この実験は職場集団の管理法に新たな視点を与える研究となりました。この一連の研究のことを「ホーソン研究」といいます。そして、職場集団の管理は科学的管理法から人間関係を中心とした人間関係論へと移行することになりました。

2. 対人関係

対人関係（interpersonal relationship）とは、人間関係のうち、特に個人と個

第3章　職場集団と人間関係

人の心理的な相互作用がある関係を指します。職場集団において、私たちはどのような対人関係を経験するのでしょうか。佐々木（1996）は、対人関係の心理的側面として、「競争と協同」「支配と服従」「同調と逸脱」「達成と親和」の4対を示しています。「同調と逸脱」については、すでに前節で説明しましたので、ここでは残りの3対について説明します。

（1）競争と協同

　対人関係において、各自が、他者よりも自己の立場を有利にしようとするため、メンバー同士が妨害し合う関係になることを「競争」といい、逆に、互いの立場を認め合い、他者の満足が自己の満足につながる関係になることを「協同」といいます（佐々木, 1996）。職場集団においては、競争よりも協同であるほうが集団としてまとまり、作業効率も向上するといわれています。

（2）支配と服従

　対人関係には、社会的勢力や権威をもって他者をコントロールして自分の意志に従わせようとする「支配」と、そうした他者のコントロール下に入りその意志を受け入れる「服従」があります（佐々木, 1996）。フレンチとレーヴン（French, J. & Raven, B. H., 1959）は、服従する側から見た場合に、どのような勢力が人を服従させるのかについて、以下の5つに分類しました。

①　報酬勢力

　　自分に与えられる報酬の程度を左右する力を相手がもっていると認知したときに生じる相手の勢力。例えば、人事考課やボーナス査定を行える上司は報酬勢力の代表といえます。

②　強制勢力

　　相手からの影響に自分が従わない場合、相手から罰を受けるだろうと予期することによって生じる相手の勢力。例えば、職務命令に従わなければ減給や望まない部署へ配置転換されると予期する場合などです。

③　正当勢力

　　相手が自分に影響を及ぼすべき正当な権利をもち、自分はその影響を受け入れるべき義務を負っていると、自分が判断することによって生じる相

53

手の勢力。例えば、上司は部下に指示・命令をする権限があり、部下はそれに従う義務があると考えることは、正当勢力といえます。

④　準拠性勢力

相手を同一視し一体になりたい、と自分が思うことによって生じる相手の勢力。自分が所属したいと望むチームであれば、そこのルールに従おうとする心理です。

⑤　専門勢力

相手がある特定の知識や技術について専門的な能力をもっている、と自分が認知することによって生じる相手の勢力。特に自分がその分野の知識・技術にうとい場合は、なおさらその相手に服従しやすくなります。

（3）達成と親和

達成と親和は、本来、内発的動機の種類である「達成動機」と「親和動機」を意味します。達成動機とは、ある優れた目標を立て、それを高い水準で完遂しようとする動機のことです。達成動機が強い人は、適度な困難を伴う課題に挑戦しようとし、自分の活動の成果に対するフィードバックを求め、成功・失敗の原因を自分の能力や努力に帰属させ、親しさよりも有能さを優先して仕事仲間を選ぶ傾向にあります（佐々木, 1996）。一方、親和動機とは、他の人と友好的な関係を成立させ、それを維持したいという動機のことです。親和動機が強い人は、電話や手紙によるコミュニケーションを多くし、他人との会話ではアイ・コンタクトが多く、自分と意見が異なる人への強い反発心を示したり、有能さよりも親しさで仕事仲間を選ぶ傾向にあります（佐々木, 1996）。

3．対人認知と対人魅力

メンバー間の相互作用は職場集団の機能に大きく影響を及ぼしうることは、これまでも述べてきました。ここでは、特に個人が他者をどう捉えるかについて見ていきます。

第3章　職場集団と人間関係

（1）対人認知

　集団における対人関係で最初に行われることは「対人認知（interpersonal cognition）」です。対人認知とは、他者についてさまざまな情報を手がかりにして、パーソナリティ、情動、意図、態度、対人関係といった人の内面の特徴や心理を推論することです。集団の中では、個人は対人認知に基づいて、他者を理解したり将来の他者の行動を予測したりして、他者への接し方を決めていきます。

（2）対人魅力

　「対人魅力（interpersonal attraction）」とは、対人認知の後に人が他者に対して抱く好意や嫌悪のことを指します。集団における人間関係が相互に魅力的であれば凝集性の高い組織を作ることができます。人が他者に魅力を感じる要因として、次のようなものがあります（佐々木，1996）。

①　物理的距離の近接性

　　物理的距離が近いことは、両者の相互作用の頻度を高めて相互依存的関係を生みやすくし、その関係の中で応答し合うことが相手への魅力を高めることになります。集団の形成初期においては、座席の位置が近いことは必然的に会話も多くなり、その相手に好意をもちやすくなります。集団凝集性を高める要因でも述べたとおり、ザイアンスの単純接触効果が影響しています。

②　身体的魅力

　　特に初対面のとき、容姿や外見の良い人は他者から好まれやすい傾向にあります。初対面のときは、その他者に対する情報が少なく、外見の情報を頼りにするためです。

③　類似性

　　意見や価値観、パーソナリティなどが類似している相手に対して好意を抱く傾向があります。それは、自分の意見に同意してくれることが正の報酬となるから、あるいは自分が相手に好意を示せば相手からも好まれるという「好意の返報性」があるからといわれています。

④　要求の相補性

55

人間関係が長期化すると、上記①～③だけでは好意の維持が難しくなります。互いの欠点を補い合う関係（相補性）が必要になります。

⑤　自己開示

自分自身についての情報を他者に提示することを「自己開示」といいます。個人的で内面的な情報を開示することは、相手との心理的距離が接近するといわれています。ただし、相手が受け止められないほど重大な自己開示は、かえって心理的負担を増してしまう恐れがあります。

4．対人葛藤

（1）対人葛藤とは

前節で述べたとおり、集団の発達においてはメンバー間の対立が生じる騒乱期が想定されています。このときに現れる人同士の間の利害や意見の対立・不一致により、個人の目標が他者の行動によって妨害された状態のことを「対人葛藤（interpersonal conflict）」といいます。藤森（1994）は、「対人葛藤は個人の欲求、目標、期待が他者によって妨害されていると個人が知覚するときに生じる対人的過程であり、感情、認知、行動などを含んでいる」と説明しています。このような対人葛藤が生じると、集団存続の危機を迎える場合もあり、集団の維持には対人葛藤への対処が必要となります。

（2）対人葛藤の対処

藤森（1994）は、特に職場における対人葛藤を解決するための4つの対処法（方略）を示しています。

①　回避型

対人葛藤に関する自分の欲求や意向をまったく表明しない、あるいは間接的にしか表明しないで、あくまで個人的な解決を図ろうとする方略です。

②　同調型

対人葛藤に関する自分の欲求や意向を直接的に表明することを差し控え、相手に譲歩することによって問題の解決を図ろうとする方略です。

③　個別型

56

対人葛藤に関する自分の欲求や意向を表明したり、あるいは相手を非難することにより、相手に譲歩することを求め、個人的な目標を達成しようとする方略です。

④　統合型

対人葛藤に関する自分の欲求や意向を表明しますが、相手の否定的評価を述べるようなことはしないで、相互の利益となるような解決策を模索する方略です。

これら4つの方略のうち、統合型は職場の人間関係に対してネガティブな効果を及ぼしませんが、回避型は相手に対して感情的なわだかまりを残すネガティブな効果を及ぼすことが明らかにされています（藤森, 1994）。対人葛藤は、職場集団では不可避の事態ですが、それを否定するのではなく、建設的に対処していくことが集団にとっては重要です。なぜなら、①自分自身や他者、そしてその関係性についての理解を深め、②新しい考え方や優れた視点を発見する機会を提供し、③職場の対人葛藤を効果的に処理するための調整能力の発達を促進することになるからです。対人葛藤は集団を発達させる絶好のチャンスであるといえます。

5.　集団であることのデメリット

人間関係および対人関係が、職場集団と相互に影響し合うことを述べてきましたが、その中には、職場集団として思わぬデメリットが生じる場合があります。ここでは、その例をいくつか挙げていきます。

（1）会議などの意思決定におけるデメリット

会議は、集団や組織における正式な意思決定の場です。組織においては、職場の上司・同僚で行われる会議から、経営陣による経営会議まで、さまざまな会議が行われています。民主主義においては、会議での意思決定はメンバー全員の意見を考慮することを前提にしていますから、会議で得られた意思決定は個人による意思決定よりも優れたものになると考えられます。しかし、実際の集団による意思決定は必ずしもそうとは限りません。その例として「集団分極

化」、「集団浅慮（集団思考）」があります。

① 集団分極化

　集団分極化（group polarization）とは、集団による決定が、個人による決定よりもよりリスク（危険性）のある大胆な方向（リスキー・シフト）に、あるいはより慎重な方向（コーシャス・シフト）に決定される現象です。会議などで各メンバーが他のメンバーの意見を知ることによって、集団としてより望ましい方へ意見を変更したり、多数派に同調したりすることがあります。そのことが集団としてはより極端な決定へと偏重させてしまうのです。

　リスキー・シフトの例を挙げましょう。新商品の缶コーヒーを「富裕層向けの高級志向」で売りだそうと、社内会議で価格設定を討議していました。発案者は会議出席者のなかで最も職位の高い部長で、当初は200円の価格設定をしていました。高級志向というコンセプトと発案者である部長の権威に引きずられて、メンバーは高級コーヒー豆の使用や有名デザイナーを起用したパッケージデザインなど高コストな意見を次々と挙げていきました。最終的に、全員一致で缶コーヒーの売価は2,000円に決定されました。後になってみると、会議メンバー自身も驚くような価格設定になってしまいました。これがリスキー・シフトです。

② 集団浅慮（集団思考）

　ジャニス（Janis, I. L., 1972）は、ケネディ大統領の国家安全保障会議など、米国の政策上の失敗事例を分析し、集団による決定がむしろ愚かで浅はかな決定を下すことがあることを指摘しています。このことを「集団浅慮」あるいは「集団思考（group think）」といいます。例えば、自分たちの集団が絶対的に正しいと評価をしたり（過大評価）、集団自身による自己弁護や集団外部に対する偏見があったり（閉ざされた意識）、自分の意見を集団に合わせる（均一性への圧力）などによって集団浅慮が進みます。ジャニスは、a）団結力のある集団で、b）メンバーに発言の機会を平等に与える公平なリーダーでない場合、c）より良い解決が望めないが外部から強い脅威が迫っている場合に集団浅慮に陥りやすいとしています。

③ より良い意思決定のために

より良い意思決定をするためには、基本的には少数意見や反対意見を許容し、代替案や目標を充分に精査し、採用しようとしている選択肢の危険性や一旦否定された代替案の再検討を行う、ということなどに留意すると良いとされています。そのためには、その意見を精査する機会を絶えず意識的に設ける必要があります。

　シュワイガーとサンドバーグとレイガン（Schweiger, D. M., Sandberg, W. R., & Ragan, J. W., 1986）は、異なる意見を比較検討するほうが良い結果が得られるとしています。また、モスコビッチとドイスとデュロング（Moscovici, S., Doise, W., & Dulong, R., 1972）やモスコビッチとレキュヤ（Moscovici, S., & Lecuyer, R., 1972）は、意思決定において客観的な視点でかかわったり、議論の流れに逆らうような意見を述べることが集団分極化や集団浅慮を避ける効果があるとしています。

　多数意見に集団が流されないようにするために、意図的に反対役を立てて多数意見を再検討する方法や、集団をいくつかに分けて別々の意見を立てて相互に検討させる方法などが考えられています。

（2）共同作業におけるデメリット

①　社会的手抜き（社会的怠惰）

　集団で協同作業を行うとき、1人当たりが投与する作業への遂行量が多くなるほど、また人数が多くなるほど全体の生産量が低下する現象のことを「社会的手抜き（social loafing）」あるいは「社会的怠惰」といいます。一見、作業に充てる人数を増やせば増やすほど生産量が上がるように思われますが、実際はそうはならず、むしろ低下するといわれています。その原因は、「勤勉に働くべき」という各メンバーに与える集団からの圧力が、集団の人数が増えるにつれて小さくなるから、あるいは、個人の努力量と集団の成果の間に関連性が確認できなくなり、努力が正当に評価されず、怠惰であるほうが責任を回避しやすくなるからといわれています。

　例えば、多人数でボートを漕ぐ場合を考えてみましょう。「大勢いるから自分1人くらい手を抜いても良いだろう」と考え始めてしまうのは、集団からの圧力が小さいからだといえます。また、実際に手を抜いても、それ

なりにボートが進むのなら、手を抜くことが助長されます。これは、自分の努力と集団の成果の関連性が見えないからだといえます。

② 社会的手抜きの防止

社会的手抜きを防ぐには、メンバー一人ひとりに対して勤労を促進するようなかかわりを増やすか、一人ひとりの努力あるいは怠惰を確実に評価していく必要が出てきます。しかし一方で、メンバーの人数が多いほどその促進や評価の手間は増加する傾向になります。効率的な管理方法や管理体制をいかに構築していくか、あるいは勤勉性といった意識をいかに集団内に醸成するかが課題となります。

私たちは集団で働くからこそ、個人では成し遂げられないことを達成することができます。そこに集団で働く意味があります。同時に、集団で働くことによって人間関係の難しさや成果を上げる難しさも生じます。職場集団と人間関係の相互作用については、すべてが解明されているわけではありません。しかし、そのダイナミクスについての理解を深めることで、職場集団の目標達成と個人の欲求充足を両立させる可能性を増やしていけることでしょう。

6. 多様性(ダイバーシティ)のある集団

(1) ダイバーシティ

「ダイバーシティ（Diversity）」は一般に「多様性」と訳され「異なる特徴や特性をもつ人が共存すること」を意味します。グローバル化やIT などの技術革新により、欧米に限らずアジアやアフリカの人々と交流する機会が増えました。日本では、労働力人口の減少によって外国籍の労働者とともに働く機会も増えていて、ダイバーシティは現実的なテーマとなっています。

ダイバーシティは、年齢、性別、人種といった外見から判断しやすい表層的ダイバーシティと、性格、考え方、価値観、宗教など外見からは判断しにくい深層的ダイバーシティに分けられます(第8章参照)。表層的部分と深層的部分のギャップから人を適切に理解できず、従業員同士の対立や問題が生じる可能性があります。組織はこれらを解消して従業員が協力し合って働くようにしなくてはなりません。そのためには、個性や多文化を包摂し、従業員間の公平性

を確保することが必要になります。これらの意味を込めて近年では DEI（Diversity, Equity & Inclusion）と称するようになっています。

一方でダイバーシティを積極利用する動きもあります。日経連ダイバーシティ・ワーク・ルール研究会（2002）は、ダイバーシティを「従来の企業内や社会におけるスタンダードにとらわれず、多様な属性（性別、年齢、国籍など）や価値・発想をとり入れることで、ビジネス環境の変化に迅速かつ柔軟に対応し、企業の成長と個人のしあわせにつなげようとする戦略」であるとしています。同様に経済産業省（2024）は、多様な人材を活かし、その能力が最大限発揮できる機会を提供することで、イノベーションを生み出し、価値創造につなげていく経営を「ダイバーシティ経営」と呼んでいます。ダイバーシティをピンチではなくチャンスとして捉え直しているといえます。

ダイバーシティの要素には、年齢、性別、性的志向、身体的特徴、国籍や出身地、人種・民族、価値観といった比較的不変的・選択不可能な部分以外に、ライフスタイル、働き方、服装といった可変的・選択可能な部分もあります。後者を上手く活かし、メンバー間が協働できるように調整し合うことが DEI 実現の糸口になるでしょう。

（2）ハラスメント

ハラスメントとは、「上司・部下、先輩・後輩など、何らかの力関係において優位にある者が、自分より劣位にある者に対して、精神的な苦痛を与えるような行為」（高谷 , 2008）のことです。厚生労働省のホームページ「職場におけるハラスメントの防止のために」では、職場における主なハラスメントとしては、パワーハラスメント（パワハラ）、セクシュアルハラスメント（セクハラ）、妊娠・出産・育児休業等ハラスメント（マタハラ）、カスタマーハラスメント、就活ハラスメントが挙げられています。ここでは、パワーハラスメントとセクシュアルハラスメントについて取り上げます。

① パワーハラスメント

パワーハラスメントとは「職場において行われる優越的な関係を背景とした言動であって、業務上必要かつ相当な範囲を超えたものにより労働者の就業環境が害されること」（労働施策総合推進法第 30 条の 2）です。「客

観的にみて、業務上必要かつ相当な範囲で行われる適正な業務指示や指導」については、職場におけるパワーハラスメントには該当しません。令和2年度の「職場のハラスメントに関する実態調査」（東京海上日動リスクコンサルティング株式会社, 2021）によると、過去3年以内にパワーハラスメントの相談があったと回答した企業は48.2%でした。また、パワーハラスメントを受けたことによる心身の影響としては、「怒りや不満、不安など」や「仕事に対する意欲が減退した」などが主でした（東京海上日動リスクコンサルティング株式会社, 2017）。パワーハラスメントが、個人の心身への影響を与えることによって、仕事のパフォーマンスの阻害要因になることが伺えます。

② セクシュアルハラスメント

セクシュアルハラスメントとは「職場において行われる性的な言動に対するその雇用する労働者の対応により当該労働者が労働条件について不利益を受けたり、性的な言動により当該労働者の就業環境が害されること」（男女雇用機会均等法第11条から抜粋）です。セクシュアルハラスメントは、一般に対価型と環境型に分類されます。「事業主が労働者に対して性的な関係を要求したが、拒否されたため、その労働者を解雇する」といったことは対価型セクハラにあたります。一方、「同僚が業務に使用するパソコンでアダルトサイトを閲覧しているため、それを見た労働者が苦痛に感じて業務に専念できない」ことは環境型セクハラです。また、セクシュアルハラスメントの深刻さを段階的に示したものとしてはフィッツジェラルドら（Fitzgerald, L. F. et al., 1995）の研究があり、①一般的な、性差別的で不快な言動、②相手の望まない性的な誘いや注目、③対価を示しての性的関係への誘い、④脅しによる性的関係の強要、⑤直接的な脅しや暴力による性的関係の強要の5段階が示されています（数字が大きいほど深刻）。

（3）心理的安全性

多様性のある職場では、対人信頼と相互尊重が重要な課題となってきます。職場におけるインフォーマルな人間関係の良さがその職場の成果や業績に寄与することはホーソン研究で示されています。では、どのような関係性が得られる

と職場のパフォーマンスが向上するのでしょうか。エドモンドソン（Edmondson, 1999）は、チームの「心理的安全性（psychological safety）」に注目しました。心理的安全性とは、「チームが対人的なリスクを負っても安全であるという共通の信念」のことで、「チームは、誰かが発言したことで恥ずかしい思いをしたり拒否したり罰したりすることはないという信頼感」を意味しています（Edmondson, 1999）。心理的安全性を生み出すためには、一人ひとりが自分らしくいることに満足できるような、メンバー相互の対人信頼と相互尊重をしていく必要があります。

　心理的安全性そのものがパフォーマンスを向上させるわけでありません。しかし、メンバーがチーム内で拒否されない・罰せられないという信頼感が、業務遂行に向けて安心して変化できるようになります。フレーザーら（Franzier, M. L. et al., 2017）は、チームの情報共有や学習が促進されることによってチームのパフォーマンスが向上すると示唆しています。

【引用文献・参考文献】

Bauer, T. N., Bodner, T., Erdogan, B., Truxillo, D. M., & Tucker, J. S. (2007) Newcomer adjustment during organizational socialization: a meta-analytic review of antecedents, outcomes, and methods. *Journal of applied psychology*, 92(3), 707-721.

Chao, G. T., O'Leary-Kelly, A. M., Wolf, S., Klein, H. J., & Gardner, P. D. (1994) Organizational socialization: Its content and consequences. *Journal of Applied psychology*, 79(5), 730-743.

Cartwright, D., & Zander, A. (1953) Group cohesiveness: Introduction. *Group Dynamics: Research and Theory*. Evanston, IL: Row Peterson.

Cartwright, D., & Zander, A. (1960) *Leadership and group performance*. Harper & Row.（白樫三四郎・原岡一馬〔訳〕（1970）「リーダーシップと集団の業績」三隅二不二・佐々木薫〔訳編〕『グループ・ダイナミクスⅡ（第2版）誠信書房 , p581-608）

Cooley, C. H. (1909) *Social Organization*. New York, Charles Scribner's Son's.

Cooper-Thomas, H. D., Paterson, N. L., Stadler, M. J., & Saks, A. M. (2014) The relative importance of proactive behaviors and outcomes for predicting newcomer learning, well-being, and work engagement. *Journal of Vocational Behavior*, 84(3), 318-331.

Edmondson, A. (1999) Psychological Safety and Learning Behavior in Work Teams Amy Edmondson. *Administrative Science Quarterly*, 44(2), 350-383.

Fitzgerald, L. F., Gelfand, M. J., & Drasgow, F. (1995) Measuring sexual harassment: Theoretical and psychometric advances. *Basic and applied social psychology*, 17(4), 425-445.

Fork, D. & Johnson, D. (1977) The effects of perspective-talking and egocentrism on problem solving in heterogeneous and homogeneous groups. *Journal of Social Psychology*, 102, 63-72.

Frazier, M. L., Fainshmidt, S., Klinger, R. L., Pezeshkan, A., & Vracheva, V. (2017) Psychological safety: A meta-analytic review and extension. *Personnel psychology*, 70(1), 113-165.

French, J., & Raven, B. H. (1959) The bases of social power. *Group dynamics*, 259-270.

藤森立男 (1994)「職場集団のダイナミックス」岡村一成編著『産業・組織心理学入門〔第2版〕』福村出版)

古川久敬 (1990)『構造こわし ―組織改革の心理学』誠信書房

Haueter, J. A., Macan, T. H., & Winter, J. (2003) Measurement of newcomer socialization: Construct validation of a multidimensional scale. *Journal of vocational behavior*, 63(1), 20-39.

Homans, G. C. (1974) *Social Behavior: Its Elementary Forms. 2nd ed.* New York: Harcourt Brace Jovanovich. (橋本茂〔訳〕(1978)『社会行動 ―その基本形態』誠信書房)

Hyman, H. H. (1942) The Psychology of Status, *Archives of Psychology*, 269.

Janis, I. L. (1972) *Victims of groupthink*. Boston: Houghton, Mifflin.

Jennings, H. H. (1947) Sociometric differentiation of the psychegroup and the sociogroup. *Sociometry*, 10, 1, 71-79.

Katz, D. (1982) The effects of group longevity on project communication and performance. *Administrative Science Quarterly*, 27, 81-104.

経済産業省 (2024)「ダイバーシティ経営の推進　3拍子で取り組む：多様な人材の活躍を実現するために 」<https://www.meti.go.jp/policy/economy/jinzai/diversity/index.html> (Retrieved 2024年3月11日アクセス)

Mayo, E. (1933) *The Human Problems of an Industrial Civilization*. New York, NY: Macmillan. (村本栄一〔訳〕(1967)『新訳・産業文明における人間問題』日本能率協会)

三沢良 (2007)「職場集団の発達論」山口裕幸・金井篤子〔編〕『よくわかる産業・組織心理学』ミネルヴァ書房, p100.

Morrison, E. W. (1993) Longitudinal study of the effects of information seeking on newcomer socialization. *Journal of applied psychology*, 78(2), 173-183.

Moscovici, S., Doise, W., & Dulong, R. (1972) Studies in group decision II: Differences of positions, differences of opinion and group polarization. *European Journal of Social Psychology*, 2, 4, 385-399.

Moscovici, S., & Lecuyer, R. (1972) Studies in group decision I: Social space, patterns of communication and group consensus. *European Journal of Social Psychology*, 2, 3, 221-244.

日経連ダイバーシティ・ワーク・ルール研究会 (2002)『原点回帰―ダイバーシティ・マネジメントの方向性―』日経連ダイバーシティ・ワーク・ルール研究会報告書

Roethlisberger, F. J. & Dickson, W. J. (1939) *Management and Worker*. Cambridge, Mass: Harvard University Press.

佐々木土師二（1996）「組織と人間行動」佐々木土師二〔編著〕『産業心理学への招待』有斐閣

Schein, E. H.(1965) *Organizational psychology*. Englewood Cliffs, NJ: Prentice-Hall.（松井賚夫〔訳〕（1981）『組織心理学』岩波書店）

Schweiger, D. M., Sandberg, W. R., & Ragan, J. W.(1986) Group approaches for improving strategic decision making: A comparative analysis of dialectical inquiry, devil's advocacy, and consensus. *Academy of management Journal*, 29, 1, 51-71.

Sumner, W. G. (1906) *Folkways: A study of the sociological importance of usages, manners, customs, mores, and morals*. Ginn.

高谷知佐子 (2008)「職場のハラスメントの予防・対処法：パワーハラスメント・モラルハラスメントの基礎知識から予防・再発防止策まで詳説」労政時報／労務行政研究所編 , (3726), 70-89.

竹内倫和（2019）「人と組織の適応」角山剛（編）『産業・組織心理学講座第 3 巻組織行動の心理学：組織と人の相互作用を科学する』北大路書房

竹内倫和・竹内規彦(2009)「新規参入者の組織社会化メカニズムに関する実証的検討：入社前・入社後の組織適応要因」日本経営学会誌 , 23, 37-49.

田尾雅夫(1991)『組織の心理学』有斐閣 , p. 118-125.

Taylor, F. W.(1911) The Principle of Scientific Management. New York, NY: Harper & Row.（上野陽一〔訳〕（1958）『科学的管理法』産業能率短期大学出版部）

東京海上日動リスクコンサルティング株式会社(2017)『平成 28 年度厚生労働省医学事業職場のパワーハラスメントに関する実態調査報告書（概要版）』厚生労働省

東京海上日動リスクコンサルティング株式会社 (2021)『令和 2 年度厚生労働省委託事業職場のハラスメントに関する実態調査報告書（概要版）』厚生労働省

Tuckman, B. W.(1965) Developmental sequences in small groups. *Psychological Bulletin*, 63, 348-399.

Tuckman, B. W., & Jensen, M. C.(1977) Stages of small-group development revisited. *Group & Organization Management*, 2, 4, 419-427.

山口裕幸 (1994)「集団過程」藤原武弘・高橋超〔編〕『チャートで知る社会心理学』福村出版 , p111-124.

Zajonc, R. B.(1968) Attitudinal effects of mere exposure. *Journal of Personality and Social Psychology*, 9, 1-27.

第4章
ワーク・モチベーション

　仕事に対して意欲的に取り組めているかどうか
は職業だけに限らず、人生全般におけるウェル
ビーイングにもかかわる重要な事項です。自分だ
けでなく、ともに働く上司・部下・同僚においても
意欲的でいられることに越したことはありません。

　仕事に対するモチベーション（ワーク・モチベー
ション）は何によって向上するのでしょうか。ま
た、どのようにすると向上させることができるので
しょうか。

　この章では、これらの点について体系的に触れ
ていきます。

担当　高橋　浩

1節
ワーク・モチベーションとは

　モチベーションという言葉は、いまや「意欲」や「やる気」という意味で日常的に使われています。心理学者のヤング（Young, P. T., 1943）は、モチベーションを何らかの行動を触発させ、触発させた行動を維持し、さらに、それを一定の方向に導く過程であるとしています。特に、仕事に対するモチベーションは「ワーク・モチベーション（work motivation）」と呼ばれ、このテーマは産業や組織を研究する心理学の分野でよく探求されています。ピンダー（Pinder, C. C.,1998）は、ワーク・モチベーションを「個人の内部および外部にその源泉を持つ活力の集合体であり、仕事に関する行動を始動し、その様態や方向性、強度、持続性を決定づけるもの」と定義しています。

　この章では、職場でのモチベーションに関する理論や考え方について、学んでいきます。まずは、モチベーション理論の背景にある理論を見ていきます。

1. 本能論

　古くは、モチベーションは生得的な「本能」によって決定するものと考えられていました。20世紀の初頭、精神科医のフロイト（Freud, S.）は、人の行動は無意識の世界にある「本能的な欲求＝リビドー」にしたがって動くものだと指摘しました。つまり人間は、すべて理性的に考えて行動しているようで、その実は本能的な欲求に支配されている部分があるというのです。科学的な思考を追究し始めている時代において、フロイトのこの考え方は社会に衝撃を与えました。

　人間の行動はすべてが本能的な欲求だけで行動をしているわけではありませんが、欲求が行動の原動力になっているという考えは、その後のマレー（Murray, H. A.）やマズロー（Maslow, A. H.）の研究にも引き継がれています。

68

2．社会的欲求

　私たちの欲求が成長と共にどのように変化していくかを考える際、「社会的欲求」は非常に重要な概念です。生まれたての乳児がまず必要とするのは食べることや寝ることなどの生理的な欲求ですが、年齢を重ねて社会生活を経験していくにつれ、私たちの欲求はより複雑なものへと発展していきます。この進化の過程で、社会的な関係や立場、人とのつながりといった「社会的欲求」が生まれます。

　マレー（Murray, H. A., 1938）は、人間の行動の多くがこれら社会的欲求に基づくと考え、人間の心理的欲求とそれが行動に与える影響を細かく分析し、社会的欲求の枠組みを整理・分類しました（図表4-1）。この社会的欲求の概念を理解することは、私たちがなぜ特定の行動を取るのか、どのように人間関係を築いていくのかを考える上で、非常に役立ちます。また、自分自身や他人の行

図表4-1　マレーの社会的欲求のリスト

主に事物と結びついた欲求 （Materialism）	獲得欲求（Acquisition）、保存欲求（Conservance）、秩序欲求（Order）、保持欲求（Retention）、構成欲求（Construction）
野心や威信に関係する欲求 （Ambition）	獲得欲求（Superiority）、達成欲求（Achievement）、承認欲求（Recognition）、顕示欲求（Exhibition）
地位防御に関係する欲求 （Staus）	不可侵欲求（Inviolacy）、劣等感の回避欲求（Infavoidance）、防衛欲求（Defendance）、中和欲求（Countetaction）
力の行使に関係する欲求 （Power）	支配欲求（Dominance）、恭順欲求（Deference）、同化欲求（Similance）、自律欲求（Autonomy）、対立欲求（Contrariance）
自律他害に関係する欲求 （Sadomasochism）	攻撃欲求（Aggression）、屈従欲求（Abasement）
禁止に関係する欲求 （Social-Conformance）	非難の回避欲求（Blame avoidance）
他者との愛情に関係する欲求 （Affection）	親和欲求（Affiliation）、拒絶欲求（Rejection）、養護欲求（Nurturance）、救援欲求（Succorance）
その他の付加的な欲求 （Others）	遊戯欲求（Play）、求知欲求（Cognizance）、解明欲求（Exposition）

出所：Murray（1938）P80-83 をもとに筆者（高橋浩）が作成

動をより深く理解するための鍵ともいえるでしょう。

3. 人間関係論

　第1章、第3章でも述べたとおり、アメリカ・イリノイ州ホーソンにある電機工場で行われた、メイヨー（Mayo, E., et al., 1933）などによる有名な実験があります。この実験はもともと、労働条件（例えば、照明や賃金システム、休憩時間や労働時間など）が生産性にどのように影響するかを調べることを目的としていました。その結果、実験の条件をどのように変えても、選ばれたグループの生産性は一貫して向上しました。この結果から、メイヨーらは、物理的な労働環境よりも、職場での人間関係や、実験に選ばれたこと自体が作業者のモチベーションを高め、結果として仕事の効率を向上させることに気づきました。これが、仕事におけるモチベーションの重要性を指摘した最初の実験と言われています。

　この実験から、人間関係が職場における生産性や働きがいに大きな影響を及ぼすということが分かりました。従業員が互いに良好な関係を築き、自分たちの仕事に意味を見出すことが、労働条件の改善以上に仕事のモチベーションを向上させることができるわけです。これは、現代の職場においても非常に重要な考え方であり、組織運営やリーダーシップにおいて大いに参考にされています。

4. ワーク・モチベーションの拠り所

　モチベーションとは、組織の目標や課業そのものに向かって、より高い水準で成し遂げようとする意思であり、さらに何らかの成果を得ようとする行動を喚起し方向づけする内的要因であるといえます。しかし、組織がダイバーシティ化を推進して多様な人材を雇用するようになると、組織の求心力が失われてメンバーのモチベーションの低下を招く恐れが出てきます。そこで重要となってくるのが、経営理念（ミッション）や目的（パーパス）、価値観（バリュー）であり、これらがモチベーションの拠り所になると考えられます。

第4章　ワーク・モチベーション

　飛田ら（2014）の調査では、会社の価値観の共有と職場のコミュニケーションが従業員のモチベーションをあげ、さらに会社の利益率を向上させていることを確認しました。また、吉田・高野（2018）は、会社の方針を明示したことが個人のパフォーマンス向上、および「個人の主体的な態度」と関連していることを確認しました。また角山ら（2002）は、「個人の価値観」と「組織の価値観」との一致が職務満足度や組織コミットメントに関連することを示し、さらに両者が一致している場合のみ達成動機が職務業績を高めることを示しました。

　組織の理念や価値観を従業員に浸透させるだけでなく、従業員個人の価値観と一致させることがモチベーションとパフォーマンスに重要であるといえます。このことは「心理的契約」（組織が受け取ると期待するものに対して個人が与えるであろうものと、個人が受け取ると期待するものに対して組織が個人に与えるであろうものとの調和）というシャイン（Schein, 1965）の考え方とも合致する結果といえます。

　さて、モチベーションに関する研究は、現在もなお数多く行われています。それらは、「内容理論」と「過程理論」の2つに分けることができます。内容理論は、「人を動機づけるものは何か」という"what"に関するものです。過程理論は、「モチベーションはどのように生じ変化するのか」という"how"に関するものです。次節以降にて、これらを詳しく解説します。

2節
モチベーションの内容理論

　モチベーションの「内容理論」とは、私たちが何に突き動かされるのか、どのような欲求を持っているのかを明らかにしようとする理論です。人が持つ様々な欲求がどのように働いているのかを理解することができます。

1. 欲求階層理論

　マズロー（Maslow, A. H., 1954）は、私たちの持つ欲求がいくつかの基本的なカテゴリーに分けられると考えました。これらの欲求は、生まれながらにして私たちの中に備わっており、「基本的欲求」と呼びます。彼は、この基本的欲求を5つに分類しました。それは、「生理的欲求」「安全の欲求」「所属と愛の欲求」「承認の欲求」「自己実現の欲求」です。これらの欲求は階層を成しており、下の階層の欲求が満たされた後に、次の階層の欲求が生じるという考え方をします（図表4-2）。

　① 　生理的欲求

　　　これは、食べること、水を飲むこと、睡眠といった、生きていくために必要不可欠な欲求です。これが最も基本的で、これらが満たされない限り他の欲求は二の次になります。職業やキャリアでは、最低限の生活を維持するための収入などに相当します。

　② 　安全の欲求

　　　これは、安心して生活できる環境を求める欲求です。生理的欲求が満たされると、次に私たちは安全を求めます。これには、安定した住まいや争いのない平和な環境が含まれます。職業やキャリアでは、雇用の安定、職務の安定、余裕のある労働時間や十分な休暇、社会保障などに相当します。

　③ 　所属と愛の欲求

　　　基本的な生存の欲求と安全が確保されると、人は次に愛と所属感を求めます。家族や友人との関係、または集団への所属感がこれに当たります。職

業やキャリアにおいては、組織・職場との一体感、職場の人間関係などに相当します。

④　承認の欲求

所属と愛の欲求が満たされると、人はさらに自分が認められ、尊敬されたいという欲求を持ちます。これは自己尊重に関わるもので、評価や尊敬を通じて満たされます。職業やキャリアでは、上司・同僚からの高評価、信頼の獲得などに相当します。

⑤　自己実現の欲求

他のすべての欲求がある程度満たされた後に現れるのが、自己実現の欲求です。自分の可能性を最大限に引き出し、自分らしさを実現することを目指します。職業やキャリアでは、働きがいや働く意味の獲得、潜在能力の発揮などに相当します。

図表 4-2　マズローの欲求階層理論

産業・組織における欲求の対象

階層	産業・組織における欲求の対象
自己実現	仕事そのもの、やりがい（仕事の意義、仕事への興味・関心）
承認	昇進・昇格制度 上司の信頼、部下の信頼
所属と愛	組織体・職場への一体感、福利厚生 職場の人間関係（同僚、上司、部下などとの関係）
安全	雇用の安定、職務の安定、社会保障・社会保険 労働条件（労働時間、休暇など）・作業環境（物理的条件、危険性など）
生理的	賃金水準（ある程度の生活水準を維持できる賃金）

出所：森田（1984）p166 ～ 167 を一部修正

ただし実際には、必ずしも下位の欲求が完全に満たされてから移行するわけではなく、満足度の相対的な感覚に基づいてある程度満たされると上位の欲求へと移行するとマズローは指摘しています。また、この階層の上下は欲求の優劣ではなく、より高次の欲求ほど人間特有のものとなることを意味します。特に自己実現の欲求は人間だけが持つ特別なものとされています。マズローの理論は議論の余地がありますが、多くの研究の土台となっています。なお、①か

ら④の欲求は、不足を満たすという意味で「欠乏欲求」、⑤はそれらとは質が異なり「成長欲求」とも呼ばれています。

　私たちはなぜ行動するのか、何に価値を見出し、どのように自分自身を成長させていくのかを理解する上で、この理論が手がかりになるでしょう。

2. ERG 理論

　ERG 理論は、アルダファ（Alderfer, C. P., 1969）が提唱したもので、マズローの欲求階層理論を発展させた理論です。この理論は、人間の基本的な欲求を3つのカテゴリーに分けています。

　①　E（Existence：生存欲求）

　　　　物質的な安全や生理的なニーズに関するもので、人間が生きていく上で必要不可欠な基本的な要求を指します。

　②　R（Relation：関係欲求）

　　　　人との関係や社会的なつながりを求める欲求です。人は誰しもが安全で安心した環境の中で生活し、良好な人間関係を築きたいと望みます。

　③　G（Growth：成長欲求）

　　　　自己実現や個人の能力向上、創造性の発揮など、自分自身の成長を求める欲求です。

　ERG 理論の特徴的な点は、これらの欲求に階層的な制約がなく、同時に存在し得ること、また、ある欲求が満たされない場合には他の欲求への関心が高まるという点です。これにより、人間のモチベーションや行動の背後にある複雑さをより現実に即して捉えることができます。また、ある層の欲求が満たされなくても、他の層の欲求を追求することで、満足や成長を感じることができるという柔軟性を持っています。

　この理論は、組織やチームの管理、リーダーシップ、従業員のモチベーション向上策など、多くの分野で応用することができます。例えば、従業員が仕事において成長欲求（G）を強く求めている場合、彼らに新たなスキル習得の機会を提供することによってモチベーションを向上させることができます。また、チーム内での良好な人間関係（R）を促進することで、チームの結束力を高める

ことができます。そして、安全な職場環境や適切な報酬を確保することは、生存欲求（E）を満たすことになり、安心して仕事に取り組むことができるようになります。

ERG 理論は、人間の欲求が単純な階層構造ではなく、より複雑で動的であることを示唆しており、組織におけるより柔軟で効果的なマネジメントの参考になります。

3. XY 理論

第 2 章のコラムでも触れたマグレガー（McGregor, D., 1960）の XY 理論は、管理者の人間観に基づく 2 つの異なる管理スタイル（X 理論と Y 理論）を示しています。この理論は、特に組織内のモチベーションとリーダーシップのスタイルを理解する上で、重要な概念となっています。

① X 理論

　X 理論は、人間は基本的に怠けがちで、自発的には働こうとしないという前提に立ちます。この考え方では、労働者は適切な報酬がなければ働かず、管理者は厳しい管理と制御を行う必要があるとされます。X 理論に基づく管理スタイルは、従業員を厳密に監視し、明確な命令と指示によって動機づける必要があると考えます。これは、テイラー（Taylor, F. W.）の科学的管理法の影響を受けており、労働者は単純な指示に従うべき対象と見なされます。

② Y 理論

　Y 理論は、人間は自発的に働くことを求め、自己実現を目指す存在であるという楽観的な人間観に基づいています。この理論では、仕事は自然な活動であり、適切な条件が整えば人々は自らの意志で目標に向かって努力すると考えられています。Y 理論に基づく管理スタイルは、従業員の自主性と創造性を重視し、彼らが自己の能力を最大限に発揮できるよう支援することを目指します。このアプローチでは、従業員を信頼し、彼らの個人的な成長と組織目標の達成を同時に追求します。

マグレガーは、Y 理論に基づく管理スタイルが、従業員のモチベーションを

高め、組織の生産性を向上させるためのより効果的な方法であると提唱しています。マクレガー（McGregor, d., 1960）は、「命ぜられたことしかやらない態度、敵意、責任逃れを『人間性』のせいだとしたら、それは間違いで、こういう行動は部下の社会的欲求や自我の欲求が満たされていないことから起こる『病気』の兆候である」と説明しています。

XY 理論は、組織内での人間の扱い方や動機づけ方について、管理者が持つべき新しい視点を提供します。従業員のポテンシャルを引き出し、より生産的な労働環境を構築するために、Y 理論に基づくアプローチが奨励されます。

4．達成動機

（1）マクレランドの欲求理論

　マクレランド（McClelland, D. C., 1961）の欲求理論は、人間の動機づけにおいて給与や地位だけでなく、より深い社会的欲求が重要な役割を果たすという考え方に基づいています。彼が提唱する達成動機、支配動機、親和動機の３つは、働く人々が持つ多様な動機づけの源泉を示しており、それぞれが職場での行動や目標達成へのアプローチに大きく影響します。

①　達成動機（欲求）

　　達成動機の高い人は、自分の能力を試し、目標を達成することに強い意欲を持っています。彼らは自己実現を求め、成功を目指す過程で自分自身の成長を享受します。これらの特性は組織にとって価値が高く、こうした人材を育成し、適切な目標を設定することで組織の生産性向上につながります。

②　支配動機（欲求）

　　支配動機の高い人は、他人に影響を及ぼし、指導的な立場にあることを好みます。彼らは自己の影響力を通じて組織やグループの方向性を決定することに喜びを感じるため、リーダーの役割に適しています。

③　親和動機（欲求）

　　親和動機の高い人は、良好な人間関係や集団の調和を重視します。これらの人材はチームワークや協力的な環境を促進し、職場の雰囲気や士気を

第4章　ワーク・モチベーション

　向上させることができます。

　マクレランドの理論は、個々の動機づけが職場での行動や成果にどのように影響を与えるかを理解する上で重要な視点を提供しています。個々人は、3つの動機のいずれかのタイプに分かれるというよりも、3つの動機がある割合で組み合わされていると考えられます。組織におけるマネジメントでは、個人に内在する異なる動機の程度を理解し、活用することで、より効果的な人的資源管理やモチベーション向上を図ることが可能になります。

（2）達成動機の高い人の特性

　達成動機が高い人の特性を理解することは、組織やチームでの人的資源管理において非常に重要です。彼らは自己実現や成長を深く追求し、組織の目標達成においても重要な役割を果たすことが期待されるからです。達成動機の高い人の特徴は次の通りです。

①　環境を的確に把握する

　　自分が置かれている状況や環境を正確に理解し、将来に向けての予測を立てる能力に長けています。

②　目標設定を慎重に行う

　　自分自身に対しても他人に対しても高い目標を設定します。そして、設定した目標に対して深い責任感を持ち、その達成に向けて努力を惜しみません。

③　フィードバックを要求する

　　自分の進捗状況を客観的に把握することを重要視します。自身の努力がどの程度成果を上げているのか、どのように改善できるのかを知るために、積極的にフィードバックを求めます。

　マクレランドは、こうした達成動機が高い人材は珍しいと指摘していますが、だからこそ、組織はこのような人材を見つけ出し、育成し、適切に活用することが成功の鍵となるといえます。

（3）アトキンソンの実験（達成動機理論）

　アトキンソン（Atkinson, J. W., 1964）は、動機には成功したいという成功達

77

成動機と、失敗はしたくないという失敗回避動機があることに注目し、それぞれの動機づけを合成したものが最終的な動機づけになると考えました。アトキンソンとフェザー（Atkinson & Feather, 1966）は、合成した動機づけの強度を以下の数式で示しました。

　合成動機＝（成功達成動機−失敗回避動機）×｛成功確率×（1-成功確率）｝
　　　※成功確率は主観的なものであり、0～1の値をとる

　上記の数式は、「ある課題に対して成功達成動機が失敗回避動機よりも強く、成功確率が0.5と思える場合に合成動機が最高になること」を意味しています。つまり、課題の目標レベルが簡単すぎず難しすぎず中程度（頑張れば達成できそうなレベル）に設定するとモチベーションが上がることを意味します。反対に、成功達成動機よりも失敗回避動機が強く、成功確率が0.0か1.0の場合に合成動機が最高になります。つまり、失敗を恐れるあまり、確実に成功する目標にするか、失敗してもいいわけができる目標に設定するというわけです。

　アトキンソンの理論は、教育や職場での目標設定に重要な示唆を与えます。個人の達成動機に応じた目標を設定することで、個人の成長を促進し、動機づけを最大化することができます。達成動機が強い人には適度な挑戦が求められる目標が刺激となりますし、達成動機が弱い人には少しの挑戦が求められる目標が自信をつける機会を提供することになります。

5．衛生要因と動機づけ要因

　ハーズバーグ（Herzberg, F., 1966）の二因子理論は、従業員の欲求を「衛生要因（hygiene factors）」と「動機づけ要因（motivators）」で説明しています（図表4-3）。ここで重要なのは、衛生要因が不満を防ぐために必要である一方で、動機づけ要因がモチベーションの向上に必要であるという点です。

　衛生要因は、職場環境に関連する要素で、これらが不十分な場合に不満を引き起こします。しかし、これらの要因が満たされたとしても、従業員の満足度やモチベーションが大幅に向上するわけではありません。例えば、身分や給与

が上がることはうれしいことですが、それは一時的であって、モチベーションがあがるわけではないのです。なお衛生要因の低下は、従業員の不満を増やして離職につながる恐れもあります。

　一方、動機づけ要因は、仕事の内容に直接関連する要素で、これらが得られると従業員の満足度やモチベーションが高まります。動機づけ要因は、従業員が仕事から内面的な満足感を得られるようにし、積極的なモチベーションと仕事への熱意を引き出します。仕事を達成し、その承認をすること、仕事そのものが面白いと思えることが従業員の満足度を高めていくことにつながります。

　ハーズバーグの二因子理論は、管理者やリーダーがチームのモチベーションを理解し、向上させるための実践的な指針を提供します。衛生要因を改善することで不満を減少させ、動機づけ要因を高めることで従業員の満足度が促進される可能性があります。

図表 4-3　衛生要因と動機づけ要因

衛生要因	動機づけ要因
監督	達成
会社の政策と経営	達成の承認
作業条件	仕事そのもの
同僚、部下、および上役との対人関係	責任
身分	昇進
職務保障	成長の可能性
給与	
個人生活	

出所：ハーズバーグ（1968）

　なお図表4-4 は、マズロー、アルダファ、マクレランド、ハーズバーグの各理論やモデルが主張するカテゴリーを比較したものです。こうしてみると、それぞれの理論やモデルは互いに類似していることがわかります。

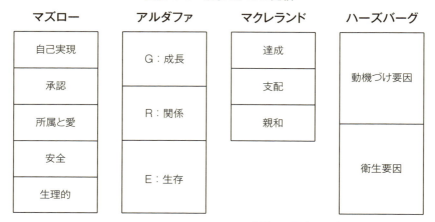

出所：田尾（1999）p59 を一部修正

6．外発的動機づけと内発的動機づけ

　動機づけは、「外発的動機づけ（Extrinsic Motivation）」と「内発的動機づけ（Intrinsic Motivation）」に分けることができます。外発的動機づけは、外部の報酬を得たくて、あるいは罰を受けたくなくて行動を起こす状態を指します。この動機づけでは、活動そのものよりも、それがもたらす結果（例：報酬、評価、避けたい罰）に価値を見出します。外発的動機づけは、短期的な目標達成や特定のタスクの完了を促進する効果的な方法であることが多いですが、報酬がなくなった時点で動機づけが失われてしまう可能性があります。

　これに対して、内発的動機づけは、行動そのものから得られる内面的な満足感や楽しさによって駆り立てられる状態を指します。この動機づけは、個人の好奇心、関心、自己実現の欲求などから生じます。内発的動機づけによる活動は、深い学習、創造性、持続的な関与といった利点をもたらすことが示されています。

　デシ（Deci, E. L., 1975）は、外発的動機づけよりも、能動的で自発的な意欲としての内発的動機づけのほうが、職場や組織を活性化し発展させることができる、としています。

しかし、適切な外発的報酬は、初期段階での関心を喚起し、内発的動機づけが育まれる前の段階での行動を促すことができます。一方、内発的動機づけは、長期的な関与や個人の成長に不可欠であり、より持続的な効果をもたらします。両者の特性を考慮して活用することが重要です。

3節
モチベーションの過程理論

　過程理論は、モチベーションを理解するために、個人の内面的プロセスや心理的な要因に焦点を当てた理論です。これらの理論は、個人がどのようにしてモチベーションを感じ、その結果としてどのように行動を起こし、その行動が持続し、最終的にどのように終わるかを説明します。本節では、代表的な過程理論である公平理論、期待理論、目標設定理論について紹介します。

1. 公平理論

　公平理論は、アダムス（Adams, J. S., 1965）によって提唱された理論で、職場における他者との公平感がモチベーションに影響を与えるという理論です。従業員の行う組織への貢献度を「入力（I: inputs）」、成し遂げた「成果（O: outcomes）」とした場合、入力と成果の比率（O／I）が、他者のそれと比較して公平であるかに注目します。「入力」としては、金品のみならず知識、経験、技能、訓練、努力、時間、身体、信頼、賞賛なども含まれます。「成果」としては、賃金、職務内容、労働条件、監督方式、地位、人間関係、名誉・信頼、能力開発、達成感など様々です。

図表4-5　アダムスの公平理論

A:公平な状態

B:自分に不利な不公平

C:自分に有利な不公平

出所：Adams（1965）をもとに作成

　図表4-5のAは、自分の比率と他者の比率が同等で公平な状態です。しかし、Bは、自分より他者の比率の方が大きく、自分にとって不利な不公平になりま

す。反対に、Cは自分に有利な不公平と言えます。不公平状態は、公平を回復しようとする動機づけを生み出し、その強さは不公平の大きさに比例するといわれます。公平を回復するには、①自己のI, Oを変化させる、②他者のI, Oを変化させる、③自己または他者のI, Oの認知を変えるという手段があります。例えば、Bの状態ならば、公平と感じられるまで自分の入力を縮小する（努力を減らす）、あるいは効率的に自分の成果をあげるということが考えられます。また、他者の成果を過小評価するといった認知を変える方法もあります。

公平理論における他者の比率は、あくまでも主観的なものであり、時に不適切な比較をして公平感を誤って捉える可能性があります。人によって価値観や期待が異なるため、全員が同じ条件下でも公平と感じないということもあり得ます。また、公平感に対する感覚は文化によって異なるため、多文化の職場ではこれを考慮する必要も出てきます。公平理論を活用する場合は、これらの点に注意する必要があります。

2．期待理論

期待理論は、ヴルーム（Vroom, V., 1964）によって提唱された理論で、仕事に対する期待がモチベーションに影響することを示しました。ヴルームは、動機づけの力（F: force）は、期待（E: expectancy）、誘意性（V: valence）、道具性（I: instrumentality）の3つの要因に規定されるとして、その関係を次の数式によって説明しています。

$$F = E \times \Sigma (I \times V)$$

この時、Eはその仕事の結果を生み出す主観的確率、Vはその仕事の結果に対する魅力の程度、Iはその仕事の結果がさらなる成果につながる（高業績が出世につながるなど）主観的確率のことです。行動と結果の間に直接的な関連があると信じる程度によってモチベーションが形成されると考えます。上記の数式により、期待理論では、個人が仕事に対してどのような態度を取るか、どのように動機づけられるかを理解することができます。

期待理論は、管理職や組織設計者が従業員のモチベーションを高めるための

戦略を立てる際に特に役立ちます。

① 期待（E）の強化

　　従業員が自分の努力が成果につながると信じるようにするために、明確な目標設定、適切なリソースの提供、サポートの強化などが重要です。

② 誘意性（V）の向上

　　従業員が自分にとっての価値を見出せる報酬にすることで、成果を出すことの魅力を高めます。

③ 道具性（I）の確認

　　努力と報酬の間の明確なリンクを確保し、高い業績が適切に報われるシステムを構築します。

　期待理論は、個人の知覚と信念に基づくため、一人ひとりの主観を確認しなければモチベーションアップにつなげられません。また、3要素がどのように相互作用をしているかを理解して適切に管理するのは複雑なため、実践には繊細なバランスと綿密な観察が要求されます。

　なお、ヴルームの理論は、その後、ポーターとローラー（Porter, L. W. & Lawler, E. E., 1968）によりさらなる精緻化が図られています。

3．目標設定理論

　目標設定理論は、人々が目標に向かってどのように動機づけられるかを理解する上で役立つ理論です。ロックとレイサム（Locke, E. A. & Latham, G. P. 1984）によって提唱されたこの理論は、具体的で挑戦的な目標が人々をより高い成果へと駆り立てることを示しています。

　仕事への意欲を高めるためには次のことが重要になります。

① 具体性

　　明確で具体的な目標は、漠然とした抽象的な目標よりもモチベーションを高める効果があります。具体的な目標は達成のための方向性を示し、エネルギーを集中させます。

② 挑戦性

　　適度に難しい目標は、容易すぎる目標や達成不可能な目標よりも、高い

モチベーションと成果を生み出します。挑戦的な目標は個人のスキルと能力を最大限に引き出します。

③　コミットメント

目標へのコミットメントが高ければ高いほど、目標達成に向けた努力も強化されます。目標に対する個人の納得とコミットメントは、その目標を達成しようとする意志に直結します。

④　フィードバック

目標達成プロセスにおける定期的なフィードバックは、進捗を評価し、必要に応じて調整を行うために重要です。フィードバックはモチベーションを維持し、成果を向上させる役割を果たします。

目標設定理論は、管理手法や組織内の改善活動に広く応用されています。具体的には、目標による管理（MBO: management by objectives、第9章参照）の理論的背景になっています。

目標設定理論は、個人やチームがより高い成果を達成するための動機づけのメカニズムを示してくれます。また、従業員の参加型マネジメントや自己決定理論など、他の動機づけ理論との相乗効果を通じて、組織内のモチベーションと生産性を高めることができます。

4節

モチベーションと諸理論

1. アージリスの未成熟−成熟理論

　アージリス（Argyris, C., 1957）は、組織において、労働者は子どものような未成熟な状態から大人へと成熟する存在だと考えます。アージリスは、パーソナリティの成長の傾向を7つの次元で捉えています（図表4-6）。

　しかし、組織は従業員のパーソナリティの健全な成熟という自己実現を阻害しているとアージリスは考えます。なぜなら、日常業務では自己統制の範囲が

図表4-6　アージリスの未成熟−成熟の7つの次元

（未成熟）	（成熟）
Ⅰ　受動的　→　能動的	
（未熟な受動的状態から、成熟した能動的な状態への変化）	
Ⅱ　依存　→　独立	
（未熟な他者依存の状態から、成熟した責任がとれる独立した状態への変化）	
Ⅲ　単純行動　→　多様な行動	
（未熟な単純で限定された行動から、成熟した多様な行動への変化）	
Ⅳ　浅い興味　→　深い興味	
（未熟な浅く弱い興味から、成熟した深く強い興味への変化）	
Ⅴ　短期的展望　→　長期的展望	
（未熟な短期的で無計画な視点から、成熟した過去・未来までを含めた長期的で計画的な視点への変化）	
Ⅵ　従属的地位　→　対等・優越な地位	
（未熟な他者に従属した状態から、成熟した自己を確立した対等、あるいは優越的指導的立場への変化）	
Ⅶ　自己認知欠如　→　自己統制	
（未熟な主観的な自己認識から、成熟した客観的な自己統制への変化）	

出所：渡邉（2013）P84

第4章　ワーク・モチベーション

狭められて、受身で依存的で従属的であることなどが期待されるからです。このような、組織の原理が厳しいと、従業員は欲求不満や心理的敗北感を覚え、生産性の低下や仕事への無関心・無感動を引き起こし、やがてはパーソナリティの成長を諦めてしまうことになると指摘しています。

そこで、アージリスは組織内において成熟する上で、次の3つの組織改革を推奨しています。

①　**参画によるシステム**

参画によるシステムでは、従業員が意思決定プロセスに積極的に参加します。従業員が自身の仕事や職場の意思決定に関わることで、より高いレベルの仕事の満足感と責任感を感じられるようになります。これにより、従業員の自律性、自己実現のニーズ、自己制御の能力が向上していきます。同時に組織は、従業員の潜在能力を最大限に引き出すことができます。

②　**従業員の職務内容の拡大**

職務内容の拡大（職務拡大）は、従業員の仕事の範囲と多様性を増やすことになります。これにより、単純で反復的なタスクを超えて、従業員に対してより複雑で意味のある仕事を提供することができます。職務拡大は、従業員のスキルと能力の成長を促し、より成熟した労働力のニーズに応えることになります。また、従業員が自分の仕事により一体感を感じ、自己効力感を高めるのに役立ちます。

③　**コミュニケーションが図れる管理組織**

アージリスは、開かれたコミュニケーションが組織内の関係を強化し、より効果的な問題解決と意思決定を促進すると考えました。管理者は従業員との対話を奨励し、フィードバックを積極的に提供し、受け入れます。これにより、信頼と相互尊重の文化を育み、従業員が自身の考えや懸念を自由に表現できるようになります。また組織は、成熟した労働力のニーズに合わせて、より柔軟で適応性の高い管理態勢を構築することができます。

これらの改革は、従業員が自分自身を組織の重要な一部と見なし、仕事における自己実現を追求することを促します。結果として、組織全体の生産性と効率が向上することが期待されます。

87

2. シャインの複雑人モデル

シャイン（Schein, H., 1965）は、現代組織における人的資源管理において「複雑人モデル」を提唱しました（第2章参照）。彼は、個々の従業員はお金を稼ぐために働く「経済人モデル」、心理・社会的な関係性を重視する「社会人モデル」、自己の成長を求める「自己実現人モデル」の要素を併せ持ち、多様なモチベーションを持っていると考えました。つまり、従業員は単一の欲求や動機によって動かされるわけではないということです。そのため、管理者は一人ひとりの従業員が持つ複雑なモチベーションのパターンを理解し、それに応じたアプローチを取る必要があります。

例えば、ある従業員は経済的な報酬を最も重視するかもしれませんが、別の従業員は仕事を通じての自己実現や社会的なつながりを求めているかもしれません。さらに、同一人物であっても人生の異なる段階や状況によって、その優先順位は変わってきます。したがって管理者は、従業員一人ひとりのニーズを理解し、それに応じた管理方法を適用することで、従業員のモチベーションと生産性を高め、組織全体の成功に貢献することになります。

最終的に、シャインの複雑人モデルは、現代の組織が直面する複雑で多様な労働力を理解し、有効に管理するための重要なフレームワークだといえます。グローバル化し、多様性が進む現代において、従業員一人ひとりのユニークなニーズを認識し、それらを組織の目標達成に結びつける「複雑人モデル」はますます重要になるでしょう。

3. モチベーションとウェルビーイング

組織の中でダイバーシティ（人材の多様性）が進んでいくと、全社員に対する一律の人的資源管理は難しくなり、一人ひとりに応じた管理、つまり人事の個別最適化（人事のパーソナライゼーション）が求められることになります。そして、多様でありながら各人にとってより良い状態であり、かつチームとして協力し合う状態が組織として求められます。その理想的な状態としてウェルビーイング（well-being）が注目されています。

（1）ウェルビーイングの定義

　ウェルビーイングは一般に幸福や健康という意味で用いられます。WHO（世界保健機構）によると、健康とは「病気ではないとか、弱っていないということではなく、肉体的にも、精神的にも、そして社会的にも、すべてが満たされた状態にあること」とされています。すなわち、ウェルビーイングとは「肉体的・精神的・社会的に良好な状態」を意味し、肉体的・精神的健康からやりがい、満足度、幸福度、ワークエンゲイジメント（仕事への活力・熱意・没頭がある状態）などを含めた広い概念といえます（鶴, 2023）。

　ラスとハーター（Rath & Harter, 2010）は、150 か国以上を対象とした調査からウェルビーイングを構成する 5 つの要素を抽出しました。それは、①キャリア・ウェルビーイング（時間の過ごし方、使い方）、②ソーシャル・ウェルビーイング（人間関係や愛）、③ファイナンシャル・ウェルビーイング（効果的な経済生活の管理）、④身体的ウェルビーイング（健康や活力）、⑤地域社会ウェルビーイング（地域に対するつながり感）です。人が人生を過ごすうえで重要な部分が抽出されていると言えます。

　また、ポジティブ心理学の提唱者であるセリグマン（Seligman, M. E., 2011）は、ウェルビーイングの状態を PERMA で表現しています。「P」は「positive emotion（肯定的な感情）」、「E」は「engagement（物事への積極的な関わり）」、「R」は「relationship（他者との良い関係）」、「M」は「meaning（人生の意義の自覚）」、「A」は「accomplishment/achievement（達成感）」です。セリグマンのPERMA は、ギャラップ社のものと比較して分かるように、個人の心理面に焦点があたっています。これを「主観的ウェルビーイング（subjective well-being: SWB）」といいます。

　このように、前述の概念は必ずしも特定の 1 つの概念だけで構成されるわけではありません。産業領域で捉えると、職場環境の快適さや人間関係、経済的な良好さ、さらには職務満足や働きがいまでを含むものだと言えます。

（2）モチベーションとウェルビーイングの関連

　テニーら（Tenney, E. R., et al., 2016）は、主観的ウェルビーイングが従業員の健康や、欠勤の減少、自制心、モチベーションの高さ、創造性、良好な人間

関係、離職率の低さに影響を与え、さらにこれらを仲介して個人や組織の業績に影響を与えることを示しました。これにより、ウェルビーイングの高さがモチベーションを介して業績を向上させる可能性が示唆されました。

　かつて、高度経済成長期の日本は、業績を向上させることが幸福につながると考えていましたが、テニーらの結果は反対の因果関係を示しています。つまり、幸福であることが業績向上につながるということです。これは、そもそも人材が良好な状態であることがより良く働くための基盤であることを意味しているのではないでしょうか。近年注目されているダイバーシティ経営、人的資本経営、健康経営などを考慮すると、ウェルビーイングを意識したマネジメントや働き方が益々重要なテーマになると考えられます。

【参考・引用文献】

Adams, J. S. (1965) Inequity in social exchange. In *Advances in experimental social psychology* (Vol. 2, pp. 267-299). Academic Press.

Alderfer, C. P. (1969) An empirical test of a new theory of human needs. *Organizational behavior and human performance*, 4(2), 142-175.

Argyris, C. (1957) Personality and organization: The conflict between system and the individual. Nwe York: Harper. (伊吹山太郎・中村実〔訳〕(1970)『組織とパーソナリティー：システムと個人との葛藤』社団法人日本能率協会)

Atkinson, J. W. (1964) *An introduction to motivation*. Princeton: Van Nostrand.

Atkinson, J. W. & Feather, N. T. (1966) *A Theory of Achievement Motivation*. New York: Wiley.

Deci, E. L. (1975) *Intrinsic Motivation*. G. P. Putnam's Sons, New York. (デシ, E. L., 安藤延男・石田梅男〔訳〕(1980)『内発的動機づけ』誠信書房)

Herzberg, F. (1966) *Work and the nature of man*. Ty Crowell Co. (ハーズバーグ, F., 北野利信〔訳〕(1968)『仕事と人間性』東洋経済新報社)

角山剛・松井賚夫・都築幸恵 (2002)「個人の価値観と組織の価値観の一致：職務態度の予測変数およびパーソナリティー職務葉練関係の調整変数としての効果」産業・組織心理学研究, 14(2), 25-34.

Locke, E. A., & Latham, G. P. (1984) Goal setting, Prentice-Hall. (松井賚夫・角山剛〔訳〕(1984)『目標が人を動かす：効果的な意欲づけの技法』ダイヤモンド社)

Maslow, A. H. (1954) *Motivation and Personality*. Harper & Row (マズロー, A. H. 小口忠彦〔訳〕(1987)『人間性の心理学』産業能率大学出版部)

Mayo, E. (1933) *The Human Problems of an Industrial Civilization*. New York, NY： Macmillan. (村本栄一〔訳〕(1967)『新訳・産業文明における人間問題』日本能率協会)

McClelland, D. C. (1961) *Achieving society*. New York: Nostrand.

McGregor, D. (1960) *The Human Side of Enterprise*. New York: McGraw-Hill. (マグレガー, D., 高橋達男〔訳〕(1970)『新版・企業の人間的側面』産業能率大学出版部)

森田一寿 (1984)『経営の行動科学』福村出版

Murray, H. A. (1938) *Explorations in Personality*. Oxford Univ. Press.

Pinder, C. C. (1998) *Work motivation: Theory, issues, and applications*. Upper-Saddle River, NJ：Prentice Hall.

Porter, L. W., & Lawler, E. E. (1968) *Managerial attitudes and performance*. Homewood. IL: irwin.

Rath, T., & Harter, J. K. (2010) *Wellbeing: The five essential elements*. Simon and Schuster.

Schein, E. H. (1965) *Organizational Psychology*. Prentice-Hall. Inc. (シェイン, E. H., 松井賚夫〔訳〕(1967)『組織心理学』岩波書店)

Seligman, M. E. (2011) *Flourish: A visionary new understanding of happiness and well-being*. Simon and Schuster.

田尾雅夫 (1999)『組織の心理学 [新版]』有斐閣

Tenney, E. R., Poole, J. M., & Diener, E. (2016) Does positivity enhance work performance?: Why, when, and what we don't know. *Research in Organizational Behavior*, 36, 27-46.

飛田努・松村勝弘・篠田朝也・田中伸 (2014)「日本企業の経営管理システムに関する実証研究」年報財務管理研究, 1-17.

鶴光太郎 (2023)『日本の会社のための人事の経済学』日本経済新聞出版

吉田佳絵・高野研一 (2018)「現代企業においてパフォーマンス向上に寄与する組織風土要因に関する研究」日本経営工学会論文誌, 69(1), 1-20.

Vroom, V. H. (1964) *Work and motivation*. New York: Wiley.

渡邉祐子 (2013)「第4章　ワーク・モチベーション」高橋修〔編著〕『社会人のための産業・組織心理学入門』産業能率大学出版部

Young, P. T. (1943) *Emotion in Man and Animal*. Wiley.

第5章
組織とコミュニケーション

　受け手にメッセージを正確に伝えることと、送り手のメッセージの意図を正確に読み取ることがコミュニケーションの基本です。そして、コミュニケーションをいかに効果的、効率的に行えるかが、組織の成果にも影響を及ぼします。それほど、組織においてコミュニケーションは不可欠で重要なものです。

　第5章では、コミュニケーションの定義や過程、対人的コミュニケーションのスキル、組織内コミュニケーションの構造、電子メールやテレワークといった新しい形のコミュニケーションについて検討します。

担当　髙橋　修

1 節
コミュニケーションとは

　個人生活ではもちろんのこと、組織においてもコミュニケーションは不可欠なものです。そこで第1節では、コミュニケーションの定義と重要性、コミュニケーションの過程と阻害について概説します。

1．コミュニケーションの定義と重要性

　人間は社会的な動物であるといわれるとおり、決して一人で生きているわけではありません。それゆえ、社会の一員として生きていくためには、家族や友人・知人との会話など、他者とのコミュニケーションは避けて通ることができません。

　それと同様に、人間の集合体である組織においてもコミュニケーションは不可欠なものです。第2章第2節でも触れたとおり、バーナード（Barnard, C., 1968）は組織が成立し、うまく機能するための3要件として、共有化された目的、協働しようとする意思に加えてコミュニケーションを挙げています。

　つまり、部門化や階層化などの分業を前提としている組織においては、共通の目的や目標、トップや部門長の意思などを組織成員に的確に伝達し共有化するためには、個人間あるいは集団間でのコミュニケーションが不可欠となります。また、上司が部下に対して仕事の指示・命令を出す、部下が上司に仕事の報告・連絡・相談をする、同僚や他部門の人間と会議や打ち合わせをするなど、組織では、日常的にさまざまなコミュニケーションが行われています。このようなコミュニケーションをいかに効果的、効率的に行えるかが、組織の成果にも影響を及ぼします。

　それでは、コミュニケーションという言葉の概念は、どのようなものなのでしょうか。この概念にアプローチする立場の違いによって、さまざまな定義が存在しますが、ここではコミュニケーションを「人と人とが特定の意思や感情などを、記号に変換し、メディア（伝達経路）を通じて伝えること」（開本 ,2007）

94

と捉えます。換言すれば、特定の意思や感情を伝える人間と、それを受け取る人間との間で行われるやり取りの全過程がコミュニケーションということです。そして、この過程は通常、双方向で行われます。

2. コミュニケーションの過程

(1) コミュニケーションの過程

　図表5-1は、コミュニケーションの一般的な過程（プロセス）を表したものです。「供給源（送り手）」は、伝えたい意思や感情などを「記号化」して「メッセージ」を発します。メッセージとは、送り手と受け手の間でやり取りされる伝達内容のことであり、言葉や文字、あるいは身振り・手振りなどの記号が用いられます。

　送り手が発信したメッセージは「伝達経路」によって運ばれます。伝達経路とは、メッセージが通るメディア（媒体）のことであり、対面している状況での会話もあれば、電話、手紙、電子メールなどの場合もあります。

　「受信者（受け手）」とは、メッセージが向けられる対象です。受け手は、記号

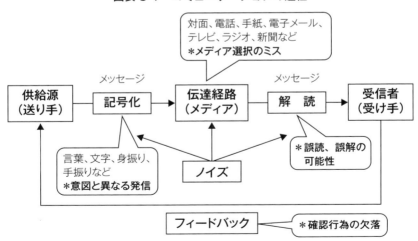

図表 5-1　コミュニケーションの過程

出所：各種文献を参考に筆者（高橋修）作成

化されたメッセージを自分に理解できる形に翻訳します。この過程をメッセージの「解読」といいます。

コミュニケーションの最後の過程は「フィードバック」です。フィードバックとは、受け手が理解した内容を送り手に伝えることによって、送り手の意図どおりにメッセージが伝達されているかを確認することです。

（2）コミュニケーションの阻害

続いて、コミュニケーションの阻害について考えてみましょう。コミュニケーションの過程において、送り手が伝えたいメッセージを的確に発信することができない（意図と異なる発信）、伝達経路の選択を誤る（メディア選択のミス）、過程の途中でノイズ（雑音）が入り込む、受け手が送り手のメッセージを正確に解読できない（誤読・誤解の可能性）、受け手が送り手にフィードバックを行わない（確認行為の欠落）など、さまざまな理由によってコミュニケーションは阻害されやすくなります。すると、送り手と受け手の間に、「そんなつもりではなかったのに……」という誤解を招いたり、「相手が何を言いたいのかわからない」といった葛藤が生じたりします。さらに、こうした誤解や葛藤が継続すると、お互いの意思疎通がうまくいかなくなり、人間関係に問題が生じるようになります。そして、それが当人たちにとってストレスの原因となることもあります（第11章参照）。このように考えると、改めてコミュニケーションの大切さを痛感させられます。

こうした阻害をなくし、効果的なコミュニケーションを行うには、次のようなことが必要となります（佐々木,1996）。

①伝達の目的や内容を明確にする。

②受け手の注意を喚起し、そのコミュニケーションに関与させる。

③伝達経路を明確にし、かつ短縮する。

④複数の伝達方法を併用する。

第5章　組織とコミュニケーション

2節
コミュニケーションのタイプ

　コミュニケーションは、さまざまな観点から分類することができます。本節では、5つの観点に沿ってコミュニケーションを分類しながら、その特徴について考えていきます。

1. 言語的コミュニケーションと非言語的コミュニケーション

　メッセージに用いる記号の相違によってコミュニケーションを分類すると、言語記号を用いる「言語的コミュニケーション（verbal communication）」と、言語以外の記号を用いる「非言語的コミュニケーション（nonverbal communication）」の2つに分けることができます。

　言語記号とは、音声言語（話し言葉）と文字言語（書き言葉）を意味します。一方、非言語的コミュニケーションに用いられる記号としては、身振りや手振り、顔の表情や目の動き、声の質や話し方、ため息、沈黙などの会話の非言語的要素などが挙げられます。

　日向野（2019）によれば、言語と非言語には独立性があり、コミュニケーション内で言語と非言語の表す意味が異なることもあります。ビジネスの場面でも、建前と本音を使い分けるようなことはよく見られます。例えば、自分が昇進したことに対して相手が「おめでとう」と言いながらも、どことなく冷ややかで視線が合わないようであれば、言語的メッセージとは矛盾する非言語的メッセージが存在することになります。

　一般に、メッセージの伝達は言語的コミュニケーションのみによって行われていると考えられがちですが、実際には、非言語的コミュニケーションの影響が大きいといわれています（関口,2005）。したがって、送り手が発信した意図を正確に理解するためには、メッセージの受け手は、送り手の言語記号だけではなく非言語記号も的確に解読することが必要となります。

97

2. 道具的コミュニケーションと自己充足的コミュニケーション

アメリカの社会心理学者であるフェスティンガー（Festinger, L., 1950）は、コミュニケーションには、「道具的コミュニケーション（instrumental communication）」と「自己充足的コミュニケーション（consummatory communication）」の2つの機能があると指摘しています。

前者は、例えば「明日の会議までに、この資料を10部コピーしておいてください」など、相手に何かをしてほしいという意図で行うコミュニケーションです。一方後者は、「おはようございます」などの挨拶や「最近、張り切っているね」など、相手と話したいとか交流したいという気持ちで行うコミュニケーションです。「昨日のテレビドラマ、面白かったね」など、ちょっとした雑談もこれに含まれます。

仕事の場面では、道具的コミュニケーションが大半を占めることは当然のことでしょう。しかし、それだけでは職場の雰囲気が、静かで何か冷たい感じになってしまいがちです。これに対して自己充足的コミュニケーションには、たとえその頻度は少なくても、人間関係を形成したり維持したり、あるいは緊張した雰囲気を解消したりする効果があるといわれています。「お互いに別々の仕事をしている流れ作業の従業員の間でも、自由なコミュニケーションができないとモチベーションが低下する」（佐々木,1996）という報告もあります。これはコミュニケーションが自己充足的機能を果たすことを示しています。

したがって、明るく活気のある職場とするためには、自己充足的コミュニケーションを意識して、お互いに挨拶をしたり、積極的に声かけをしたりすることが効果的です。ただし、雑談ばかりに夢中になって、肝心の仕事がおろそかになるのは本末転倒です。

3. 垂直的コミュニケーションと水平的コミュニケーション

組織の中でメッセージや情報が流れる方向によってコミュニケーションを分類すると、「垂直的コミュニケーション」と「水平的コミュニケーション」に分

けられます。

　前者の垂直的コミュニケーションには、上司が部下に仕事の指示・命令を伝えるなど、上から下へと流れるトップ・ダウンのコミュニケーションと、部下が上司に仕事の報告・連絡・相談をするなど、下から上へと流れるボトム・アップのコミュニケーションがあります。

　トップ・ダウンのコミュニケーションを行う方法としては、指示・命令の他に、口頭による訓示、朝礼、会議、文書や電子メールによる通達、掲示、社内報などがあります。一方、ボトム・アップのコミュニケーションを行う方法には、口頭による報告・連絡・相談以外にも、文書や電子メールによる報告、提案制度などがあります。これらの垂直的コミュニケーションは、組織の指揮命令系統を維持するうえで重要な役割を果たします。

　ただし、コミュニケーションが行き過ぎ、相手が何らかの苦痛を感じる場合には、パワーハラスメントとして受け取られるおそれがあることに留意が必要です（日向野 ,2019）。

　後者の水平的コミュニケーションとは、同僚間での打ち合わせ、他部門との意見交換や調整など、組織における横のつながりを前提としたコミュニケーションです。水平的コミュニケーションを行う方法としては、対面による会議、打ち合わせ、懇談、文書や電子メールによる通達、回覧などがあります。

　水平的コミュニケーションには、「説得的内容」というコミュニケーションの特徴が見られます（馬場 ,1983）。なぜなら、水平的コミュニケーションは、トップ・ダウンのコミュニケーションのような公式の正当性勢力や明確な上下関係を持ちません。そのため、同等の相手から情報を引き出したり、意向に応じてもらったりするためには、情報自体に魅力を持たせ、送り手としてもその情報の持つ魅力を効果的に伝達しなければならないからです（日向野 ,2019）。

　「隣接する部門との横の連携や調整がなかったために、対立や意見の食い違いを生じるケースは多い」（藤田 ,2010）ものです。その意味で、成員間や部門間の相互理解を深め、仕事を円滑に遂行するためには水平的コミュニケーションも欠くことができません。

4. 公式コミュニケーションと非公式コミュニケーション

　組織におけるコミュニケーションには、公式なものと非公式なものとが存在します。前述した垂直的コミュニケーションも水平的コミュニケーションも、この分類に従えば「公式コミュニケーション（formal communication）」に該当します。公式コミュニケーションには、「いつ、誰が、どのようなメッセージを発したのかが、きちんと分かるようになっているという特徴があります」（開本,2007）。会議の議事録などが、その良い例です。

　一方、組織成員の間では、日常的に「非公式コミュニケーション（informal communication）」も行われています。例えば、休憩室での他愛もない雑談やうわさ話、仕事帰りの居酒屋で上司の悪口を言ったり仕事の愚痴をこぼしたりする場合などが典型的な例です。

　近年は、組織・職場での人間関係の希薄化や非公式コミュニケーションの機会の減少が指摘されています。しかし、「組織における情報のうち、本当に大事なことはこうした非公式コミュニケーションで伝わることも多い」（開本,2007）ものです。また、「時間、場所や経験を職場のひとと共有することで、親近感が芽生える、会話を通して相手に対する理解が深まる、社内外にわたるネットワークが形成されるなど、仕事の場面で活かされることも多い」（関口,2005）です。したがって、仕事を円滑に遂行するうえでも、非公式コミュニケーションをうまく活用することが必要となります。

5. 対人的コミュニケーションと組織内コミュニケーション

　コミュニケーションの送り手および受け手の担い手という観点から、「対人的コミュニケーション」と「組織内コミュニケーション」に分類することもできます。

　対人的コミュニケーションとは、対面的な状態にある2人以上の間で直接交わされるコミュニケーションです。送り手と受け手の立場が固定されずに頻繁に入れ替わる双方向型コミュニケーションになることが多いのが特徴です。

　これに対して組織内コミュニケーションとは、ある組織の共通的・代表的な

意見・認識・事実などがメッセージとして、その成員や他の組織など特定の受け手に伝えられるコミュニケーションです。対人的コミュニケーションと同様の伝達経路も用いられますが、より形式的な文書なども多用されます（佐々木,1996）。

　また、対人的コミュニケーションでは非言語的コミュニケーションの比重が大きいのに対して、組織内コミュニケーションでは言語的コミュニケーションが中心となります（関口,2005）。

　このうち次の第3節では、対人的コミュニケーションのスキルについて説明します。また第4節では、組織内コミュニケーションにおけるコミュニケーション構造について考えます。

101

3節
対人的コミュニケーションのスキル

　コミュニケーションの阻害によってお互いの意思疎通がうまくいかなくなり、人間関係に問題が生じるようになることは第1節で述べたとおりです。そうならないためには、受け手として、あるいは送り手としてのコミュニケーション・スキルを身につけておく必要があります。

1. 受け手のコミュニケーション・スキル

　まず、受け手としてのコミュニケーション・スキルについて説明します。受け手として相手を理解するための効果的なコミュニケーションは、「聴くこと」と「質問すること」の繰り返しといえます（図表5-2）。つまり、相手の話をきちんと聴きながら、時折効果的な質問を相手に投げかけ、相手の意思や感情を確認します。このような基本ループを繰り返すことによって、徐々に相手のことがわかってきます。

（1）2種類の「きく」
　話のきき方には、次の2種類があります。
　①聞く（hear）……聞こえてくる言葉どおりに聞くことです。
　②聴く（listen）……言葉以外の表情や態度、感情も含めて注意深く聴き、相

図表5-2　相手を理解するコミュニケーションの基本ループ

出所：筆者（高橋修）作成

第5章　組織とコミュニケーション

手の真意を理解しようとする態度です。

受け手が話を「聴く」ことによって、送り手は「聴いてもらえた」「否定されなかった」「わかってもらえた」などと感じ、次第に両者の間に信頼関係（ラポール）が形成されます。

（2）2つの質問方法
質問の仕方にも、次の2種類があります。このうち、相手のことを理解するためには、オープンエンドの質問を投げかけるようにします。

①　クローズエンドの質問（閉ざされた質問）

「うまくできたと思いますか？」「あなたは今の仕事を続けたいのですか？」のように、「はい」または「いいえ」で答えを求める質問です。相手の状況を確認する際には役立ちますが、二者択一の回答しか引き出せず、会話が途絶えてしまう可能性が高くなります。

②　オープンエンドの質問（開かれた質問）

「なぜ、うまくできたと思いますか？」「あなたはどのような仕事をしたいのですか？」のような、いわゆる5W1Hによる質問です。答える側が自由な形で答えることができ、自分の中の答えを探すきっかけにもなります。

こうした受け手のコミュニケーション・スキルに関する具体的な事例を以下に示します。実務上の参考としてください。

> **コラム**
>
> ## 職場のコミュニケーションに活かす「傾聴のスキル」
>
> 受け手のコミュニケーション・スキルとして、「傾聴のスキル」を紹介します。
> 職場は、カウンセリングの場ではありません。しかし、古川（2003）は、管理者やリーダーが、部下やメンバーに対して前向きで積極的な動機づけをすることに加えて、部下やメンバーの精神状態や心理的ストレスに配慮

103

するために、「カウンセリング・マインド」をもつ必要があることを指摘しています。

カウンセリング・マインドとは、カウンセラーの姿勢や態度、そしてあり方のことを指している和製英語です。それは、ロジャーズ（Rogers, C. R.）が提唱しているカウンセラーの態度要件である、①無条件の肯定的配慮（受容）、②共感的理解、③自己一致、の３つです（第10章第2節参照）。具体的には、相手をかけがえのない存在として尊重し、相手の気持ちをあたかも自分自身のことのように理解し、また自分の心をオープンにしておくことです。

その基本となる傾聴のスキルとは、相手の言葉を途中で遮らず最後まで聴く、結論を急がない、自分の価値観を押しつけるのではなく相手の気持ちを受け止める姿勢で応じるものです。話を聴くだけでなく、きちんと伝えるということまで含まれます。そのうえで、理解できないときは、「もう少し詳しく話してくれますか？」「それはどういうことですか？」と話を促します。

そのとき、単にイエス・ノーで答えられるクローズエンドの質問よりも、相手の言葉を引き出すようなオープンエンドの質問が良いとされています。もちろん、相手との関係性や相手のパーソナリティによっては、クローズエンドの質問からにしたほうが良い場合もあります。

「部下が指示どおりに仕事をしない」とこぼすだけでは始まりません。仕事の目的を部下にうまく伝えきれていない可能性、または明確化していない可能性があります。一方的にただ伝えたのでは、指示したことにはなりません。ですから、理解したかどうか確認することが必要で、部下の意見にも十分に耳を傾けるという姿勢を忘れないことが肝要です。

また、部下のほうも「このような指示という理解でよいのでしょうか？」と確認することも必要でしょう。指示されたことを、自分の思い込みで理解していないかの確認になります。

さらに、「待つ」ことも必要です。「そんな悠長な時間はない」と思うかもしれませんが、実際はほんの数秒のことなのです。その数秒を待つことによって、思わぬ意見が引き出せます。また、「そんな簡単なことで効果があ

第5章　組織とコミュニケーション

るのだろうか」と思うかもしれませんが、実行すれば思いがけない効果に
気づくはずです。以上のポイントをまとめたのが、図表5-3です。ぜひ、
実行してみてください。

図表5-3　職場のコミュニケーションに活かす「傾聴のスキル」

●第1に、自分に関心をもってくれているとわからせる
1　目を合わせる（凝視するのではなく、柔和に視線を向ける）。
2　うなずく（あいづちを打つ）。
●第2に、受け止める
3　遮らずに聴く。
4　気持ちを受け止める（何もかも肯定するという意味ではなく、そう言っている相手の気持ちを受け止める）。
●第3に、内容を確認し、理解できない部分を聞き返す
5　「こういうことだね」と、相手の話を繰り返して確認する。
6　質問は、答えやすいようにし、問い詰めない。できれば、オープンエンドの質問をして相手の意見を引き出す。
7　結論を急がないで、待つ。
●最後に、フィードバック
8　承認したり、支持したり（ほめたり）する。
9　問題点や改善点があったら、客観的に、具体的に指摘する（叱らざるを得ないときにも人格まで否定しない）。
10　アドバイス、支援、情報提供をする。

出所：渡邉（2013）P102

2．送り手のコミュニケーション・スキル

　次に、送り手のコミュニケーション・スキルとして、自己表現の仕方について考えてみましょう。平木（2009）は、自己表現のタイプを3つに分類し、その特徴を図表5-4のようにまとめています。

　「非主張的」とは、自分の考えや気持ちを表現しなかったり、表現し損なったりすることで、自分から自分の言論の自由を踏みにじっているような言動をい

105

図表 5-4　3 つのタイプの自己表現の特徴

非主張的	攻撃的	アサーティブ
引っ込み思案	強がり	正直
卑屈	尊大	愚直
消極的	無頓着	積極的
自己否定的	他者否定的	自他尊重
依存的	操作的	自発的
他人本位	自分本位	自他調和
相手任せ	相手に指示	自他協力
承認を期待	優越を誇る	自己選択で決める
服従的	支配的	歩み寄り
黙る	一方的に主張する	柔軟に対応する
弁解がましい	責任転嫁	自分の責任で行動
「私は OK ではない、　あなたは OK」	「私は OK、　あなたは OK でない」	「私も OK、　あなたも OK」

出所：平木（2009）

います。このような自己表現は、一見、相手を立てたり相手に配慮したりしているように見えますが、自分の気持ちに不正直で、相手に対しても率直ではありません。このような非主張的な言動をしているときには、自信がなく、不安が高く、卑屈な気持ちになりがちです。

　「攻撃的」とは、自分の考えや気持ちをはっきりと自己主張しますが、相手の意見や気持ちを無視したり軽視したりして、結果的に、相手に自分の考えや気持ちを押しつける言動をいいます。したがって、それは相手の犠牲の上に立った自己表現です。このような攻撃的な言動をする人は、堂々としているように見えるわりにどこか防衛的で、必要以上に威張ったり強がったりします。

　「アサーティブ」とは、自分も相手も大切にした自己表現です。アサーティブな発言では、自分の考えや気持ちなどが正直に、率直に、その場にふさわしい方法で表現されます。そして、相手にも同じような態度で発言することを奨励します。その結果として、お互いの意見に葛藤が生じることもあります。その

ようなときには、お互いの意見を出し合って譲ったり譲られたりしながら、双方にとって納得のいく結論を導こうとします。

　送り手である自分と受け手である相手との間で相互理解を深めるためには、非主張的や攻撃的な自己表現を避け、自分と相手を大切にしながら自分の気持ちや意見を表すアサーティブな表現方法を身につけたいものです。

4節
組織内コミュニケーション

　集団を効果的に機能させるためには、その集団の目標や仕事内容に適したコミュニケーション構造を形成する必要があります。また、組織の規模が拡大し複雑化した場合に必要となるのが、上位集団と下位集団とをつなぐ連結ピン機能です。本節では、こうした組織内コミュニケーションについて検討します。また、電子メールやテレワークといった新しい形のコミュニケーションについても概説します。

1. コミュニケーション・ネットワーク

　集団内におけるコミュニケーションの構造は、コミュニケーション・ネットワークとして研究が行われてきました。ここでは代表的な研究を紹介します。
　リービット（Leavitt, H. J., 1951）は、5人の成員から構成される4つのコミュニケーション・ネットワーク（図表5-5）を取り上げて、その相対的中心度と各ネットワークの特徴を明らかにしました。図表中のA～Eは成員の位置、引かれた線分は成員間のコミュニケーションを表しています。

図表5-5　コミュニケーション・ネットワークのモデル

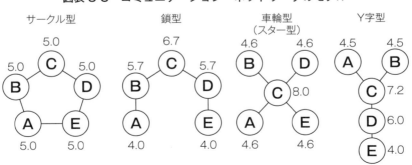

出所：Leavitt（1951）

第5章　組織とコミュニケーション

　相対的中心度とは、隣接する2人の間の距離を1と仮定し、すべての距離の総和を各成員の距離の和で割って求めます。そして、相対的中心度の最も大きい成員が、そのネットワークにおけるコミュニケーションの中心的存在と考えます。

　例えば、車輪型（スター型）のCは、他の成員に各1の距離をもち、その和は4です。他の成員は、Cに対しては1、その他の3人に対しては各2の距離をもち、その和は7です。よって、5人全員の距離の総和は、4+7+7+7+7=32となります。そして、Cの相対的中心度は32÷4=8.0、その他の成員は、32÷7=4.6となります。したがって車輪型では、相対的中心度の最も大きいCがコミュニケーションの中心となります。

　図表5-5の中に示された数値は、こうして計算された各成員の相対的中心度を表しています。サークル型は全員の相対的中心度が等しく、コミュニケーションの中心的存在を欠く構造です。鎖型、車輪型、Y字型では、いずれもCが中心的存在となります。

　リービットの実験結果を一覧表にまとめたものが図表5-6です。課題解決の速さや正確さは車輪型とY字型が最も優れており、サークル型が最も劣っていました。しかし、仕事に対する成員の満足度はその逆で、サークル型が最も高く、車輪型が最も低いという結果が得られました。このように、中心的存在が

図表5-6　コミュニケーション・ネットワークの特徴

特性＼型	サークル型	鎖型	車輪型	Y字型
課題解決の速さ	遅い	速い	非常に速い	非常に速い
課題解決の正確さ	不正確	正確	非常に正確	非常に正確
組織化	組織ができにくいできても不安定	組織化は遅いができると安定	すぐ安定した組織ができる	比較的安定した組織ができる
リーダーの出現	なかなかきまらない	リーダーはきまりやすい	リーダーは早くきまる	リーダーは比較的早くきまる
仕事の満足度	高い	低い	非常に低い	低い

出所：藤田（2010）p. 34

109

より明確なネットワークのほうが課題解決が速く、誤りも少ないのですが、他方、中心的存在のいないネットワークのほうが成員の満足度が高かったのです。このことは、集団を効果的に機能させるためには、その集団の目標や仕事内容に適したコミュニケーション構造を形成する必要があることを示唆しています。例えば、仕事のスピードや正確性が重んじられる集団では車輪型やY字型、成員の満足度が重視される集団ではサークル型、という具合です。

2．連結ピン

　組織階層が増えたり部門の括(くく)りが細分化したりするなど、組織の規模が拡大し複雑化してくると、組織内コミュニケーションの効率が低下してきます。例えば、メッセージや情報の伝達に必要以上の時間がかかったり、伝達ミスや伝達漏れが発生したりします。

　このような場合に必要となるが、「連結ピン」(リッカート,1968)機能です。どんな大きな組織でも、階層構造をもった複数の集団から構成されます。これを集団の多元的重層構造といいます。

　そして、上位集団と下位集団とをつなぐのが連結ピンです。連結ピンには、①下位集団のリーダー、②上位集団のメンバー、という2つの機能があります。図表5-7に示したとおり、上位集団の決定事項を下位集団に伝え、かつ下位集団

図表5-7　連結ピンの機能

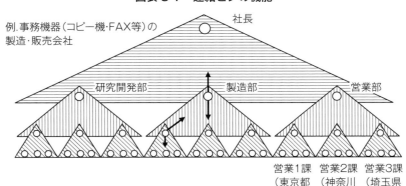

出所：リッカート（1968）を参考に筆者（高橋修）作成

の意思を上位集団につなぐ役割を果たすことで、集団が互いに連結ピンによって緊密に結合されれば、組織内コミュニケーションがより効果的、効率的に行われるようになります。

3. 新しい形のコミュニケーション

IT 化の進展に伴って、組織においても「電子メール」、パソコンやスマートフォンなどを用いて遠隔地の相手とビデオ通話ができる「Web 会議システム」などの電子メディアを用いたコミュニケーションが定着しています。ここでは、利用頻度の高い電子メールと新型コロナウイルス感染症（以下、COVID-19）の世界的な流行によって普及した「テレワーク」について概説します。

（1）電子メール

電子メールは、コンピュータを用いて作成したテキストや文書を、インターネットを介して送受信するコミュニケーション手段です。ロビンス（2009）は、電子メールのメリットとデメリットを以下のように指摘しています。

＜メリット＞
① メッセージをすばやく書くことができるうえ、編集や保存も可能である。
② 1人でも何千人に対してもメッセージを送信できる。
③ 電子メールの受信者は、都合の良いときにメッセージを読むことができる。
④ 電子メールで正式なメッセージを従業員宛に送信するためのコストは、
同じ内容を印刷し、それをコピーして配布するコストの何分の1かで済む。

＜デメリット＞
① 電子メールでは感情が伝わりにくい。
② よそよそしく形式張ったメッセージになりやすい。
③ 口頭による伝達に比べ、怒りの感情を増幅させてしまう（コンフリクトの悪循環）。

現代社会において職務遂行に欠かせないコミュニケーションツールとなったからこそ、上記のようなメリットとデメリットを適切に理解したうえで電子メールを利用することが求められます。

（2）テレワークとコミュニケーション

　COVID-19 が世界的に流行したことを契機に、テレワークを導入する動きが広がりました。テレワークとは、「労働者が情報通信技術を利用して行う事業場外勤務のこと」（厚生労働省 ,2021）を意味します。テレワークの形態は、業務を行う場所に応じて、①労働者の自宅で行う「在宅勤務」、②労働者の属するメインのオフィス以外に設けられたオフィスを利用する「サテライトオフィス勤務」、③ノートパソコンや携帯電話等を活用して臨機応変に選択した場所で行う「モバイル勤務」に分類されます（厚生労働省 ,2021）。

　テレワークの意義や効果については、従来から、通勤・移動時間の短縮によるワーク・ライフ・バランスの実現、オフィス経費や交通費などのコスト削減、柔軟な働き方の実現による生産性向上、オフィスの分散化による非常災害時の事業継続などが指摘されてきました。これらに加えて、COVID-19 が流行した以降では、感染防止対策としての意義や効果がクローズアップされたといえるでしょう。

　ただし、COVID-19 の流行以降においては、実際にテレワークを行った個人が不安に感じたり困ったりしたこととして、上司や同僚とコミュニケーションを取ること、同僚の仕事の進捗が見えないこと、チームワークや信頼関係を維持すること（労働政策研究・研修機構 ,2022）や、仕事をする部屋等の環境が十分でなく不便だった、勤務時間が長くなった（国土交通省 , 2021）などが指摘されています。また、テレワークが生産性に悪影響を与える要因として、職場に比べて自宅の通信環境が悪い、一部の業務を職場で行わなければならない規則がある、対面での迅速な意思疎通が困難である、などが挙げられています（Morikawa, 2021）。これらのことが、テレワーク状況下におけるコミュニケーションの特徴といえます。

　また、家事・育児や介護の負担を含む家庭内での役割、自宅の物理的な執務環境などは従業員個々人で事情は異なるでしょう。さらに、勤務日程を選ぶことができるという働き方の柔軟性が、幸福度と生活満足度を向上させ、ワーク・ファミリー・コンフリクトを和らげる効果があったとの報告もあります（峰滝 , 2020）。したがって、テレワークを全社一律に制度化することは避け、テレワークを実施するか否かやその頻度をどうするかなどに関して、従業員の個別性に

第5章 組織とコミュニケーション

配慮した制度の設計と柔軟な運用が求められます。加えて、職場勤務かテレワークかという二項対立で考えるのではなく、職場勤務、在宅勤務、サテライトオフィス勤務、モバイル勤務、ワーケーション勤務（リゾートなどバケーションも楽しめる地域でテレワークを行うこと）など、仕事内容に応じて臨機応変に適切な執務場所を選びながら仕事ができる労働環境を整備していくことも必要となるでしょう。

コラム

ジョハリの窓

「ジョハリの窓」とは、対人関係におけるコミュニケーションの円滑な進め方を考えるために、1950年代に提案されたモデルです。「ジョハリ」とは、考案者である心理学者のジョセフ・ルフト（Joseph Luft）とハリー・インガム（Harry Ingham）の名前を組み合わせたので、別名「心の窓」とも呼ばれます。

自分と相手との対人関係における心の状態には、

① 自分は知っていて、相手からも知られている領域である「開かれた窓」

② 自分は知っていても、相手には隠している領域である「隠された窓」

③ 自分にはわからないが、相手からはよく見える領域である「見えざる窓」

④ 自分にも、相手にも知られていない領域である「暗黒の窓」

の4つの窓があります（図表5-8参照）。

このモデルでは、対人関係をより円滑にしていくためには、「開かれた窓」を拡大していくことが重要である、と考えます。そのためには、①積極的に自己を開示して「隠された窓」を狭くする、②相手からのフィードバックを受け入れ、「相手にはそう見えているのか」「そのような受け取り方もあるのか」などと気づきを得て、「見えざる窓」を狭くする、という2つの方法があります。

113

図表 5-8　ジョハリの窓

	自分が知っている	自分が知らない
相手が 知っている	**開放領域** （開かれた窓）	**盲点領域** （見えざる窓）
相手が 知らない	**隠蔽領域** （隠された窓）	**未知領域** （暗黒の窓）

【引用・参考文献】

馬場昌雄（1983）『組織行動（第二版）』白桃書房

Barnard, C.(1938) The Functions of the Executive. Cambridge, Mass：Harvard University Press.（バーナード，C.，山本安次郎・田杉競・飯野春樹〔訳〕（1968）『新訳　経営者の役割』ダイヤモンド社）

Festinger, L.(1950) Informal Social Communication. Psychological Review, 57, p. 271-282.

藤田主一（2010）「第2章職場のコミュニケーション」藤森立男〔編著〕『産業・組織心理学 - 変革のパースペクティブ』福村出版，p. 27-42.

古川久敬（2003）『基軸づくり』日本能率協会マネジメントセンター

日向野智子（2019）「第3章　コミュニケーションの促進」角山剛〔編〕『産業・組織心理学講座第3巻　組織行動の心理学』北大路書房

平木典子（2009）『改訂版アサーション・トレーニング－さわやかな「自己表現」のために－』日本・精神技術研究所

開本浩矢（2007）「第9章コミュニケーション」開本浩矢〔編著〕『入門組織行動論』中央経済社，p. 129-144.

国土交通省（2021）「令和2年度のテレワーク人口実態調査結果」国土交通省都市局都市政策課,2021.3.19 公表

厚生労働省（2021）「テレワークの適切な導入及び実施の推進のためのガイドライン」

Leavitt, H. J.,(1951) Some Effect of Certain Communication Patterns on Group Performance in Task-oriented Groups. Journal of Abnormal and Social Psychology, 46, p. 38-50.

Likert, R.(1967) The Human Organization：its management and value. McGraw-Hill.（リッカート，R.，三隅二不二〔訳〕（1968）『組織の行動科学』ダイヤモンド社）

峰滝和典（2020）「テレワークの効果に関する実証研究」商経学叢，近畿大学商経学会,Vol. 67(2), pp.79-95.

Morikawa, M. (2021) "Productivity of Working from Home during the COVID-19 Pandemic: Evidence from a Firm Survey." RIETI Discussion Paper, 21-E-002.

Robbins, S. P. (2005) Essentials of Organizational Behavior (8th edition). Prince-Hall. (スティーブン P. ロビンス, 髙木晴夫〔訳〕(2009)『【新版】組織行動のマネジメント』ダイヤモンド社)

労働政策研究・研修機構(2022)「働く人の仕事と健康、管理職の職場マネジメントに関する調査結果」JILPT 調査シリーズ, No.222.

佐々木土師二(1996)「第3章2節対人関係とコミュニケーション」佐々木土師二〔編〕『産業心理学への招待』有斐閣, p. 112-129.

関口和代(2005)「第2章組織とコミュニケーション」馬場昌雄・馬場房子〔監〕『産業・組織心理学』白桃書房, p. 23-44.

渡邉祐子(2013)「第5章 組織とココミュニケーション」髙橋修〔編著〕『社会人のための産業・組織心理学入門』産業能率大学出版部

第6章
リーダーシップ

　リーダーシップは、役職や肩書に関係なく、誰もが、自分の立場において発揮することができます。自分の行動や発言がメンバーに影響を与えて、チームをより良い方向へと変化させることはリーダーやマネジャーの立場でなくても実現可能であり、それがまさにリーダーシップそのものとも言えます。

　この章では、リーダーシップとは何かについて最初に確認した後に、リーダーシップ研究の発展系譜に沿って、先人たちが考えてきた様々なリーダーシップについて触れていきます。なお、リーダーシップ理論はいまだに決定版があるわけではありません。各理論の特徴と限界に留意して読んでください。

担当　高橋　浩

1 節
リーダーシップとは

1. リーダーシップの定義

　リーダーシップに関する研究は、産業・組織心理学の分野で長い間、多くの関心を集めてきました。リーダーシップの定義は、研究者やそのアプローチによってさまざまですが、共通点もあります。例えば、タンネンバウムら（Tannenbaum, R. et al., 1961）は、リーダーシップをコミュニケーション過程を通して、特定の目標達成に向けられた対人間の影響であると定義しています。また、ストッディル（Stogdill, R. M., 1974）は、組織化された集団の活動が目標設定と目標達成に向かって努力するよう影響するプロセス、ユクルとバンフリート（Yukl & Van Fleet, 1989）は、集団目標の達成に向けて他の人に影響を与える過程としています。

　これらの定義から、まず、リーダーシップが特定の能力や資質に焦点を当てているものではないということが理解できます。集団目標の達成に向けて、様々な活動がなされる中で、メンバーの行動を方向づけたり動機づけたりして、メンバー間で効果的な相互作用が生じるように導く影響力とそのプロセスがリーダーシップであるといえます。

　そうすると、リーダーシップは必ずしもリーダーだけの役割であるとは限らないことになります。メンバーがリーダーシップを発揮する場面もあり得ます。同時に、リーダーやマネジャーがメンバーに対して指示・命令をするという一方通行の関係はリーダーシップとは限らないともいえます。目標達成のためにすべきことは、指示・命令の他に、メンバーの情緒的な側面を考慮しながらその気にさせる（動機づける）ことや、メンバー間の葛藤や対立を抑えること、より良い関係構築をすることも求められるからです。リーダーシップは、集団の誰もが発揮してよいものであり、マネジャーとメンバーの全員が相互に影響し合うものである点に留意する必要があります。

2．リーダーシップ研究の流れ

　リーダーシップに関する研究や議論は多岐にわたりますが、その起点となるのが「偉人論」です。これは、歴史上の偉大なリーダーたちが、一般の人々や他のリーダーよりも顕著に異なる、または非常に特別な個性や能力を持っているという見解に基づいています。偉人論は、これら独特の特性や能力を明らかにしようと試みるものでした。

　この考えから発展して、1940年代には「特性理論」という流れが生まれます。これは、科学的な方法を用いて、優れたリーダーが共通して持つ能力や資質を探求し、それらを証明しようとするアプローチです。リーダーは一般の人々とは異なる特別な特性を持ち、それはどんな状況であっても変わらないという考え方です。ただし、この研究ではリーダーとメンバーを明確に区別する特性を見つけ出すことが難しいという結論に至りました。

　1950年代以降、リーダーシップ研究は「行動理論」へと移行します。これは、優れたリーダーがどのような行動を取るのかに焦点を当てます。そして、1960年代後半から「状況適合理論」という考え方が主流になりました。これは、望ましいリーダーシップのスタイルが状況によって異なるという見解を持つものです。そして、1980年前後から状況適合理論を継承しつつ、リーダーを取り巻く環境も考慮した「コンセプト理論」へと繋がっていきます。

　次節から、特性理論、行動理論、状況適合理論、コンセプト理論、そして今後のリーダーシップ研究の方向性について解説していきます。

　なお、組織やチームにおいては、目標達成に向けて導く人を「リーダー」とし、リーダーの配下にいる人のこと「メンバー」や「フォロワー」、「部下」、「成員」などと表現されますが、本章ではリーダーの配下にいる人のことを「メンバー」で統一します。

2節
リーダーシップ研究の発展系譜

1. 特性理論

　特性理論は、リーダーシップの研究において基本的な出発点です。リーダーとなる個人の特性（特定の能力や資質）が、リーダーシップの効果に重要な役割を果たしているという考え方です。ストッディル(Stogdill, 1974)はリーダーが持つべき理想的な特性として、次の5つをあげています。

　①能力（知能、判断力、表現力、創造性など）
　②素養（学識、経験、業務知識、体力など）
　③責任感（信頼性、主導性、忍耐力、自信、優越性など）
　④参加性（活動性、社交性、協調性、適応力、ユーモア感覚など）
　⑤地位（社会経済的地位や人気）

　特性理論によるリーダーシップ特性の研究は、自己啓発や能力開発の文脈で応用されていることもあり、個人が自己のリーダーシップ能力を向上させるための方向性を示してくれます。また、人事考課や経営者の選定などの決定においても、これらの特性を考慮することはよく行われています。このように、特性理論は、リーダーシップの理解を深めるための1つの視点を提供するものです。

　しかし、特性理論は、全ての状況や組織において特定の特性が有効に働くわけではないという限界があります。リーダーの個性や資質が集団や組織の目標達成にどのように貢献するかについては慎重に検討していく必要があります。リーダーシップは複雑で多面的なものであり、特性理論以外の理論の研究成果も合わせて考えていく必要があるからです。

2. 行動理論

　1950年代から、リーダーに必要な特性を探る研究に代わって、どのような行動を取るリーダーが優れているかを見る「行動理論」に注目が集まってきまし

た。ここでは、代表的なものを紹介します。

（1）ホワイトとリピットの研究（アイオワ研究）

　この研究は、社会心理学者レヴィン（Lewin, K.）がアイオワ大学で行った実験に基づくことからアイオワ研究と呼ばれます。ホワイトとリピット（White, R. & Lippitt, R., 1968）は、リーダーの行動がチームの成果やメンバーの態度にどう影響するかということに焦点を当てて研究を行いました。その結果、リーダーシップのスタイルとして、「専制型」「民主型」「放任型」の3つを提示しています。

　①　専制型リーダーシップ

　　　リーダーが一方的に決定し、メンバーに従うように求めるスタイルです。この方法では、仕事の効率は良いものの、メンバーからの反発や不満が出やすく、リーダーへの依存が強まり、メンバーの自立性が損なわれることがあります。

　②　民主型リーダーシップ

　　　リーダーがメンバーと話し合い、互いに理解し合う方式です。仕事の効率は専制型よりは落ちるものの、チーム内の関係性が深まり、創造性やモチベーションが向上するなどの利点があります。

　③　放任型リーダーシップ

　　　リーダーはほとんど指示を出さず、メンバーとの話し合いも少ないスタイルです。その結果、チームの士気は上がらず、仕事の効率や品質も低下する傾向にあります。

　このようなリーダーシップのスタイルは、チームや状況によって適切なものが異なりますが、それぞれの特徴を理解することが大切です。

（2）シャートルらの研究（オハイオ研究）

　この研究は、オハイオ州立大学で行われたリーダーシップ行動に関する一連の研究で、オハイオ研究と呼ばれます。シャートル（Shartle, C. L.）による25,000以上の民間や軍の組織についての職務分析に端を発した研究で、リーダーの行動について分析が行われました。その結果、フレイシュマン（Fleishman, E. A.,

1973) は、リーダーの行動は「配慮」と「体制づくり」の2つの要素に集約されることを示しました。

① **配慮（consideration）**

配慮は、メンバーの感情や欲求に敏感であることを重視します。リーダーは、メンバーの意見を尊重しアイデアを大切にすることによってメンバーの自尊心を維持・強化して信頼関係を築き、チーム内の人間関係を良好に保つことに努めます。

② **体制づくり（initiating structure）**

体制づくりとはチームの目標達成に焦点を当てたアプローチです。リーダーは、目標に向かって効率的に進むための計画を立て、メンバーの役割分担や責任の範囲を明確にします。

リーダーは、これらの要素をバランスよく取り入れることで、チームをより効果的に導くことができると考えられています。

（3）リッカートの研究（ミシガン研究）

ミシガン大学で行われたリッカート（Likert, R., 1961）の研究では、リーダーシップがどのようにチームや組織の成果に影響を与えるかに焦点を当てています。この研究では特に、リーダーが仕事の進め方に関してどこに関心を持っているかによって、チームの業績や成果が大きく変わることを示しています。ここで提案される2つの重要な概念が「仕事中心行動」と「従業員中心行動」です。

① **仕事中心行動（production oriented）**

このアプローチでは、リーダーは仕事をどのように効率的に、生産的に進めるかに主に関心を寄せています。そのため、従業員は目標達成のための手段と見なされがちで、その結果、作業の技術的な側面が強調されます。

② **従業員中心行動（employee oriented）**

こちらのアプローチでは、リーダーはメンバー1人ひとりの重要性を認識し、それぞれの個性やニーズに注目します。人間関係を大切にし、チーム内の信頼関係や協力を促進することに焦点を当てています。

リッカートの研究では、単に仕事を進めることだけに焦点を当てるよりも、従業員との良好な人間関係を築き、彼らのニーズや個性に配慮するリーダーの方

が、最終的にはより高い生産性を実現することが明らかにされています。

　その後、リッカートは、この２つの行動を組み合わせて、組織におけるマネジメントスタイルの４分類である「システム４」理論を提唱しました。これはリーダーシップの効果性を理解し、組織の生産性と働きやすさを高める上で、参考になる理論です。４つのシステムとは以下のとおりです。

① **システム１（権威主義・専制型）**

　　徹底した「仕事中心指向」。リーダーが全ての決定を下し、メンバーはそれに従う必要があります。コミュニケーションは一方通行であり、従業員の意見や感情はあまり考慮されません。このスタイルでは、従業員のモチベーションや満足度は低く、生産性も低い傾向があります。

② **システム２（温情・専制型）**

　　強い「仕事中心指向」＋弱い「従業員中心指向」。リーダーが従業員に対してやや親しみやすい態度をとりますが、根本的には権威主義的なアプローチを維持します。リーダーはメンバーに対してある程度の信頼を示しますが、最終的な意思決定権はリーダーにあります。これにより、従業員の満足度はシステム１よりは向上するかもしれませんが、限界があります。

③ **システム３（参画協調型）**

　　「仕事中心指向」＋「従業員中心指向」。このスタイルでは、リーダーと従業員の間でより多くの相互作用があります。リーダーは従業員に意思決定過程への参加を許可し、彼らの意見や提案を尊重します。これにより、従業員のモチベーションと生産性が向上します。

④ **システム４（関係指向型）**

　　「仕事中心指向」＜「従業員中心指向」。このマネジメントスタイルは、従業員中心のアプローチをとります。リーダーは従業員を高く信頼し、彼らとの強い関係を築きます。意思決定はチーム全体で行われ、各個人の意見が尊重されます。このスタイルは最も高いレベルの従業員の満足度と生産性をもたらします。

　リッカートの研究は、組織内の人間関係とリーダーシップスタイルが生産性に深く影響を及ぼすことを示しています。特に、システム４は、組織にとって最も有益であるとされています。

（4）カートライトとザンダーの研究

　カートライトとザンダー（Cartwright, D. & Zander, A., 1960）は、集団機能を「目標達成機能」と「集団維持機能」の２側面に分類しました。これらはリーダーが集団内で果たすべき２つの基本的な役割であり、両方の集団機能を果たすことがリーダーの役割であることを指摘しました。以下に、これらの機能について解説します。

①　目標達成機能

　　リーダーは集団の目標を明確にし、その達成のためのビジョンを提供する必要があります。目標に向けた具体的な行動計画を立て、メンバーがそれに従って行動できるようにします。また、目標達成の過程で発生する問題を特定し解決策を見出すこと、効率的かつ効果的に目標を達成するためのプロセスや方法を設計します。

　　この機能は、メンバーの行動を組織的な目標達成に向けて導くことに重点を置いています。

②　集団維持機能

　　リーダーは集団内の対立や争いを最小限に抑え、和解を促進します。メンバーを励ますことで、彼らのモチベーションと参加意欲を高めます。また、集団内の少数意見やマイノリティにも注意を払い、彼らが声を上げやすい環境を作ります。集団内の人間関係を改善し、相互信頼と協力の精神を育成します。

　　この機能は、集団内の人間関係を良好に保ち、メンバーの満足度と参加意欲を維持することに焦点を当てています。

　リーダーがこれら２つの機能をバランス良く果たすことができれば、組織や集団は効果的に目標を達成し、その成員が満足し続ける環境を維持することができます。

（5）三隅二不二の PM 理論

　三隅（1966）のPM理論は、リーダーのスタイルは「目標達成機能（performance function）」（P機能）と「集団維持機能（maintenance function）」（M機能）の組み合わせによってできる４タイプに分類され、それぞれが集団の生産性やメン

バーのモラールに異なる影響を与えるとする PM 理論を提唱しました（図表
6-1）。4 つのリーダーシップスタイルを以下で説明します。

① PM 型（P 機能・M 機能共に高い）

　　目標達成と人間関係の両方に高い重視を置くタイプです。このタイプは、
短期的にも長期的にも集団の生産性とメンバーのモラールの両方に良い影
響を与えると考えられています。

② P 型（P 機能＞M 機能）

　　目標達成には力を入れますが、人間関係の維持にはそれほど注意を払わ
ないタイプです。短期的には生産性が高い可能性がありますが、メンバー
のモラールや満足感に悪影響を及ぼす可能性があります。

③ M 型（P 機能＜M 機能）

　　集団内の人間関係の維持には力を入れますが、目標達成にはそれほど注
力しないリーダーです。このタイプは、メンバーのモラールや満足感を高
めることができますが、生産性は低い可能性があります。

④ pm（P 機能・M 機能共に低い）

　　目標達成にも人間関係の維持にも消極的なリーダーです。このタイプは、
生産性もメンバーのモラールも低くなる傾向にあります。

図表 6-1　PM 理論によるリーダーシップの類型

集団維持機能（M機能）	**M型** （M機能が高く、 P機能が低い）	**PM型** （P機能・M機能 共に高い）
	pm型 （P機能・M機能 共に低い）	**P型** （P機能は高く、 M機能が低い）

課題達成機能（P機能）

出所：三隅（1966）p71 を一部修正

三隅の研究では、生産性とメンバーの満足感に関して、PM型リーダーが最も望ましい結果をもたらすと結論づけています。短期的には、P型が生産性を向上させることができるかもしれませんが、長期的にはM型メンバーのモラールを高め、それが生産性の向上につながることもあると報告されています。PMのタイプと生産性およびメンバーのモラールや満足感との関連は次の順になるとしています。

　　・生産性：　　　　　　　　　　| PM型 ＞ 　P型 　＞ 　M型 　＞ pm型 |

　　・メンバーのモラールや満足度：| PM型 ＞ 　M型 　＞ 　P型 　＞ pm型 |

（6）ブレークとムートンのマネジリアル・グリッド理論

　ブレークとムートン（Blake, R. R. & Mouton, J. S., 1964）のマネジリアル・グリッド理論は、リーダー行動の次元を「人間に対する関心」と「業績に対する関心」の2次元に分けています（図表6-2）。PM理論と類似した理論といえますが、マネジリアル・グリッド理論は、9段階の詳細なスケールを用いて、リーダーシップスタイルを81の異なる類型に細分化しています。さらに、典型的な類型として4類型の他に、中間的な5・5型を設けています。

　PM理論もマネジリアル・グリッド理論も、最も効果的なリーダーシップスタイルは課題達成（または業績に対する関心）と集団維持（または人間に対する関心）の両方に高い関心を持つタイプであると結論づけています。

第6章　リーダーシップ

図表6-2　ブレークらのマネジリアル・グリッドの類型

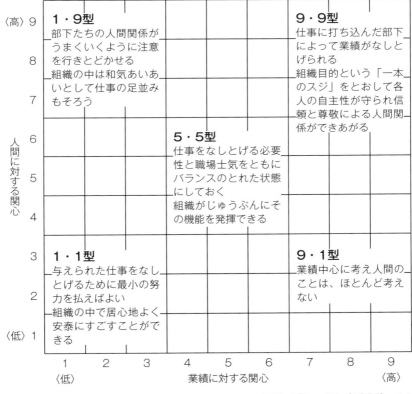

出所：ブレークら（1965）p14

3. 状況適合理論

　状況適合理論は、リーダーの特性や行動だけでなく、その行動が展開される状況の重要性を強調した考え方です。リーダーがいかに優秀であっても、活動する職場環境や仕事の状況が異なると、リーダーの持つ特性が活かせなかったり、上手く行動できなかったりする場合が考えられるからです。つまり、特性理論や行動理論では説明しきれない限界が指摘されました。そこで、1960年代に、リーダー個人の視点から、リーダーシップを発揮する環境との関係を考慮する状況適合理論が登場しました。状況適合理論では、リーダーシップが一面

127

的ではなく、多面的で動的なプロセスであることを明らかにしています。活動する状況、メンバーの特性、組織の文化など、多くの要因がリーダーシップの効果に影響を及ぼすため、リーダーは柔軟で適応性が高いアプローチを取る必要があるということになります。

ここでは、主要な3つの理論について紹介します。

（1）コンティンジェンシー理論

フィードラー（Fiedler, F. E., 1978）は、リーダーの行動スタイルが普遍的に効果的であるわけではなく、その効果は具体的な状況や文脈に強く依存すると考えました。そこでフィードラーは、リーダーシップは状況に応じて望ましいスタイルがあるというコンティンジェンシー理論を提唱しました。そして、その主要な状況要因は、以下の3つであることを特定しました。

① リーダーとメンバーの関係の良さ（関係性）

リーダーがメンバーとどれだけ信頼と尊敬の関係を構築しているかを意味します。良好な関係は、リーダーの影響力を高め、指示に対するメンバーの抵抗を減少させます。

② 課題が構造化されている程度（仕事の構造）

仕事が明確な手順、目標、評価基準を持っているかを意味します。高度に構造化されたタスクは、リーダーが目標達成のために必要な行動を特定しやすくします。

③ リーダーの地位勢力（地位パワー）

リーダーがメンバーに対して報酬や罰を与える能力をどれだけ持っているかを示します。高い地位パワーは、リーダーがメンバーの行動をより効果的に影響を与えることができることを意味します。

フィードラーは、リーダーのスタイルを測定するために「LPC（least preferred co-worker）得点」を開発しました。LPCとは、「最も好ましくない仕事仲間」という意味です。最も苦手な仕事仲間を1人思い浮かべて質問に回答します。その結果のLPC得点が高いリーダーは、人間関係を重視する傾向があり、低いリーダーは、課題達成を優先する傾向があります。この得点に基づいて、リーダーは自分のスタイルを特定の状況に適応させる必要があります。

第6章　リーダーシップ

コンティンジェンシー理論では、状況がリーダーにとって好ましい場合、及び非常に好ましくない場合、課題志向の低LPCリーダーが成果をあげやすいとされています。一方、状況が中程度に好ましい場合は、対人志向の高LPCリーダーが効果的だとされています。

フィードラーのコンティンジェンシー理論は、リーダーシップが単一の最適なスタイルに依存しないことを示し、状況に応じて異なるリーダーシップスタイルが必要であるという状況適合理論の起点となっています。

（2）ライフサイクル理論（SL理論：Situational Leadership Theory）

ハーシーら（Hersey, P. et al., 1969, 1998）は、フィードラーのコンティンジェンシー理論を発展させ、ライフサイクル理論（SL理論）を提唱しました。この理論は、メンバーの成熟度レベルに応じてリーダーが取るべき行動スタイルを変化させるべきであると考えます。メンバーの成熟度レベルとは、その能力（職務遂行能力）と意欲（職務への取り組みや責任感）のことであり、これに基づいて、リーダーシップのスタイルを適応させます。具体的には、リーダーは指示的行動（指示・命令）と協労的行動（対話・支援）の2軸から成る4つの基本的なリーダーシップスタイルを状況に応じて選択することになります（図表6-3）。

① 教示的（Telling）

　メンバーが未熟で、能力も意欲も低い場合、リーダーは具体的な指示と監督を提供する必要があります。

② 説得的（Selling）

　メンバーが意欲はあるが能力が未熟な場合、リーダーはメンバーを説得し、理解を深めさせ、支持を得るためにコミュニケーションを取る必要があります。

③ 参加的（Participating）

　メンバーの能力は高いが意欲が不足している場合、リーダーはメンバーの参加を促し、意欲を引き出すためにサポートと奨励をします。

④ 委譲的（Delegating）

　メンバーが成熟しており、能力も意欲も高い場合、リーダーはより多くの自律をメンバーに委ねることができます。

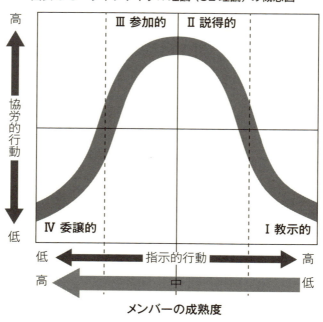

図表6-3 ライフサイクル理論（SL理論）の概念図

出所：Hersey & Blanchard（1998）をもとに筆者（高橋）作成

　この理論の特徴的な点は、リーダーが、メンバーの成熟度と発展に合わせて、リーダーシップスタイルを柔軟に変更するところです。また、これによって、メンバーがより高いレベルへ成熟できるように支援することにもなります。

（3）パス・ゴール理論

　パス・ゴール理論は、リーダーが、メンバーに対して目標達成に至る道のり（パスやゴール）を示して、効果的にナビゲートすることを強調する理論です。ハウス（House, R. J., 1971）が提唱したこの理論は、メンバーの動機づけと満足度向上に注力しています。リーダーはメンバーのニーズ、仕事の特性、組織の環境など、さまざまな要因に応じて柔軟にリーダーシップのスタイルを変化させる必要があります。

　パス・ゴール理論では、4つのリーダーシップスタイル（指示的、支援的、参

第6章　リーダーシップ

加的、達成志向的）があり、異なる状況やメンバーのニーズに応じて適用されます。これらのスタイルを適切に使い分けることで、メンバーは目標達成への道筋を明確にし、その過程での満足感とモチベーションを高めることができるとされています。

① 指示的リーダーシップ

　仕事の期待や方法、ルールやスケジュールを明確にすることでメンバーの不確実性を減少させ、効率的なタスク遂行を促します。特に、仕事が複雑でメンバーが不安を感じている場合に有効です。

② 支援的リーダーシップ

　友好的な環境を作り、メンバーの個人的なニーズや期待に注意を払いながら、彼らの気持ちを理解し、サポートします。このスタイルは、仕事のストレスが多い、または単調でメンバーがモチベーションを失いがちな状況で効果的です。

③ 参加的リーダーシップ

　メンバーを意思決定プロセスに参加させ、彼らの意見や提案を尊重します。これにより、メンバーの自己効力感と責任感を高め、より高い満足度とモチベーションを促します。メンバーが仕事に対する高いスキルや経験を持っている場合に特に有効です。

④ 達成志向的リーダーシップ

　高い目標を設定し、メンバーにその目標達成に向けて最大限の努力を促します。このスタイルは、メンバーが高い自己効力感を持ち、挑戦的な目標に対して積極的な姿勢を示す場合に効果的です。

4．コンセプト理論

　コンセプト理論は、状況適合理論を継承しつつ、リーダーとリーダーを取巻く環境（組織やメンバーの状況）との関係に着目して発展したリーダーシップ理論です。

　主なものに、支援型のリーダーシップである「サーバント・リーダーシップ」（Greenleaf, R. K., 1970)、組織変革にも取り組む「変革型リーダーシップ」(Bass,

131

B. M.,1985)、強力な力でけん引する「カリスマ型リーダーシップ」（Conger, J. A., & Kanungo, R. N., 1987)、メンバーの感情を重視して導く「EQ（emotional intelligence quotient）型リーダーシップ」（Goleman, D. et al., 2002)、メンバーの自主性や積極性を引き出す「ファシリテーション型リーダーシップ」（Rees, F., 2005) などがあります。ここでは、「サーバント・リーダーシップ」と「変革型リーダーシップ」を取り上げます。

（1）サーバント・リーダーシップ

　サーバント・リーダーシップは、グリーンリーフ（Greenleaf, R. K.,1970) が提唱した理論です。この理論は、リーダーがメンバーを支え、支援し、目指すべき方向へと導くことを主眼としたリーダーシップ理論であり、「リーダーは、まず相手に奉仕し、その後相手を導くものである」という哲学に基づいています。しかし、サーバントが「奉仕者」を意味するからといって、リーダーが、メンバーの言いなりになる、面倒事を引き受けるということではありません。サーバント・リーダーシップでは、組織の目標にとって何が優先的に求められているかを考え、そのためにメンバーの声に耳を傾け、必要な支援を行い、メンバーを導くことを重視します。そこには、従来のリーダーシップと異なる以下の優れた効果が確認されています。

① **情緒的信頼**

　　この人に弱みを見せてもよいという感情面での信頼を生み出すこと。

② **メンバーへの権限移譲**

　　メンバーの自発的な役割外行動（メンバーの自律性）を向上させる。

③ **メンバーへの伝播**

　　サーバント・リーダーシップが伝播して、メンバーの協力行動や協力風土が醸成される。

　サーバント・リーダーシップを発揮するために必要なスキルについて、スピアーズ（Spears, L. C., 1998) は 10 の属性（行動の特徴）を示しています（図表6-4)。これを見ると、従来のリーダーシップとはかなり異なるスキルが求められることが分かります。人事のパーソナライゼーションやキャリア自律が求められる時代において求められる代表的なリーダーシップだといえます。

132

第6章　リーダーシップ

図表 6-4　サーバント・リーダーシップの属性

属性	説明
傾聴 (Listening)	大事な人達の望むことを意図的に聞き出すことに強く関わる。同時に自分の内なる声にも耳を傾け、自分の存在意義をその両面から考えることができる。
共感 (Empathy)	傾聴するためには、相手の立場に立って、何をしてほしいかが共感的にわからなくてはならない。他の人々の気持ちを理解し、共感することができる。
癒し (Healing)	集団や組織を大変革し統合させる大きな力となるのは、人を癒すことを学習することだ。欠けているもの、傷ついているところを見つけ、全体性（wholeness）を探し求める。
気づき (Awareness)	一般的に意識を高めることが大事だが、とくに自分への気づき（self-awareness）がサーバント・リーダーを強化する。自分と自部門を知ること。このことは、倫理観や価値観とも関わる。
説得 (Persuasion)	職位に付随する権限に依拠することなく、また、服従を強要することなく、他の人々を説得できる。
概念化 (Conceptualization)	大きな夢を見る（dream great dreams）能力を育てたいと願う。日常の業務上の目標を超えて、自分の志向をストレッチして広げる。制度に対するビジョナリーな概念をもたらす。
先見力、予見力 (Foresight)	概念化の力と関わるが、今の状況がもたらす帰結をあらかじめ見ることができなくても、それを見定めようとする。それが見えたときに、はっきりと気づく。過去の教訓、現在の現実、将来のための決定のありそうな帰結を理解できる。
執事役 (Stewardship)	エンパワーメントの著作でも有名なコンサルタントのピーター・ブロック（Peter Block）の著書の書名で知られているが、執事役とは、大切な物を任せても信頼できると思われるような人を指す。より大きな社会のために、制度を、その人になら信託できること。
人々の成長に関わる (Commitment to the Growth of people)	人々には、働き手としての目に見える貢献を超えて、その存在そのものに内在的価値があると信じる。自分の制度の中のひとりひとりの、そしてみんなの成長に深くコミットできる。
コミュニティづくり (Building community)	人間の歴史のなかで、地域のコミュニティから大規模な制度に活動の母体が移ったのは最近のことだが、同じ制度の中で仕事をする（奉仕する）人たちの間に、コミュニティを創り出す。

出所：Spears（1998）p3-6（金井壽宏 訳）

（2）変革型リーダーシップ

　1980年代のアメリカでは、不況の影響で多くの組織で変革が叫ばれるようになりました。この中で、バス（Bass, B. M., 1985）は、組織を変革することを目指した「変革型リーダーシップ（transformational leadership）」を提唱しました。

なお、それまでのリーダーシップ理論は、基本的に組織内部におけるリーダーとメンバーとの相互交流を通じて目標達成を目指すものだったので、「交流型リーダーシップ（transactional leadership）」と呼ばれます。

　池田（2019）によると、バスの変革型リーダーシップでは、メンバーに明確かつ理想的な目標の重要性や価値を気づかせて、組織のために私欲から抜け出させ、そしてより高いレベルの欲求を活性化させることで、メンバーの意欲を変革することを目指しています。池田（2019）は、具体的な変革型リーダーシップの4点（4つのI）を説明しています。

①　**理想的影響（idealized influence）**

　　組織やメンバーにとって何が最も望ましいかを問いかけながら動機づけるリーダーの行動。

②　**モチベーションの鼓舞（inspirational motivation）：**

　　リーダーがメンバーに対して刺激的で魅力的なビジョンを示すこと。

③　**知的刺激（intellectual stimulation）**

　　メンバーの考え方や視野を広げたり、転換させたりするなどの刺激を与えること。

④　**個別的配慮（individualized consideration）**

　　リーダーがメンバーのニーズや関心に耳を傾け、メンターとして成長を支援する行動。

　なお、変革型リーダーシップと交流型リーダーシップは、互いに補完的な関係にあります。変革を実現するためには創造的な発想やビジョンの提示が必要ですが、それらを具体的な行動や成果に結びつけるためには、目標設定や計画の実行といった交流型リーダーシップの要素が不可欠です。したがって、リーダーは状況に応じて両方のスタイルを柔軟に使い分けることが必要であり、これによって組織やチームの変革と成長を促進することができます。

5.　これからのリーダーシップ研究

　池田（2019）は、2000年以降のリーダーシップ研究の動向を調査した結果、3つのテーマを見出し、これをリーダーシップ・スペクトラムとして表現してい

ます（図表6-5）。3つのテーマとは、①集団や組織の目標達成に寄与しつつ倫理性を備えた「ブライトサイド」、②組織やメンバーに悪影響を及ぼし自己利益を追求する「ダークサイド」、そして③効果的なリーダーシップを十分に発揮していない、あるいはリーダーとしての役割を十分に遂行していない（できていない）「非リーダーシップ」です。

　近年はダークサイドへの関心が高まっています。リーダーが良かれと思ってした行動が、メンバーへの「ハラスメント」などの行き過ぎた行為になっている実態が考えられるからです。また、リーダーが責任を回避したり、問題に積極的に反応しない非リーダーシップも同様に問題です。ただし、これらのリーダーシップをとるリーダーが最初からダークサイドや非リーダーシップであったとは限りません。池田（2019）は、ブライトサイド、ダークサイド、非リーダーシップのそれぞれを個別に捉えるのではなく、3つのリーダーシップが相互に関連し合っているスペクトラムとして理解していく必要があると指摘しています。リーダーを特定のリーダーシップに当てはめるよりも、このような複合的な考え方の方が職場での理解としては現実的だと言えます。

図表6-5　リーダーシップ・スペクトラム

出所：池田（2019）P104

【参考・引用文献】

Bass, B. M.(1985) *Leadership and performance beyond expectations.* New York: Free Press.
Blake, R. R. & Mouton, J. S.(1964) *The Managerial Grid.* Gulf Publishing Company. U.S.A.(上野一郎〔監訳〕（1965）『期待される管理者像』産業能率短期大学出版部)
Cartwright, D., & Zander, A.(1960) *Leadership and group performance.* Harper & Row.(白樫

三四郎・原岡一馬〔訳〕(1970)「リーダーシップと集団の業績」三隅二不二・佐々木薫〔訳編〕『グループダイナミクスⅡ(第2版)誠信書房，p581-608)

Conger, J. A., & Kanungo, R. N.(1987) Toward a behavioral theory of charismatic leadership in organizational settings. *Academy of management review*, 12(4), 637-647.

Fiedler, F. E.(1978) The contingency model and the dynamics of the leadership process. In *Advances in experimental social psychology* (Vol. 11, pp. 59-112). Academic Press.

Fleishman, E. A.(1973) Twenty years consideration and structure. In Fleishman, E. A., & Hunt, J. G. (eds.) , *Current development in the study of leadership* (pp.1-40). Southern Illinois University Press.

Goleman, D., Boyatzis R., & McKee, A.(2002) *Primal Leadership*. Harvard Business School Press U. S. A.(土屋京子(2002)『EQ リーダーシップ』日本経済新聞社)

Greenleaf, R. K.(1970) *The servant as leader*. Indianapolis, IN: Greenleaf Career.

Hersey, P., & Blanchard, K. H.(1969) *Management of organizational behavior: Utilizing human resources*. Prentice Hall.

Harsey, P., Blanchard, K. H., & Johnson, D. E.(1998) Management of organizational Behavior. Prentice Hall., Inc.(ハーシィP.、ブランチャード K. H.、ジョンソン D. E.、山本成二、山本あづさ〔訳〕(2000)『入門から応用へ行動科学の展開人的資源の活用』生産性出版)

House, R. J.(1971) A path goal theory of leader effectiveness. *Administrative science quarterly*, 16, (3) 321-339.

池田浩(2019)「リーダーシップ」角山剛(編著)『産業・組織心理学講座第3巻組織行動の心理学：組織と人の相互作用を科学する』北大路書房，P104

Likert, R.(1961) *New Patterns of Management*, McGraw Hill.(リッカート，R.、三隅二不二〔訳〕『組織の行動科学』ダイヤモンド社 1968)

三隅二不二(1966)『新しいリーダーシップ 集団指導の行動科学』ダイヤモンド社

Rees, F. (2005) The facilitator excellence handbook. John Wiley & Sons.(フラン・リース、黒田由貴子〔訳〕『ファシリテーター型リーダーシップの時代』プレジデント社)

Spears, L. C.(1998) Tracing the Growing Impact of Servant-Leadership. In Spears L. C.(ed.) (1998) *Insights of Leadership: Service, Stewardship, Spirit and Servant-leadership*. New York: John Wiley & Sons.pp.3-6.

Stogdill, R. M.(1974) *Handbook of leadership A survey of literature*. New York Free Press.

Tannenbaum, R., Weschler, I. R. & Massarik, F.(1961) *Leadership and Organization: A Behavioral Science Approach*. McGraw-Hill Book Co.(タンネンバウム，R.、ウェッシュラー，I. R.、マサリック，F.、嘉味田朝功・土屋晃朔・小林幸一郎〔訳〕(1965)『リーダーシップと組織 —行動科学によるアプローチ』池田書店)

White, R., & Lippitt, R.(1968) Leader Behavior and Member Reaction in Social Climate. In Cartwright, D., & Zander, A. (eds.), *Group Dynamics: Research and Theory* (3rd ed.). New York: Harper & Row, Publishers, pp. 318-335.(三隅二不二・佐々木薫〔編訳〕(1970)『グループ・ダイナミックス』誠信書房，P629-661)

Yukl, G., & Van Fleet, D. D.(1989) Theory and research on leadership in Organizations. In Yukl, G.(ed.), *Leadership in Organization, 2nd Ed*. Prentice Hall.

第7章
人事アセスメント

　人事アセスメントとは、人事評価における個人差の測定過程のことを意味します。そして、時間軸の概念によって事前評価と事後評価に分けることができます。

　そこで本章の前半では、事前評価としての採用選考を取り上げます。まず採用選考を新卒採用と中途採用という2種類に区分して整理した後に、新卒採用者や中途採用者の組織適応について検討します。そのうえで、採用選考に用いられるアセスメント・ツールの特徴や信頼性・妥当性について概説します。

　本章の後半では、事後評価としての人事考課について解説します。まず人事考課制度の目的と仕組みを解説したうえで、評価者（管理者）が人事考課制度を実際に運用する際の留意点について論じます。

<u>担当　高橋　修</u>

1節
人事アセスメントとは

　まず本節では、人事アセスメントとは何かについて説明します。それは人事評価における個人差の測定過程です。また、人事評価は事前評価と事後評価に分けて捉えることができます。

1. 人事評価と人事アセスメント

　「人事評価」とは、測定結果を人的資源管理における諸活動の基礎情報として活用することを目的に、能力・適性・業績などの個人差を測定することをいいます。つまり、人事評価は個人差を測定する過程と、測定した結果を諸活動に適用する過程から構成されます（図表7-1）。そして「人事アセスメント」という場合、このうち前者の過程を指します（二村, 2001）。

　個人差の測定過程においては、いかに適切な方法・ツールを用いて個人差を正確に測定するかが問われます。また、測定結果の適用過程においては、採用選考、配置・異動、昇進・昇格選考、昇給・賞与の決定、能力開発などの活動

図表7-1　人事評価の概念

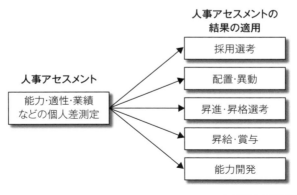

出所：二村（2001）p.15

第7章　人事アセスメント

に、人事アセスメントによって得られた情報を効果的に活用することが求められます。

2．事前評価と事後評価

　人事評価は、時間概念によって事前評価と事後評価に分けて捉えることもできます。

　事前評価とは、ある個人の将来における可能性を予測するために、能力や性格などの現在の状態を評価することをいいます。採用選考の際に実施する適性検査などが事前評価の典型的な例です。採用選考では、本人の現時点での能力や性格を適性検査や面接などによって評価し、それらの結果をもとに「この人間は入社後、当社の業績向上に貢献できるか」あるいは「当社の組織文化・風土に適応できるか」などについて評価し、採否を決定します。

　一方の事後評価とは、一定期間における成員個々人の職務活動の結果を、事実に基づいて事後に評価することをいいます。事後評価の代表例は、管理者である上司が部下を定期的に評価する人事考課です。人事考課では、評価時点から評価期間（多くの場合、半年または1年）をさかのぼり、本人の働きぶりを過去形で評価します。そして、その結果を、昇給・賞与の決定、昇進・昇格選考、能力開発、配置・異動などに活用します。

　次の第2節では事前評価としての採用選考について概説します。また、第3節および第4節では、事後評価としての人事考課に焦点を当てて論じていきます。

139

2節

採用選考

第2節では、まず採用選考を新卒採用と中途採用という2種類に区分して整理した後に、新卒採用者や中途採用者の組織適応について検討します。そのうえで、採用選考に用いられるアセスメント・ツールの特徴や信頼性・妥当性について概説します。

1. 2種類の採用選考

採用とは、「①企業の目標および経営戦略実現のため、②組織や職場を活性化させるために、外部から新しい労働力を調達する活動」（服部,2016）のことです。採用は、学校を卒業して就業経験がない新規学卒者を採用する新卒採用と、既に就業経験があり職務遂行のために必要な知識・技術を有している人を採用する中途採用とに区分できます。

井出（2020）に従えば、これはそれぞれメンバーシップ型雇用とジョブ型雇用の違いと考えることもできます。日本企業に広く浸透しているメンバーシップ型雇用では、自社の組織文化・風土に合う人を雇用することが志向され、個人－組織適合（person-organization fit）を目指しています。特定の職務に求められる知識・技術ではなく、本人の性格や汎用的な職務遂行能力を重視する新卒採用はこのタイプです。一方のジョブ型雇用は、職務内容、職務遂行に必要な知識・技術、勤務条件などが職務記述書（job description）として明確化されており、これと合致する人を雇用することによって、個人－職務適合（person-job fit）を志向しています。中途採用はこのタイプに近いものが多く、就業経験がない新規学卒者には不利となります（井出,2020）。

なお、メンバーシップ型雇用とジョブ型雇用の一般的な特徴は、図表7-2のとおりです。日本の採用や報酬制度は仕事ではなく、「人」本位になっています。これは、入社後に人事異動があることを前提とする人事システムによるものです。これに対して欧米企業では、採用や報酬制度の基礎になるのは「職務」です。

140

図表 7-2　メンバーシップ型雇用とジョブ型雇用の一般的な特徴

	メンバーシップ型雇用	ジョブ型雇用
意　味	・人に仕事（職務）を割り当てる雇用形態 ・日本で一般的な形態	・仕事（職務）に人を割り当てる雇用形態 ・欧米、アジア等で一般的な形態
職　務	・職務内容、労働時間、勤務地が無限定 ・人事異動、残業、転勤がある ・「就職」というよりも「就社」	・「職務記述書」で、職務内容や労働時間、勤務地が規定されている ・契約外の職務、残業、転勤はない ・文字通り「就職」
採　用	・新卒定時一括採用と、欠員補充時の中途採用 ・新規学卒者のスムーズな就職が可能	・欠員補充時に募集する通年採用 ・その職務を遂行できる能力が求められるので、新規学卒者は採用されにくい
報　酬	・職務遂行能力によって決まる（職能給） ・年功序列による昇給がある	・職務によって決まる（職務給） ・職務が変わらなければ昇給はない 　→収入増の手段は、公募制による社内異動か転職
教育研修	・新規学卒者が中心なので、教育研修によってゼネラリストを育成する	・即戦力となれるスペシャリストを採用するので、基本的に教育研修は自己責任
雇用保障	・終身雇用が前提なので、その職務がなくなった際には、配置転換によって雇用を維持する	・その職務がなくなった際に解雇されやすい

出所：各種文献を参考に筆者（高橋修）作成

どのような職務を担当するかが基になって、その職務に適した人材を採用するための基準や評価方法が決定されます（今城,2019）。

2．組織適応とオンボーディング

　新卒採用者は、学校から職場への移行を経て、新しい組織環境に適応すること（組織適応）が必要となります。また中途採用者は、前の職場から新たな職場への移行を経て、新しい組織環境に適応すること（組織再適応）が求められます。

　新卒採用者と中途採用者では、同じ移行であっても適応課題は異なりますから、「オンボーディング（on-boarding）」の内容も違ってきます。本来、オンボーディングとは、船や飛行機に乗っているという意味です。新卒採用者であれ中

途採用者であれ、会社という「乗り物」に新しく加わった個人を、同じ乗組員としてなじませ、円滑な組織適応をサポートする取り組みが、オンボーディングです（尾形 ,2022）。

（1）新卒採用者の組織適応課題とオンボーディング施策

　新卒採用者にとっての最も大きな組織適応課題は、リアリティ・ショックといえるでしょう。リアリティ・ショックとは、「人が新しい社会、新しい組織、新しい状況に直面した際に、その人がそれに対して事前に抱いていた期待と、彼（女）自身が実際に目にした現実との間のズレによって引き起こされる『衝撃』」（服部 ,2016）のことです。

　尾形（2022）は、新卒採用者のリアリティ・ショックには、期待の内容と組織現実の内容との組み合わせによって、以下の3つの異なる構造が存在すると指摘しています。

①　**既存型リアリティ・ショック**：先行研究で既に指摘されてきた、楽観的な、あるいは非現実的な期待に対して、それに反する厳しい現実が待っていた場合に直面するリアリティ・ショック。

②　**肩透かし**：自分自身を鍛えてほしいために厳しさを期待していたのに、実際は自己成長を促すような現実ではなかったときに生じる、新しいタイプのリアリティ・ショック。

③　**専門職型リアリティ・ショック**：事前に専門教育や臨床研修を受け、厳しい現実が待っているという覚悟を持って就職するが、それ以上の過酷な現実に直面することによって生じる、医師や看護師などの専門職従事者ならではのリアリティ・ショック。

　それでは、新卒採用者がこのようなリアリティ・ショックに遭遇しないためには、どのようなオンボーディング施策が求められるのでしょうか。ワナウス（Wanous,1992）は、企業側が採用内定者に非現実的な期待を抱かせないことが重要であるとして、募集・採用選考段階において、ネガティブな側面も含めた現実的な職務内容（Realistic Job Preview：RJP）や企業の実際の様子（Realistic Organization Preview：ROP）を伝えることを提唱しました。日本においても、RJPがリアリティ・ショックを緩和して離職を低くしたという報告があります

142

（金井 ,1994）。

　また尾形（2022）は、新卒採用者が直面するリアリティ・ショックは、学生から社会人への移行期に生じるとし、この段階において内定者インターンシップや入社前研修を実施して、採用内定者がリアリティ・ショックについて事前に理解を深めておくことの重要性を指摘しています。

（2）中途採用者の組織再適応課題とオンボーディング施策

　中途採用者の組織再適応課題に関して、尾形（2022）は、中途採用者へのインタビュー調査の結果を踏まえて、以下の6点を挙げています。

① **スキルや知識の習得**：仮に同じ職種での転職であっても、会社が異なれば多くの点で事情が異なり、スキル不足や知識不足を補う必要がある。

② **暗黙のルールの理解**：会社にはその会社固有の文化や慣習等があり、目に見えない暗黙のルールも存在する。これらは仕事を円滑に進めるために重要な役割を果たすため、その理解が必要となる。

③ **アンラーニング**：「アンラーニング（unlearning）」は「学習棄却」とも訳され、いったん学習したことを意識的に忘れ、学び直すことを意味する。前職場での知識やスキル、文化、慣習等が染み付いた中途採用者には特に求められる。

④ **中途意識の排除**：「中途採用者なんだから」という思い込みや遠慮意識など、中途採用者固有の意識を排除する。

⑤ **信頼関係の構築**：仕事を円滑に行い、高いパフォーマンスを発揮するには、既存社員との信頼関係を構築することが重要となる。

⑥ **社内における人的ネットワークの構築**：仕事は個人の力で達成できるものではなく、他者との協働作業を通して遂行される。そこで、社内における人的ネットワークの乏しさを解消する必要がある。

　このような中途採用者の組織再適応課題に対するオンボーディング施策としては、まず前職での色を落とすための脱色教育を行い（上記③および④の実施）、その後に自社の色に染めていく染色教育（上記①および②の実施）を行うことが求められます（尾形 ,2022）。

143

3．採用選考のためのアセスメント・ツール

採用選考とりわけ新卒採用の場合では、履歴書やエントリーシートなどの書類審査、適性検査、筆記試験、面接、作文・論文、グループ討議などのプロセスを通して、応募者のスクリーニング（絞り込み）および採否の意思決定が行われます。これらのアセスメント・ツールと人物把握の各側面との関連は、図表7-3のとおりです。これらのうち、適性検査と面接について取り上げ、その特徴および信頼性・妥当性について考えてみましょう。

（1）適性検査

適性検査は、応募者の職業適性をアセスメントするために開発されたツールです。「限られた時間の中で多くの応募者に対して実施することができ、客観的な人物情報が得られる」（舛田，2007）ため、適性検査は多くの応募者をスクリーニングする際に利用されます。ここで職業適性とは、「職業活動が円滑で、より効果的に遂行されるために必要な個人の特性」（馬場・馬場，2005）のことです。

採用選考では、能力適性検査、性格適性検査、それらを統合した総合適性検査がよく利用されます。能力適性検査は、読み書き能力、数的処理能力、論理的思考力、外国語能力、一般教養・常識等の基礎的知識・スキルに該当する部分の能力を主に測定します。このような基礎的な能力によってスクリーニングを行うのは、出身学部・学科の異なる多様な応募者の能力を共通の尺度で測定することが可能で、選考過程の公平性が確保できるからです。

また、性格適性検査は、その人らしいモノの見方や感じ方など、状況や時間を越えてある程度一貫し安定した性格特性を測定します。モノの見方や感じ方は、仕事に対する態度や行動に表れます。したがって、「そうした性格特性を間違いなく把握しておくことが、人材評価の前提として必要」（二村，2001）となるのです。

（2）面接

面接では、面接者と応募者が直接やり取りを行い、面接者が一定の評価基準に基づいて、応募者の能力や仕事に対する熱意・意欲などについて評価を行い

第7章　人事アセスメント

図表 7-3　アセスメント・ツールと人物把握の各側面との関連

側面	評定項目	応募書類	適性検査	筆記試験	面接	作文・論文	グループ討議
健康	身体的健康 精神的健康	△			△		
基本的態度・姿勢	社会性・倫理性 責任性・誠実性 自主性・自律性 協調性 挑戦心・パワー 率直・素直さ ポジティブ思考・楽観性 バランス感覚		△		○	○	○
職業観・職業興味	働く目的 働き方の好み 自分と組織の距離感 職業・職務興味指向	○			○	○	
志望動機	会社・事業の理解度 入社動機づけの程度	○			○	○	
性格	一般適性的な性格特性 個別適性的な性格特性	△	○		○	△	△
実践的能力・スキル（コンピテンシー）	視野の広さ 課題形成力 課題推進力 リーダーシップ・統率力 コミュニケーションスキル プレゼンテーションスキル 専門的知識・技術	△		○	○	△	○
基本的能力・知識	一般知的能力 専門的基礎知識・技術 一般教養 外国語基礎能力 視覚的身体的能力 資格	△	○	○	○	△	△
個人的事情	勤務地、勤務時間など	○			○		

○：主な評価ツール　　△：補助的な評価ツール

出所：大沢・芝・二村〔編〕（2000）p. 81

ます。そして、応募書類や適性検査の結果などそれまでに収集された情報も踏まえて、総合的な観点から採否の意思決定が行われます。

145

面接の方法は、「構造化面接」と「自由面接」に分けられます。構造化面接とは、面接で評価する能力や特性、それらを確認するための質問項目、応募者1人当たりに費やす面接時間、評価基準などをあらかじめ設定したうえで面接を行う方法です。面接者に対して、事前に評価者訓練を実施する場合もあります。一方の自由面接は、こうした標準化を行わずに面接者の自由裁量に委ねる方法です。経営幹部による最終段階の面接は主に自由面接となりますが、選考初期段階の面接のように、複数の面接者が分担して数多くの応募者を面接するような場合には、評価の安定性という点で構造化面接が適しています。

　なお、面接において面接者が犯してしまいがちなミスとして、次のような点が指摘されています（二村, 2001）。

　①面接者が話をしすぎて被面接者に関する必要な情報が得られない。

　②質問が場当たり的で、被面接者全員について一貫した情報が得られない。

　③職務遂行能力と関連がない質問をしやすい。

　④被面接者の緊張を解きほぐせず、本音の情報が引き出せない。

　⑤自信過剰に陥り、軽率な判断になりやすい。

　⑥1つの特徴を見つけて人物のタイプを固定的に評価しやすい（ステレオタイプ）。

　⑦表情、容姿、態度など言語外の表面的な印象に影響されやすい。

　⑧一度に多くの面接をし続けることにより、評価が寛大化したり、また逆に厳格化したり、ときには中心化しやすい。

　⑨1つの優れた、または劣った点に目を奪われ、それで人物全体を評価してしまいやすい。

　⑩人物の良い点よりも、不採用になる欠点ばかりを探してしまいやすい。

　⑪直前に面接した人物の特徴と比較して評価しやすい。

　⑫面接の最初の数分で評価をしてしまいやすい。

　⑬自分と似た点を多くもった人物を高く評価しやすい。

　⑭応募書類や他の評価ツールの評価結果に影響されやすい。

第7章　人事アセスメント

4．アセスメント・ツールの信頼性と妥当性

　数多くの応募者の中から自社が採用したい人物を的確に採用するためには、アセスメント・ツールの信頼性と妥当性が重要な問題となります。この点について考えてみましょう。

（1）信頼性
　信頼性とは、尺度としての測定精度に関する指標です。測定には誤差が避けられませんが、「信頼性が高い」とはその誤差が小さいことを意味します。この信頼性を検討する方法には、主に次の2つがあります。
　① 　再検査法
　　　同一の検査を、同一人物に一定期間を置いて2回測定し、両者の得点間の一致度（相関）を検討します。相関係数が高いこと、つまり何度測定しても同じような得点になるのが信頼性の高い尺度です。
　② 　内的整合性による方法
　　　信頼性の高い尺度には、その尺度の下位項目間で一貫性（内的整合性）があります。例えば、ある質問項目で「はい」と回答した人は、同じ尺度内の別の質問項目でも「はい」と回答する類似性・同質性があるはずです。このような尺度の内的整合性をチェックする方法として「クロンバックの α 係数」があります。この α 係数が 1.0 に近いほど信頼性が高いとされます。
　こうした相関係数や α 係数は「信頼性係数」と呼ばれます。そして、一般的に能力適性検査では信頼性係数が 0.8 程度、性格適性検査では 0.7 程度は必要であるとされます（舛田，2007）。
　また、面接の信頼性には「級内相関係数」という指標が用いられます。これは、同じ被面接者に対する複数の面接者の評価結果を1組のデータとみなし、その中での一致度を表します。日本ではあまり研究されていませんが、アメリカでのメタ分析では、構造化面接で 0.81 ～ 0.96、自由面接で 0.68 との結果が報告されています（二村，2009）。これをみる限り、構造化面接の信頼性のほうが高くなっており、面接を構造化する意味が認められます。

147

（2）妥当性

妥当性は、その尺度が測定しようとしている内容・概念を的確に測定しているか、という問題に関する指標です。換言すれば、適用場面や目的にかなった尺度か否かということです。この妥当性にはさまざまなものがありますが、内容的妥当性、構成概念妥当性、基準関連妥当性に大別できます。

① 内容的妥当性

内容的妥当性とは、その尺度が測定対象としている内容領域をどの程度反映しているかを表す概念です。例えば、計算能力を測ろうとしているテスト（尺度）なのに、足し算と引き算だけから問題（下位項目）が構成されているとしたら、掛け算と割り算が欠けているので内容的に見て妥当ではない、つまり内容的妥当性が低いということになります。

② 構成概念妥当性

構成概念妥当性とは、そもそもある構成概念が理論的な仮説や枠組みとして妥当であるか、ということです。構成概念妥当性が高いと言うためには、Aという尺度と同じ構成概念を測定しているBという尺度がある場合、または理論的にAと関連があると予想される変数Cがある場合、AとB、AとCが高い相関を示すことが必要です（収束的妥当性）。加えて、別の構成概念を測定しているDという尺度がある場合、AとDとの間に相関が見られないことが必要です（弁別的妥当性）。

③ 基準関連妥当性

基準関連妥当性とは、その尺度による測定結果が他のこと（基準）の予測に役立つかどうかをチェックするものです。例えば、採用選考時の適性検査の結果と入社後の人事考課の相関が高ければ、基準関連妥当性が高いということになります。この相関係数は「妥当性係数」と呼ばれます。

能力適性検査と人事考課との妥当性係数としては、日本の研究で 0.29 ～ 0.42、アメリカの研究で 0.51 ～ 0.53 という値が報告されています。性格適性検査と人事考課との妥当性係数は研究によってばらつきがありますが、最大で 0.22 と値はそれほど高くはありません（二村, 2009）。

面接については、ワイスナーとクロンショウ（Wiesner & Cronshaw, 1988）が自由面接で 0.31、構造化面接で 0.56 の妥当性係数を報告しています。また、ライアンと

ティピンズ（Ryan & Tippins, 2004）の研究では、妥当性係数が自由面接で 0.31、構造化面接で 0.51 となっています。つまり、妥当性という観点からも面接を構造化する意味が認められます。

3節
人事考課制度の目的と仕組み

　第3節では、人事考課制度の目的と仕組みについて解説します。事後評価としての人事考課制度そのものに対する理解を深めましょう。

1. 人事考課制度の目的

　なぜ、企業をはじめとした組織は定期的に人事考課を行うのでしょうか。ここでは、人事考課の活用目的（考課結果を何に活用するのか）について、人事部門、管理者、個人という3つの視点から考えてみましょう（図表7-4）。

(1) 人事部門にとっての活用目的
　外部環境が激しく変化する今日、競争力を維持していくうえで最も重要な経営資源としての人材に関する的確な情報の把握は、組織にとって必要不可欠なことです。そして、その情報を提供してくれる手段の1つが人事考課です。人事部門は、管理者が行った人事考課の結果を集約し、処遇（昇給・賞与や昇進・昇格）、能力開発、配置・異動など、全社的な人的資源管理の諸活動に必要な情報として活用します。

図表7-4　人事考課の活用目的

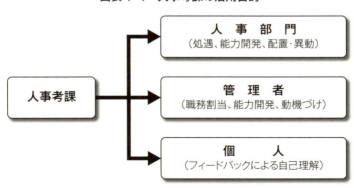

第7章　人事アセスメント

（2）管理者にとっての活用目的

とかく管理者は、「人事部門に必要な情報収集のために人事考課をさせられている」などと誤解しがちです。しかし、人事考課から得られる情報は管理者にとっても、次のようなマネジメント（職場運営）を行っていくうえで有効に活用することができます。

① 部下に職務を割り当てるためには、部下一人ひとりのもっている能力や意欲、態度、過去の業績を的確に把握しておくことが必要です。そこで、人事考課から得られた情報を職務割当の判断材料として活用します。

② 人事考課から部下の適性を見極めたり、能力的な不足を発見したりすることができます。そこから、育成課題を明確にして本人の能力開発を支援します。

③ 部下の長所や短所、仕事に対する取り組み姿勢などを把握し、それに応じた動機づけを行います。

（3）個人にとっての活用目的

人間は、自分の行動に対して周囲の反応がないと動機づけが促進されません。したがって、フィードバックを得ることが大切です。また、フィードバックの一環として、ほめられたり叱られたりすることもあります。人間は、ほめられればその行動を強化しようとしますし、叱られれば自分の行動の悪かったところを知り、改善しようとします。

「自分さえしっかりしていたら、外からの評価などいらないという人もいるだろう。しかし、それは幻想だ。自分を映す鏡がいる。評価とはそういう鏡だ」（金井・高橋, 2004）。つまり、人事考課とは自分を知る鏡なのです。ただし、それは歪みや曇りのない鏡でなければなりません。

2．人事考課制度の仕組み

（1）一般的な評価要素

多くの組織では、能力・情意・業績という3つの「評価要素」を組み合わせて人事考課を行っています（金津, 2005）。そこで、まずこの3つの組み合わせの活用パターンを説明します（図表7-5、7-6）。

151

図表 7-5　3つの評価とその内容

	能力評価	情意評価 （意欲・態度評価）	業績評価
評価 内容	業績を生み出すために必要とされる能力の高低を評価する（専門知識・技能、企画力、判断力、折衝力、指導力など）	能力を業績達成へ向けて的確に方向づける意欲や態度を評価する（積極性、協調性、責任性、規律性など）	職務活動の取り組みの結果としての業績の事実を評価する（仕事の量やQCD、目標達成度など）

図表 7-6　3つの評価とその結果の活用（一般例）

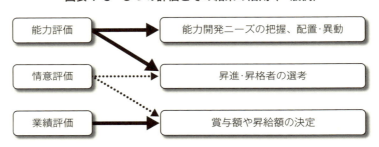

① 能力評価

　能力評価では、職務基準、職能要件など自社の資格要件に照らして、業績を生み出すために必要とされる能力の高低を評価します。この評価結果は、主に昇進・昇格者の選考や能力開発ニーズの把握、配置・異動の基礎情報として活用されます。なお、昇進・昇格者の選考時には、人事考課に加えて筆記試験、適性検査、面接試験、多面観察、アセスメント研修、上司の推薦など他の評価手法を必要に応じて併用します。

② 情意評価（意欲・態度評価）

　情意評価では、能力を業績達成へ向けて的確に方向づける意欲や態度を評価します。情意評価の結果は、主に賞与額や昇給額の決定および昇進・昇格者の選考の補完的な判断材料として活用されます。

③ 業績評価

　業績評価では、6カ月間や1年間といった一定の評価期間中における仕事の量や質、目標の達成水準を評価します。換言すれば、与えられた職務・役割に対してどれだけの業績を生み出したかについて過去形で評価するも

のです。この評価結果は、主として賞与額や昇給額の決定に活用します。

ところで、図表7-7に示したように、能力は職務遂行プロセスにおけるインプット、意欲・態度もインプット寄りの評価要素です。ということは、たとえ能力や意欲・態度が高くても、それらを遺憾なく発揮して高い業績を生み出すとは限りません。また、これらの評価要素は他者からの評価が難しく、結果として年功主義的な評価が行われるという弊害も顕著になってきました。

そこで、近年では能力評価や情意評価に代えて、よりアウトプットに近く、他者からも観察・評価しやすい職務行動を評価する行動評価（コンピテンシー評価）を導入して、行動評価と業績評価の2本立ての制度とする組織も見られます。

（2）評価項目とランク

人事考課制度では、評価要素の次に「評価項目」と「ランク」という概念を設定します。評価項目とは、評価要素をもう少し具体的に細分化したものであり、各組織の期待や要求を表すものとして各組織独自に設定されます。例えば、能力評価の評価項目として、企画力・判断力・折衝力・指導力など、情意評価の評価項目として、積極性・協調性・責任性・規律性などが設定されます。

また、ランクとは評価段階のことであり、被評価者の能力や情意、業績などがどの程度であるかを公正に判断するための尺度となるものです。一般的には、S・A・B・C・Dや5・4・3・2・1など、数段階で設定されます。

図表7-7 評価要素の変化

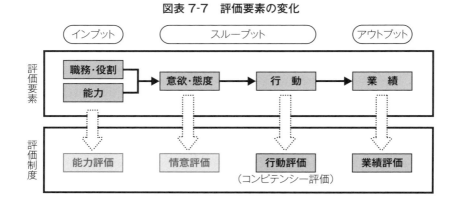

4節
人事考課制度の運用

　第4節では、管理者が人事考課制度を実際に運用する際の留意点として、人事考課の公平性および陥りやすい評価エラーについて取り上げて解説します。

1. 公平な人事考課に必要な要件

　人事考課では、評価者（管理者）が公平な人事考課を行わなければ被評価者（部下）の納得感は得られず、「一生懸命やっているのに、上司は正しく評価してくれない」などと不満や不信感が高まります。

　高橋（2010）は、日本労働組合総連合会（連合）傘下の組合員20,791名から得られた人事評価に関する回答データを、階層的重回帰分析という統計手法で分析しました。その結果、人事考課制度などがあるか否かよりも、その制度が実際にどのように職場で運用されているかが、被評価者の納得感には重要な意味をもつことが明らかになりました。

　また、評価の手続きや運用実態に関する変数を重回帰分析に投入したところ、評価項目、評価者および評価結果が公開されていると、組合員の人事評価に対する納得感が高くなりました。さらに、「仕事の成果が評価に反映されていない」「自分の能力が評価に反映されていない」「頑張った人も頑張らなかった人も評価結果が同じ」「評価者の評価能力に問題がある」などの運用実態があると、人事評価に対する納得感が低下しました。

　この研究結果を踏まえて考えれば、人事考課の公平性を確保し部下の納得感を高めるには、管理者として情報公開・評価の正確性・評価の一貫性という3つの要件に留意する必要があります。

① 情報公開

　　情報公開には、評価基準の公開および評価結果のフィードバックという2つの側面があります。まず、評価基準を部下に公開することが必要です。評価基準をブラックボックスにしたまま人事考課を行えば、部下に不信感

や不満が生じる危険性があります。

　また、管理者から部下への評価結果のフィードバックの有無は、人事考課に対する部下の納得感に大きく影響します。フィードバックを行う目的は、評価結果の伝達だけではなく、部下との話し合いによって本人に対する今後の指導方向を定め、能力開発やキャリア発達へつなげることにもあるからです。

② **正確性**

　どんなに素晴らしい人事考課制度があったとしても、制度運用の要である管理者がその仕組みや手順、原則を正しく理解していなければ、人事考課の正確性は確保されず、部下の納得感も高まりません。

③ **一貫性**

　例えば、一部の人間だけが有利に評価されるような人事考課をしていては、部下のモラールダウン（士気低下）を招きます。1人の管理者として、どの部下に対しても偏りなく、評価基準に照らして一貫した視点で評価することが、部下の納得感を高めます。

2. 陥りやすい評価エラーとその対策

　公平で部下の納得感を高める人事考課を行うためには、自社の人事考課制度を的確に理解することに加えて、評価者（管理者）自身の評価能力を磨くことが欠かせません。そこで、以下に述べる陥りやすい評価エラーを理解したうえで、適切な対策をとることが必要です。

（1）ハロー効果

　ハロー効果とは、評価者がある特性について「優れている」とか「劣っている」といった印象を抱いた場合、その特性に惑わされて被評価者の他の特性も同様に「優れている」あるいは「劣っている」と評価してしまうエラーです。

　例えば、入社試験の成績が抜群であったとか、有名大学を卒業しているという理由で、入社後もあらゆる面において優秀と評価してしまうようなことです。このようなハロー効果を軽減するためには、以下のような方法が有効です。

155

①「人を見る」のではなく「職務活動の事実を見る」ことを常に意識する。

②主観、イメージ、印象や先入観を排除するとともに、それに惑わされない客観性をもつ。

③結果や事実に基づく評価を行う。

④評価要素・評価項目の定義や着眼点に基づいた行動観察を心がける。

（2）寛大化傾向・厳格化傾向

　特定の能力や特性について、実際より甘く（良く）評価をしてしまうエラーを寛大化傾向といいます。また逆に、寛大化傾向を避けようとしてかえって反対の方向へ行きすぎ、実際よりも辛く（悪く）評価をしてしまうエラーを厳格化傾向と呼びます。寛大化傾向を防ぐには、以下の点に留意します。

①具体的事実に基づいて評価を行う。

②評価基準との対比に徹して評価を行う。

③寛大化傾向に陥っていないかどうか、自己の判定に厳しく、絶えず注意しながら評価する。

（3）中心化傾向

　評価者が一群の被評価者を評価した結果が「標準」「普通」「3（5ランクの場合）」など中央の成績に集中してしまい、あまり優劣の差がなく、成績のばらつきが少なくなってしまうエラーを中心化傾向といいます。評価の対象となる部下についてよく理解していなかったり、評価基準が不明確だったりすると中心化傾向が起こりやすくなります。こうしたエラーを防ぐには、以下の点に留意します。

①日頃から部下とのコミュニケーションを密にする。

②評価基準との対比に徹して評価を行う。

（4）対比誤差

　評価者が自分自身を“ものさし”として評価を下してしまうエラーを対比誤差といいます。自分が専門としていたり得意としたりする事項については評価が辛く、そうではない事項については甘くなる傾向があります。対比誤差を軽

第7章　人事アセスメント

減するためには、以下のような方法が有効です。

　①部下は自分と違う人間であるということを認める。

　②部下1人ひとりに対する期待水準（目標）をはっきりと示す。

（5）論理的誤差

　「仕事が速い人間は、能力が高い」など、評価者の頭の中で論理的に関係があると考えられる評価項目について、同じような評価をしてしまうエラーが論理的誤差です。確かに仕事の速さと能力とは相関が高いかもしれませんが、必ずしも直結するものではありません。論理的誤差を防ぐには、以下の点に留意します。

　①評価者自身の頭で考えすぎない。

　②具体的な事実やデータを重視する。

（6）近接誤差

　評価表上で近い位置にある評価項目の評価結果が類似してしまうエラーを近接誤差と呼びます。また、評価を行う時間が近接していたために、能力評価と業績評価の結果に類似性が見られるようなことも近接誤差に該当します。近接誤差を軽減するためには、以下のような方法が有効です。

　①評価期間を万遍なく見るよう、情報収集を怠らない。

　②突出した事実などがあれば、メモなどを忘れない。

　③評価要素・評価項目ごとに分割して評価する。

コラム

人事考課の基本原則

　人事考課の公平性を高め、被評価者の納得感を高めるためには、評価者（管理者）は、次のような人事考課の基本原則を的確に理解したうえで人事考課を行うことが大切です。

　①　具体的行動事実に基づいた評価を行う

　　職務の達成度合いを把握する材料は、行動やその結果として生み出さ

157

れる業績、つまり職務活動における具体的行動事実に限定されます。事実がないのに評価したとすれば、その評価は根拠がないことになります。

　また人事考課は、人物評価ではなく職場内での行動（公的行動）のみを対象とします。したがって、私的な行動は決して評価材料としてはなりません。

② 自社の基準に基づいて評価する

　本文でも述べたように、いかに素晴らしい人事考課制度を設計したとしても、評価者が人事考課制度の仕組みや手順、原則を正しく理解していなければ、被評価者の納得感は高まりません。

　また、評価者自身がもっている人生観や価値観を棚上げして、組織が定めた評価基準（評価要素、評価項目、ランクなど）にしたがって評価しなければなりません。

③ 評価期間を厳守して評価を行う

　人事考課では、評価期間が定められ、あくまでもその期間内の被評価者の行動やその結果といった事実で評価しなければなりません。そして、評価期間外の顕著な事象を影響させてしまうことにも留意します。いつまでも過去のミスや高業績を引きずったりしてしまうと、公平な評価を行うことができないからです。

④ 育成的な観点から評価を行う

　人事考課のねらいは、評価結果を部下指導の材料に用いて人材育成につなげていくことにもあります。人事考課の結果を出すことは、それで終わりではなく人材育成のスタートです。

　したがって、被評価者の弱みをはっきりさせるだけではなく、強みや特徴、あるいは評価期間中に積極的にチャレンジした事実を大切にし、持ち味を生かすための評価にしていきます。

⑤ 日常のマネジメント活動の一環として捉える

　人事考課は、期末の評価時だけではなく日常のマネジメント活動に組み入れてこそ効果が上がるものです。その意味からも、日常的な観察・評価・記録を怠り、記憶や推定による評価をしてはなりません。

158

【引用・参考文献】

馬場昌雄・馬場房子〔監〕(2005)『産業・組織心理学』白桃書房

服部泰宏(2016)『採用学』新潮社

井出亘(2020)「第7章 人的資源管理と採用選考」田中健吾・高原龍二〔編著〕『産業・組織心理学 TOMORROW』八千代出版

今城志保(2019)「第2章 募集・採用と処遇」小野公一〔編〕『産業・組織心理学講座第2巻 人を活かす心理学』北大路書房

金井壽宏(1994)エントリー・マネジメントと日本企業のRJP指向性,神戸大学経営学部研究年報,Vol.40, pp.1-66.

金井壽宏・高橋潔(2004)『組織行動の考え方』東洋経済新報社

金津健治(2005)『人事考課の実際』日本経済新聞社

舛田博之(2007)「Ⅲ.採用と面接」山口裕幸・金井篤子〔編〕『よくわかる産業・組織心理学』ミネルヴァ書房, p. 42-59

二村英幸(2001)『人事アセスメント入門』日本経済新聞社

二村英幸(2009)「第7章人事アセスメント」白樫三四郎〔編〕『産業・組織心理学への招待』有斐閣, p. 163-185

尾形真実哉(2022)『組織になじませる力』アルク

大沢武志・芝祐順・二村英幸〔編〕(2000)『人事アセスメントハンドブック』金子書房

Ryan, A. M., & Tippins, N. T.(2004) "Attracting and Selecting: What Psychological Research Tells Us." Human Resource Management, Winter, Vol.43, pp.305-318.

高橋潔(2010)『人事評価の総合科学』白桃書房

Wanous, J. P.(1992) Organizational Entry: Recruitment, Selection, Orientation, and Socialization of Newcomers, Addison-Wesley Publishing Company.

Wiesner, W. H., & Cronshaw, S. F.(1988) "A meta-analytic investigation of the impact of interview format and degree of structure on the validity of the employment interview." Journal of Occupational Psychology, Vol.61, pp.391-413.

第8章
人材育成

　第8章では、組織における人材育成について、Why、What、How という切り口からアプローチします。

　第1節では、なぜ従業員の人材育成が必要なのか（Why）、人材育成の意義と重要性について考えていきます。第2節では、人材育成の対象となる職業能力とは何なのか（What）について説明します。第3節では、どのように人材育成を行うのか（How）、その方法論について説明します。また、人材育成の課題を解決する育成方法として、越境学習と組織開発についても概説します。

担当　高橋　修

1 節
人材育成の意義と重要性

1. 組織における人材育成の意義と重要性

「企業は人なり」。この言葉は、経営の神様と呼ばれた松下幸之助氏が端緒といわれますが、これまで多くの経営者によっても語られてきました。それは、ヒト・モノ・カネ・情報などの経営資源の中でも、ヒトすなわち従業員がとりわけ重要であるということを言い表しています。

なぜなら、たとえモノ・カネ・情報など他の経営資源が豊富にあったとしても、それらを効果的、効率的にマネジメント（管理・運営）できるヒトの存在がなければ、経営活動がうまく機能しないからです。そこで、人的資源管理論では、企業の存続を左右する持続的競争優位を達成する源泉となる資源として従業員を捉えます。

また、「従業員業績の AMO 理論」（Boxall & Purcell,2003）に従えば、個人の業績（P）は以下の関数で表され、

$$Performance=f（Ability, Motivation, Opportunity）$$

①その本人の能力（A）

②その本人の仕事に対するモチベーション（M）

③能力発揮の機会としての就業条件や物理的環境条件（O）

の 3 つによって規定されます（岩出,2005）。

つまり、モチベーション（第 4 章参照）だけではなく、従業員の能力の高低が個人の業績ひいては組織全体の業績を大きく左右することになります。そこで、従業員の能力を向上させることが経営上の重要課題となります。ただし、これは民間企業だけに限ったことではないでしょう。こうしたことから、多くの組織では、人材育成を目的としたさまざまな取り組みが行われています。

ブラットンとゴールド（Bratton & Gold, 2003）は、人材育成とは「望ましい成果を達成するための行動に変化が生じるように、個人・チーム・組織の技能や知識およ

第8章　人材育成

び能力を強化するための学習活動を意図的に提供する手順とプロセス」と定義しています。また上林（2016）は、人材育成を「従業員が仕事をするうえで必要となる職務遂行能力を育成および向上させ、かつ企業と従業員双方が求める人材像をすり合わせるために、企業が従業員に対して提供する教育や訓練等の仕組み」として捉えています。

　こうした定義からも分かるように、企業などの組織の立場からすると、人材育成に取り組む意義は、仕事に必要な能力と従業員のその時点での能力のギャップを埋めることであり、生産性向上など組織の競争力を高めることにあります。一方、従業員にとっても人材育成は重要な意味を持ちます。「能力を高めることは、従業員自身を成長させ、それが自尊心を満たすことや、仕事のやりがいにつながると考えられます。また、能力を高めることは、自分に対する企業の評価を得ることにもつながります」（上林 ,2016）。

2．ダイバーシティと人材育成

　人口減少に伴う労働力不足や労働者の価値観の変化などを背景に、企業などの組織では「ダイバーシティ・マネジメント」の推進が求められています。ダイバーシティ・マネジメントとは、多様な価値観をもつ多様な人材を有効活用することで、経営パフォーマンス（生産性）を高めることをねらいとする人的資源管理のあり方を意味します。

　ダイバーシティの次元には、表層的なものと深層的なものがあります。例えば、性別・年齢・人種・国籍などは外部から認識可能であるため、「表層的ダイバーシティ」あるは「デモグラフィ型ダイバーシティ」と呼ばれます。一方、知識・経験・価値観・態度・嗜好・信条などは、外部からは識別しにくいものであるため「深層レベルのダイバーシティ」と呼ばれます（平野・江夏 ,2018）。

　ところで、新卒採用者と中途採用者の混在、メンバーシップ型雇用者とジョブ型雇用者の混在が進んだり（第7章第2節参照）、従業員の組織への帰属意識や働くことに対する価値観が多様化したりすることによって従業員のダイバーシティが進むと、全員一律の人的資源管理はそぐわなくなり、「人事のパーソナライゼーション」が求められるようになります。

163

吉田・岩本（2022）によれば、人事のパーソナライゼーションとは、従来の「全社一律人事」から「個別社員最適人事」へのパラダイムシフトであり、年次管理に代表される画一的な昇給・昇格管理や配置・異動管理から転じて、従業員一人ひとりに対して最適な人的資源管理を実践していくことを意味しています。

　これを人材育成に当てはめてみましょう。従業員のダイバーシティが進み、一人ひとりが保有する知識・スキルや経験が異なると、従来のような集合型、一律型の人材育成の効果は薄れてきます。そして、多様な人材の能力開発ニーズに応じて、人材育成は多様化、個別化していきます。そこで、「従業員が自分で能力開発ニーズを把握し、それに適したプログラムやコースが選択できる能力開発体制」（守島ほか,2023）が必要となります。こうした人材育成の課題と新たな育成方法については、本章第3節でも触れます。

第8章　人材育成

2節
職業能力の捉え方

　人材育成の対象となる職業能力とは、具体的にはどのようなものを指すのでしょうか。第2節では、この点について職務遂行能力とコンピテンシー、一般的能力と企業特殊的能力を対比しながら説明します。

1. 職務遂行能力

　企業などの組織における人材育成は、教養や一般的な能力を高める学校教育とは異なり、その組織の職務や役割に必要とされる職業能力を高めることに焦点を当てます。

　年功主義に基づく人的資源管理の限界が指摘され始めた1960年代、当時の日本経営者団体連盟（日経連）は、能力主義による人的資源管理への移行を提唱しました。そして、職業能力を「企業の構成員として、企業の目的達成のために貢献する職務遂行能力」（日経連能力主義管理研究会,1969）として捉え、次の公式を提示しました。

　　職務遂行能力（職能）＝ 体力×適性×知識×経験×性格×意欲

　これを前述のAMO理論に照らしてみると、適性や知識はA、意欲はM、経験はOに該当するといえます。それに加えてこの公式には体力や性格も含まれており、職業能力を幅広く捉えていることがわかります。

　ちなみに、能力主義に基づく人事考課では、Aに対応する能力評価として、職務遂行に必要な知識・スキル、企画力、判断力、折衝力、指導力などを評価します。また、Mに対応する情意評価（意欲・態度評価）では、積極性、協調性、責任性、規律性などを評価します（第7章第3節参照）。

　なお、事後評価としての人事考課では体力や性格は重視されませんが、事前評価としての採用選考や管理者昇進選考では、体力や性格も含めた人物像全体を把握するためのアセスメントが行われます（第7章第2節参照）。

165

2．コンピテンシー

（1）コンピテンシーとは

　「コンピテンシー（competency）」とは、1970 年代のアメリカに起源をもつ能力概念です。マクレランド（McClelland, D. C.）は、従来の知能検査や適性検査などでは、職務上の業績や人生における成功を予測することは困難であると指摘し、現実に機能し成功に導いている考え方や行動を見つけ出すことの必要性を主張しました。

　そして、アメリカ国務省との幅広い共同研究をもとに、「行動結果面接」という手法を生み出しました。これは、インタビューを通じて、職務上で遭遇した極めて重大な状況で何を考え、何を感じ、何を達成したいと思ったか、実際にどのような行動を取ったかを、逐一、極めて詳細に説明してもらうという手法です。こうした手法を用いて、卓越した業績を生む要因は何かを明らかにしようとしました。そして、その要因をコンピテンシーと名づけたのです（McClelland, 1973）。

　コンピテンシーは、ボイヤティスの「動機、特性、技能、自己像の一種、社会的役割、知識体系などを含む個人の潜在的特性」（Boyatzis, 1982）、あるいはスペンサーらの「特定の職務や状況において、ある基準に照らして効果的な成果もしくは優れた成果の原因となる個人の潜在的特性」（Spencer & Spencer, 1993）という定義に見られるように、もともとは動機、特性、自己概念（価値観や態度、自己イメージのこと）という能力の潜在的側面と、知識、スキルという顕在的側面の両方を含む概念です（図表 8-1 参照）。

　しかし統一された定義は存在せず、さまざまな捉え方が並立しています。その結果、「実践性や顕在性が強調されるあまり、提唱されたもともとの概念は潜在的な側面を含んだ総合的なものであるにもかかわらず、いわゆる発揮能力の側面のみの概念に狭められている節がある」（二村, 2001）という指摘がなされるほど、コンピテンシー概念が多義的なものとなっています。

　わが国においては 1990 年代後半になって、このコンピテンシー概念が成果主義の導入と歩調を合わせるように企業に導入され始めました。なぜならば、成果主義のもとでは、従業員に求められる行動も変容を迫られるからです。すなわち、知識やスキルを単に保有しているだけではなく、それらを行動として表

図表 8-1　スペンサーらの氷山モデル

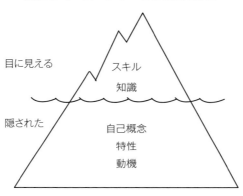

出所：Spencer & Spencer（1993）p. 11 より訳出

出させ、高い成果を生み出し、組織目標の達成に貢献することが求められます。

そこで、卓越した成果を生む要因は何かを明らかにしようとするところから出発するコンピテンシーが、成果主義における能力概念として有効であると考えられたのです（二村, 2001）。換言すれば、成果との因果関係を重視している点が、従来の職務遂行能力のような潜在性・保有性ではなく、能力の顕在性を特定できるものと期待されたのです。

また、コンピテンシー導入の背景には、成果主義の弊害を克服するものとしての期待があるようにも思われます。すなわち、「成果主義＝結果主義」と結果だけを評価し、それに基づいて処遇するものと捉えてしまうと、チャレンジングな目標を設定しない、目標にフォーカスしすぎて短期志向・結果志向になる、チームワークや隙間業務への関心が少なくなるなどといった弊害が発生しやすくなります。そこで、「成果＝プロセス＋結果」、すなわち売り上げなど目に見えるものだけではなく、その結果を生むプロセス行動も成果であるという認識が必要になってきます。そして、「プロセスを評価する基準がなく、主観的な評価となりがちである点に対して、コンピテンシーは高業績者の具体的な行動をもとに作成されるため、客観的な基準を提示できるとの期待」（（財）社会経済生産性本部, 2002）がありました。

本章では、以上のような状況を踏まえつつも、知識・スキルとの相違を明確

にするために、「職務遂行のために必要な知識やスキルを活かして、期待される成果を生み出すことのできる行動特性や思考特性」とコンピテンシーを定義することとします。

（2）コンピテンシーに関する実証調査

それでは、産業界ではどのようなコンピテンシーが重視されているのでしょうか。具体的な例として、公的機関による実証調査の結果を紹介します。

厚生労働省の外郭団体である中央職業能力開発協会が、民間企業5000社の部門責任者2万人を対象に行った質問紙調査（中央職業能力開発協会 ,2003; 高橋 ,2006）では、回答データを因子分析した結果、「仕事ができる人材」（高業績者）が発揮しているコンピテンシーとして、図表8-2に示す4つの因子が抽出されました（回答数911通、回答率4.6%）。

① 思考・表現力

情報と向き合って学び続けること（情報探求、ビジネス感覚、継続的学習）、それらの情報をもとに思考すること（分析的思考、概念化、問題解決）、および思考したことを表現すること（創造的自己表現、プレゼンテーション）に関するコンピテンシーです。

現在、急激な環境変化によって先行きが不透明になり、多くの企業では過去の知識や経験がそのままでは通用しにくい状況になっています。このような状況下にあって、常にアンテナを張って情報をタイムリーに収集しながら、社会・経済・市場・業界動向に精通すること。そして、収集した情報を論理的に分析したり、逆に個々ばらばらな情報をまとめて概念化したりしながら、適時適切な問題解決を図ること。そして、状況に合わせて自分の考えや提案を表現すること、すなわち思考・表現力の発揮が重要となります。

② 自立と協働

自己管理、誠実さ、認識力といった自己の確立に関するコンピテンシーと、組織感覚、コミュニケーション、チームワーク・連携といった組織や職場の一員として他者と協力していく際に不可欠なコンピテンシーです。

先に述べた急激な環境変化に適応し、新たな成功原理を見つけて成果を

第8章　人材育成

生み出していくためには、自己の感情や行動を柔軟に管理し、誠実さ・責任感・公平さ・倫理観などをもちながら、主体的に仕事に取り組む自立した姿勢が求められます。また、こうした自立のうえに、効果的なコミュニケーションを図りながら他者とうまく協働することも求められます。

図表 8-2　「仕事ができる人材」が発揮しているコンピテンシー

因子	項目	項目の定義
思考・表現力	情報探求	常にアンテナを張って情報をタイムリーに収集する
	ビジネス感覚	ビジネスの動向や業界事情に通じる
	継続的学習	向上心をもって学習し、自己を革新していく
	分析的思考	事象を論理的に解明し、整合性をもった説明を行う
	概念化	複雑な情報を体系化したり斬新なアイデアを打ち出す
	問題解決	困難な問題・課題に創造的なアプローチで解決を図る
	創造的自己表現	自分の価値や能力を創造的・建設的な形で表現する
	プレゼンテーション	状況に合った訴求力のあるプレゼンテーションを行う
自立と協働	自己管理	自己の感情と行動を柔軟に管理する
	誠実さ	誠実さ・責任感・公平感・倫理観など信頼される態度を示す
	認識力	自分や状況を偏見なく的確に認識する
	組織感覚	会社の道理や慣習を理解して、うまく対応する
	コミュニケーション	自己主張と傾聴のバランスをとり、効果的に意思疎通する
	チームワーク・連携	共通目標達成に向けて他者と効果的に連携する
マネジメント力	計画組織化	よく練った計画を立て、社内外の有効な資源を組織化する
	指示要求	他者にテキパキ指示したり、断固とした要求を出して動かす
	リーダーシップ	効果的な動機づけによって人々を導く
	支援育成	部下や後輩の能力・キャリア開発を適切に援助する
	意思決定	不透明な状況で意思決定をタイムリーかつ的確に行う
	モニタリング	仕事に問題がないか、成果が出ているかをしっかり監視する
顧客対応力	顧客志向	顧客の立場に立ってニーズ対応に努める
	サービス対応	顧客満足を高めるサービス対応を実践する
	関係形成	顧客や支援者との強固な信頼関係・ネットワークを築く

出所：高橋（2006）p.15 を一部簡略化

169

③　マネジメント力

　　計画組織化、指示要求、リーダーシップ、支援育成、意思決定、モニタリングなど、組織や職場をマネジメント（管理・運営）する際に必要となるコンピテンシーです。

　　自立した従業員同士が協働するうえでは、管理者はもちろんのこと一般職であっても、マネジメント力の発揮が求められます。他者に指示したり要求したりすること、効果的な動機づけによって他者をリードすること、仕事に問題がないかをモニタリングすることなどは、組織としての共通目標を達成していくためには不可欠な行動特性といえるでしょう。

④　顧客対応力

　　顧客志向、サービス対応、関係形成といった顧客との対人関係に関するコンピテンシーです。

　　企業は価値を生み出し顧客に満足を提供していく存在であることを踏まえれば、顧客満足を高めるサービス対応を実践すること、顧客の立場に立ってニーズに応えること、そして顧客との信頼関係を築くことも重要なコンピテンシーとなります。

3.　一般的能力と企業特殊的能力

　また、職業能力を「一般的能力」と「企業特殊的能力」の2つに分けて捉えることもできます。

①　一般的能力（general skill）

　　簿記の知識や語学力、コンピュータ活用スキル、前述のコンピテンシーなど、どこの企業でも通用する職業能力。

②　企業特殊的能力（firm-specific skill）

　　自社固有のノウハウや仕事のコツなど、特定の企業にしか通用しない職業能力。

　このうち、企業特殊的能力は短期間では形成されにくく、長期にわたる社内での幅広い経験とそれに基づく熟練が必要となります。それゆえ、競合他社との差別化要因となり、持続的な競争優位の源泉にもなりえます。日本企業の特

徴の１つといわれる終身雇用慣行とは、従業員を長期にわたって囲い込むことによって企業特殊的能力を確保し、先輩から後輩への技能移転が円滑に行われた極めて経済合理的なシステムだったということができるでしょう。

　しかし 1990 年代に入ると、バブル経済の崩壊を契機とした企業業績の長期低迷もあり、終身雇用慣行が揺らぎ始めました。そこで、当時の日経連は、「エンプロイアビリティ（employability：雇用されうる能力）」という新たな概念を提唱しました（図表 8-3）。

　図表中の A は、労働移動を可能にする能力であり、狭義のエンプロイアビリティと捉えられています。B は、当該企業の中で発揮され、継続的に雇用されることを可能にする能力です。そして、A と B の両方を含めて広義のエンプロイアビリティであるとしています。

　これを先に述べた２つの能力に照らしてみると、A の部分は一般的能力、B の部分は企業特殊的能力に対応するということができます。つまり、終身雇用を当然視できなくなった現代においては、従業員個人は企業特殊的能力に加えて、労働移動を可能にする一般的能力の向上も必要となります。そして、企業は終身雇用を保証できなくなった代わりに、従業員個人のエンプロイアビリティ向上のための能力開発を支援するというスタンスになっています。

図表 8-3　エンプロイアビリティとは

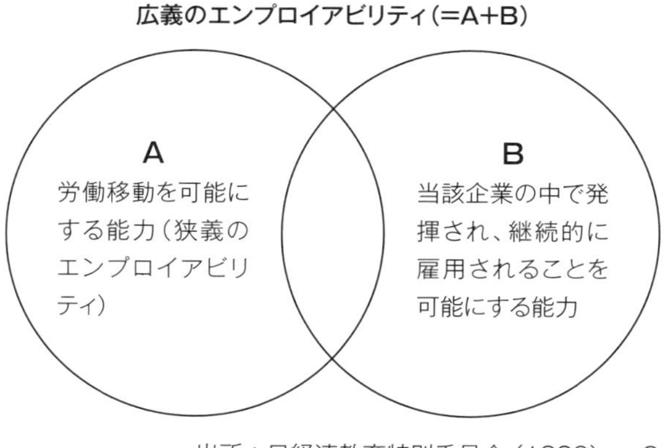

広義のエンプロイアビリティ（＝A＋B）

A	B
労働移動を可能にする能力（狭義のエンプロイアビリティ）	当該企業の中で発揮され、継続的に雇用されることを可能にする能力

出所：日経連教育特別委員会（1999）p. 8

3節
人材育成の方法

　第3節では、人材育成の具体的な方法論について説明します。まず、人材育成に対するニーズを踏まえて活動全体を体系化します。そのうえで、OJT、Off-JT、自己啓発などの方法を用いて従業員の人材育成を行います。また、人材育成の課題を解決する育成方法として、越境学習と組織開発についても概説します。

1．人材育成体系

（1）人材育成ニーズの把握
　人材育成は場当たり的にではなく、計画的に行う必要があります。そのためには、まず人材育成に対する3方向のニーズを把握します（図表8-4参照）。
　① トップ・マネジメントのニーズ
　　　経営理念や目的、経営戦略や経営計画、トップの人材育成方針などから、人材育成ニーズを把握します。
　② 部門のニーズ
　　　部門戦略への対応を図ります。部長や課長、日頃から問題意識のある中堅社員などから、各部門のニーズを収集します。例えば、生産部門であればQCD（品質・コスト・納期管理）のさらなる向上に資する技法、営業部門であれば企画提案力の向上、管理部門であればコミュニケーションの活性化などです。

図表8-4　3方向のニーズ

第8章　人材育成

③　従業員個人のニーズ

　　従業員自身が学びたいと望んでいるテーマ、学ぶべきだと考えている
　テーマを収集します。例えば、語学力、計数思考、折衝力などです。

（2）人材育成の体系化

　次に、こうした3方向のニーズを踏まえて、人材育成活動全体を体系化します。一般的には、以下の3つの領域に体系化したうえで、個別の人材育成プログラムを位置づけます。

①　**階層別教育**……新入社員から経営者に至るまでの階層ごとに行われる人
　材育成です。職種や部門を越えて、その階層に属する従業員に共通して
　求められる職業能力を教育します。プログラムの例としては、新入社員
　教育、新任課長教育、部長教育、トップセミナーなどがあります。

②　**部門（職能）別教育**……研究開発、生産、営業など各部門（職能）に必要
　な専門的能力を教育します。プログラムの例としては、品質管理技術教
　育、販売員教育などがあります。

③　**課題別教育**……企業などの組織にとって重要な特定の課題に関連した能
　力を、職種や部門を越えて教育します。プログラムの例としては、グローバ
　ル化対応教育、コンプライアンス教育、メンタルヘルス教育などがあります。

2．人材育成の主要な方法

（1）人材育成の3本柱

人材育成を行う際には、以下の3つが主要な方法として用いられます。

①　OJT

　　On the Job Training の略称で、「職場で、仕事を通じて行われる人材育
　成」を指します。具体的には、上司や先輩が、部下や後輩に対して指導・
　育成を行います。

②　Off-JT

　　Off the Job Training の略称で、「仕事を離れ、職場外で行われる人材育
　成」を指します。具体的には、組織内外の各種集合教育・セミナー・研究

173

会への参加、e-Learning や通信教育の受講などがあります。

③　自己啓発

　　従業員個人の自主性、主体性のもとに行われる人材育成です。管理者としては、機会や時間の提供、啓発の動機づけなど、個人の自己啓発を支援していくことが求められます。

　これら3つの方法は個別に行われるものではなく、3つの活動が1つの人材育成目標に向かって効果的に結びついたときに、初めて高い育成効果を上げることができます。

（2）OJT の進め方

　OJT とは、上の人間がもっている知識・スキル・ノウハウなどを上から下に向かって教え授けることではありません。部下や後輩のある能力を、一定の期限内に期待するレベル（水準）まで向上させるために、どのような経験をさせればよいかを考え、それを仕事の中に組み込んでいくこと、すなわち「経験の場づくり」が OJT なのです。

　経験の場づくりである OJT で留意すべきポイントは、第1に重点的であることです。例えば上司として部下を見ると、「あれも足りないし、これも足りない」「もっと、○○ができるようになってほしい」などと、さまざまな面での能力不足が目につきがちです。しかし、それらすべての能力を向上させようとすることは現実的ではありません。無理にやっても、どれも中途半端な結果になってしまいます。そこで、重要度や緊急度の高いもの、育成効果の大きいものに対象能力を重点的に絞り込むことが必要です。「あれもこれも」ではなく「あれかこれか」。これが OJT の第1のポイントです。

　第2のポイントは計画的であることです。これは、①どのような能力を、②いつまでに、③どのレベルまで、④どのような経験をさせて向上させるのか、を明確にすることです（図表8-5参照）。つまり、目標をしっかりと定めたうえで、OJT に取り組むことが大切です。ですから、気がついたときにその場ですぐに指導するようなやり方は、あまりにも無計画といわざるを得ません。ゴール（目標）のないマラソン（努力）をさせることは、本人を疲弊させるだけです。

　ところで、どの部下や後輩に対しても分け隔てなく、同じように指導・育成

第8章 人材育成

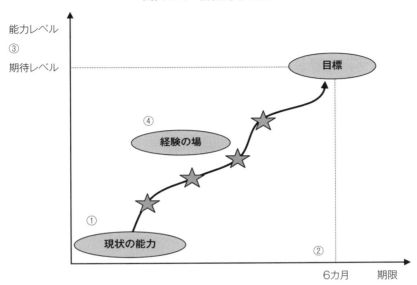

図表 8-5 計画的な OJT

することは、人材育成の機会を均等に与えるという観点からは適切のようにも思えますが、個々人の状況に合った指導・育成という観点からは、疑問符がつきます。例えば、習熟度の低い新人に対しては、何を（what）、どのようにするのか（how）について、こと細かな点に至るまで指導する必要があるでしょう。つまり、習得しようとする仕事について説明する、やってみせる、やらせてみる、フォローアップする、というように1つひとつステップを踏んでいく必要があります。

しかし、中堅やベテランに対してまで、新人と同じような指導・育成方法を用いては反発されることでしょう。中堅であれば what は所与のものとして、how を自分で考えさせる、ベテランであれば what と how の両方とも創意工夫させるなど、部下の習熟度に応じた指導・育成を心がけることも必要です。

(3) 人材育成に関する実証調査

ここで、人材育成に関する実証調査の結果を1つ紹介しましょう。中原（2012）は、部下の能力向上のためには、上司がどのような業務経験を部下に付与すれ

175

ばよいのかを明らかにすることを目的として、社会人歴2年目の正社員を対象としたWeb調査を実施しました（有効回答数617名、男性55.3%、女性44.7%）。

まず、上司による業務経験付与行動として39の質問項目を用意し、「よくあてはまる」～「まったく当てはまらない」の5件法で回答を求めました。そして、回答データを因子分析した結果、次の3因子が抽出されました。

① モニタリングリフレクション（内省支援）

「上司は、仕事の最中に励ましてくれる」「上司は、あなたが仕事でつまずいたときの相談役になってくれる」「上司は、あなたの仕事の成果を褒めてくれる」など、上司が部下の進捗管理を行う行動と、「上司は、あなたが自分の仕事内容を振り返る機会を与えてくれる」「上司は、あなたの仕事について新たな視点を与えてくれる」など、上司が部下に内省を促す行動が含まれます。

② 仕事説明

「上司は、あなたに任せる仕事の意義について説明してくれる」「上司は、あなたに職場の仕事の全体像と任せる仕事の関係について説明してくれる」「上司は、あなたに任せる仕事の前工程と後工程について説明してくれる」など、上司が部下に対して仕事の説明をする行動です。

③ ストレッチ

「上司は、あなたに背伸びが必要な仕事を任せてくれる」「上司は、あなたの能力より若干高めの仕事を担当させてくれる」など、部下の能力伸長を意図して業務を割り当てる行動です。

次に、この3つの業務経験付与行動と部下の能力向上との関係をパス解析という統計手法を用いて分析しました。その結果が図表8-6です。上司による「仕事説明」が、「ストレッチ」や「内省支援」にプラスの影響を与え、それらを媒介して部下の「能力向上」にプラスの影響を与えています。

このことから、部下の能力向上を図るには、まず、上司が仕事の意義や全体像、前工程や後工程との関係などを部下に説明することが必要です。そのうえで、現在の能力をやや上回るようなストレッチな業務経験付与や、定期的なフォローアップと内省支援を行うことが有効であることがわかります。

図表 8-6　上司の業務経験付与行動と部下の能力向上

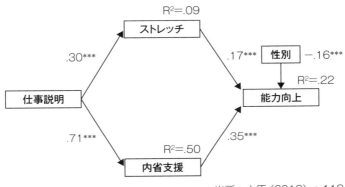

出所：中原（2012）p.112

3．人材育成の課題と新たな育成方法

（1）人材育成の課題

平野・江夏（2018）は、近年の日本企業における人材育成の課題として、次の4点を指摘しています。

①「人材育成は投資である」という観点が不十分であること。

②業務の中でゼロから新しいことを始める経験ができないなど、従業員の成長に関する良質の職務経験が限られたものになっていること。

③職場全体で業務の繁忙感が増し、他者の力を借りながら成長することや、他者の成長にかかわることが行われにくくなっていること。

④上述のような育成環境の劣化により、従業員一人ひとりの志向やポテンシャルに合った成長の道筋を個別に提供するというニーズに対応できないこと。

本章の冒頭で紹介したように「企業は人なり」とは言われながらも、上記①のようでは、現実には人材が育ちません。また上記②のような実態では、従業員がイノベーションを起こしたり組織を変革したりすることは期待薄です。さらに上記③は、上司や先輩が部下や後輩に対して指導・育成を行うOJTでは限界があることを示しています。そして上記④は、「人事のパーソナライゼーショ

ン」というこれからの人的資源管理の方向性とは逆行することを意味します。

　このような人材育成の課題を解決する新たな育成方法として、越境学習や組織開発に人々の関心が集まっています。

（２）越境学習と２つの社会的背景

　中原（2012）に従えば、組織内の学びには「経験学習」と「職場学習」があります。経験学習とは「現場での業務経験の積み重ねと、その内省をともなった学習」のことです。職場学習とは「職場において、人が、仕事に従事し経験を深めるなかで、他者、人工物との相互作用によって生起する学習」のことを指します。他方、職場外の学びが「越境学習」です。越境学習とは、「組織に勤める個人が、組織外に出て行う学習」であり、「組織の境界を往還しつつ、組織外において行われる学習」のことです（中原,2012）。

　それでは越境学習とは、具体的にどのような学びを指すのでしょうか。石山・伊達（2022）は、「ホームとアウェイを往還する（行き来する）ことによる学び」を越境学習と定義したうえで、以下のように企業主導のものと個人主導のものに大別しています。

①　**企業主導のもの**：企業の人材育成を目的とした越境学習プログラムとしては、ベンチャー企業、地域社会、非営利団体（NPO）や中小企業などへのプロボノ（自身のビジネススキルを活かして行うボランティア）、副業・兼業などがアウェイの場として越境学習となる。

②　**個人主導のもの**：普段の職場をホームだと思っている個人にとっては、社外の勉強会、社会人大学院、読書会、プロボノ、PTAといった地域活動など幅広いコミュニティが越境学習の場となる。

　また、石山・伊達（2022）の調査によれば、越境学習者は、ホームからアウェイへと越境したときだけではなく、アウェイからホームへ戻ったときにも葛藤が起きていました。そして、越境学習者はこの２度の葛藤を通して、「不安定な状態にあることに持続的に耐えられる」「不確実性の高い状態で探究し続け、それを乗り越えようとする」「全く異なる世界に思い切って飛び込む」といった能力が向上するという変化が見られました。

　このような越境学習が人々の関心を寄せる社会的背景としては、上述の２区

分に対応して、以下の２点を指摘することができます（中原 ,2012; 石山・伊達 ,2022）。

① 企業の競争優位を支えるイノベーションへの渇望

越境学習が企業の競争優位を支えるイノベーションにつながる可能性を有していると考えられるからです。現代は、先進的な他社のビジネスモデルを模倣するだけでは利益を確保できなくなっています。そこで、日常過ごしている職場や組織を離れ、異質なものや多様なものと出会うことで、新しいアイデアや着想を得ることが重要になってきます。このように、組織内での OJT などでは得られない、現状を打破するための能力が得られるのではないかという組織側の期待があります。

② 組織にとらわれないキャリア形成ニーズの存在

ホームとアウェイを往還することによって学ぶ越境学習は、自分自身のキャリアを考えるうえで大きな気づきの機会を得ることができます。例えば、大規模自然災害後の復興ボランティアへの参加や副業・兼業の解禁などを契機として、組織の価値観とべったり一致していた自分の価値観を問い直し、自分のやりたいことややるべきことに気づくという主体的なキャリア形成に対する個人側の期待があると考えられます。

以上のような越境学習に取り組むことが、前述した人材育成課題の②や③、④の解決につながるものと考えられます。

（３）人材が活躍するための「舞台づくり」としての組織開発

一般に、人材育成というと個人に対する支援を想定しがちです。しかし、個人の成長を促進するためには、組織や職場の存在は不可欠です。なぜなら、個人は個人のみで成長するわけではなく、職場の上司・同僚・部下との学び合いや切磋琢磨するなかで成長していくからです。そこで、人材が活躍するための「舞台づくり」としての組織開発という取り組みが重要になってきます（守島ほか ,2023）。

組織開発とは 1940 年代にアメリカで誕生し、欧米を中心に発展してきた「Organization Development：OD」の訳語です。端的に定義すれば「組織内の当事者が自らの組織を効果的にしていく（よくしていく）ことや、そのための支

援」（中村,2015）を意味します。

　中原・中村（2018）によれば、日本では、アメリカから10年ほど遅れて組織開発が導入され、1960年代には「Tグループ」や「ST」（Sensitivity Training：感受性訓練）が行われるようになりました。これらは、グループ・ダイナミクス（集団力学）を用いたトレーニング方式であり、対人関係能力の開発や集団の関係性の構築・改善を目指すものです。

　1970年代には日本でODブームが起こり、TグループやST以外にも、診断型組織開発である「サーベイ・フィードバック」、職場の課題に気づき、その改善に成員全員で取り組む「職場ぐるみ訓練」、業績への関心と人間への関心の統合を目指す「マネジリアル・グリッド」など、さまざまな組織開発が行われました。それが1980年代になると、品質管理（QC）や業務改善などの特定テーマによる職場での小集団活動へと取り組みの重点がシフトしていき、組織開発という言葉は用いられなくなりました。そして1990年代に入ると、バブル経済の崩壊とともに組織開発は衰退していきました（以上、中原・中村,2018）。

　1990年代の日本企業は、落ち込んだ業績を回復するために、組織のハード面に対するさまざまな変革を行いました。例えば、組織のフラット化や部門の再編、ダウンサイジング、IT化を伴う業務手順の変革、成果主義的な人事制度の導入などです。しかし、このような組織のハード面すなわち組織構造の変革だけを行っても、併せてソフト面である組織過程や組織風土・文化に働きかけなければ、ハード面の変革の効果は持続しないし、組織で働く人間の行動も変わりません（図表8-7）。なお、組織の概念や構成要素については第2章第2節を

図表8-7　ハードアプローチとソフトアプローチ

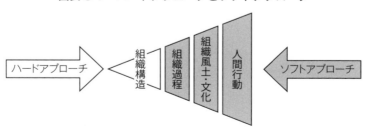

出所：高橋（2020）p.500

第8章　人材育成

参照してください。

　そして、ハード面を重視した変革の結果、21世紀に入ると従業員間のコミュニケーションの希薄化、職場の一体感の低下、メンタルヘルス不調者の増加などが顕在化し始めました。そこで、組織のソフト面にもアプローチする組織開発が、これらの課題解決に役立つものとして、近年改めて再評価されています（高橋,2020）。

　また、本章の第1節で述べたとおり、現代の組織では新卒採用者と中途採用者の混在、メンバーシップ型雇用者とジョブ型雇用者の混在、従業員の組織への帰属意識や仕事に対する価値観の多様化、従業員の知識や経験の個別化などによってダイバーシティが進んでいます。

　しかし、組織内のダイバーシティが行き過ぎると、個々人がバラバラになってしまい、組織やチームとしてうまく機能しなくなるという懸念が出てきます。そこで、多様なメンバーで構成される組織・チームは、メンバーの諸力が分散しないように、何らかの「求心力」を構築することが必要となります。そこで、その有効な手段・概念として注目されているのが組織開発です（守島ほか,2023）。

　以上のような組織開発、具体的には従業員同士の教え合い・学び合い活動、チームの活性化活動、業務プロセスの改善活動、従業員満足度調査・エンゲイジメントサーベイ、組織文化の変革活動などに取り組むことが、前述した人材育成課題の①や③の解決につながるものと期待されます。

【引用・参考文献】

Bratton, J. & Gold, J.(2003)Human Resource Management: Theory and Practice, Palgrave Macmillan.（J. ブラットン & J. ゴールド，上林憲雄・原口恭彦・三崎秀央・森田雅也訳（2009）『人的資源管理：理論と実践（第3版）』文眞堂）

Boxall, P. & Purcell, J.(2003)Strategy and Human Resource Management, Palgrave.

Boyatzis, R. E.(1982)The Competent Manager： A Model for Effective Performance. New York：John Wiley & Sons.

平野光俊・江夏幾太郎(2018)『人事管理－人と企業、ともに活きるために』有斐閣

石山恒貴・伊達洋駆(2022)『越境学習入門』日本能率協会マネジメントセンター

岩出博(2005)「第13章　産業・組織心理学と人事労務／的資源管理」馬場昌雄・馬場房子〔監〕『産業・組織心理学』白桃書房，p. 275-294.

上林憲雄(2016)『人的資源管理』中央経済社

McClelland, D. C.(1973)Testing for competency rather than for intelligence. American

Psychologist, 28, p. 1-14.

守島基博・初見康行・山尾佐智子・木内康裕（2023）『人材投資のジレンマ』日本経済新聞出版

中村和彦（2015）『入門組織開発』光文社新書

中原淳（2012）『経営学習論　人材育成を科学する』東京大学出版会

中原淳・中村和彦（2018）『組織開発の探求』ダイヤモンド社

日経連能力主義管理研究会〔編〕（1969）『能力主義管理　—その理論と実践—』日本経営者団体
　　連盟

日経連教育特別委員会〔編〕（1999）「エンプロイアビリティ検討委員会報告書」日本経営者団体
　　連盟

二村英幸（2001）「成果主義と個別人事管理　—成果主義におけるコンピテンシーの効用と課題—」
　　組織科学 , 34, p. 32-41.

Spencer, L. M. & Spencer, S. M.（1993）Competence at work. New York： John Wiley & Sons.
　　（ライル M. スペンサー & シグネ M. スペンサー, 梅津祐良・成田攻・横山哲夫〔訳〕（2001）
　　『コンピテンシー・マネジメントの展開』生産性出版）

高橋修（2006）「ライン部門責任者から見た「仕事ができる人材」のコンピテンシー」経営会計研
　　究 , 6, p. 12-23.

高橋修（2020）「第 17 章　環境への働きかけの認識及び実践」日本産業カウンセラー協会〔編〕
　　『キャリアコンサルタント　その理論と実践』一般社団法人日本産業カウンセラー協会

中央職業能力開発協会（2003）「実践的職業能力評価制度整備委員会活動報告書」

吉田寿・岩本隆（2022）『企業価値創造を実現する人的資本経営』日経 BP・日本経済新聞出版

第9章
キャリア発達とその支援

　「キャリア」や「キャリア発達」という用語は、多様な意味をもつため難解に感じるかもしれません。まずは、キャリアやキャリア発達の定義がどのような要素から構成されているかに留意して、その意味を理解してください。

　また、本章で説明する各種のキャリア発達理論は、キャリア発達をそれぞれ異なる視点から捉えて構築されています。その視点の違いに注目すると、キャリアやキャリア発達の意味が浮き彫りになってきます。

　現代の組織において、メンバーのキャリア発達は、ますます重要視されてきています。なぜ重要になってきたのか、また、いかなるキャリア発達の支援策があるのかについても理解を深めてください。

担当　高橋　浩

1節
キャリア発達の基礎知識

1. キャリアとキャリア発達

（1）キャリアの語源

　川喜多（2005）は、西洋の文学作品に登場する「キャリア」に注目し、その意味の歴史的変遷を分析しました。それによると、「キャリア」の語源はラテン語のcarrus（車輪のついた乗り物）であり、それが後にレースコースを意味するイタリア語のcarriera、フランス語のcarriereとなり、その後、16世紀にイギリスに輸入されて「フルスピードで馬を走らせてかける」「突撃する」という意味をもつに至ったとされています。さらに、17、18世紀には、権力への階段を上昇する道を意味するようになりました。

（2）キャリアとは

　上記のような上昇志向的なキャリアは日本社会でも用いられてきました。キャリアとは、辞書によると「①経歴。経験。②職業。特に、専門的な知識や技術を要する職業。または、それについている人。③日本の中央官庁で、国家公務員試験Ⅰ種合格者の俗称」とされています（三省堂『大辞林』）。経歴や職業という意味だけでなく、そこに優秀さという意味も込められています。ただし、学術的には、より具体的かつ多様な定義が存在しています。ここでは、文部科学省の定義を例に示します。

　　　　キャリアとは、個々人が生涯にわたって遂行するさまざまな立場や役
　　　　割の連鎖およびその過程における自己と働くこととの関係づけや価値づ
　　　　けの累積である（文部科学省，2004）。

　この定義の前半の「～連鎖」までは、シャイン（Schein, E. H., 1991）のいう「外的キャリア（キャリアの客観的側面）」であり、後半は「内的キャリア（キャリアの心理的側面）」を表現しています。さらにこの定義は、職業生活に限定する「狭義のキャリア」にとどまらず、私生活も含めた「広義のキャリア」（宮城，2002）あるいは「ライフ・キャリア」（菊池，2008）も包含していると言えます。

184

第9章 キャリア発達とその支援

図表 9-1 キャリア・レインボー

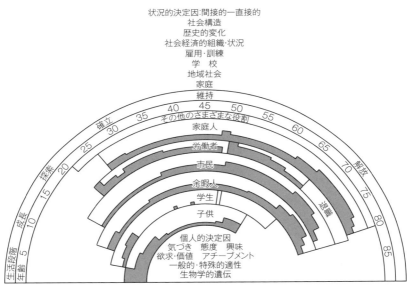

出所:Nevill & Super(1986)を参考に岡田(2007)作成

　金井(2003)は、キャリアの特徴として、①系列性(個々の職業や経験を指すのではなく、その連なりを指す)、②生涯性(その連なりは、一生涯にわたる)、③因果性と意味性(個々の職業や経験の連なりは個人によって、過去・現在・未来の時間軸上で意味づけられている)、④独自性(たとえ同じ職業、同じ系列を体験していても、その意味合いは個人により異なり、個々人に独自である)、⑤普遍性(キャリアは特別な人だけのものではなく、誰もが所有し、普遍的である)の5つを挙げています。文部科学省の定義は、この5つの特徴を備えています。

　また、このようなキャリアの特徴は、ネヴィルとスーパー(Nevill, D. D., & Super, D. E., 1986)の「キャリア・レインボー」でも表されています(図表9-1)。人には、労働者以外にも、家庭人、市民、余暇人、学生、子供、その他(病にある者、年金受給者、宗教人など)の計7つの役割があり、これらの役割をある比重で並行して担っています。その比重は個人的決定因と状況的決定因によ

185

り異なります。年齢を重ねるごとに各役割の比重は変化し、その人固有のパターンとなって現れます。そのパターンに対する個人の意味づけや価値づけの積み重ねがキャリアなのです。

（3）キャリア発達とは

　スーパー（Super, D. E., 1960）は、「キャリア発達とは、自分自身にとっても満足であり、また社会にとっても利益であるように、自己概念を現実に転じること」としています。自己概念（本章第2節2項を参照）という内的なものを、職業という外的な現実世界において発揮することをキャリア発達としています。また、ホランド（Holland, J. L., 1990）は、諸活動を通して興味のある活動を続けることで、能力向上とともに自己概念やパーソナリティが形成されることをキャリア発達としています。

　以上のことから、キャリア発達とは、生涯にわたる自分と環境との相互作用を通じて、内的キャリア（興味・関心や価値観、自己概念など）を確立しつつ、それに見合うような外的キャリア（能力・スキル、職業、職務、役割など）を獲得して、自己実現をしていく過程であるといえます。

　なお、"Career Development" は「キャリア発達」とも「キャリア開発」とも訳されます。この違いは、キャリア支援にかかわる者の姿勢によると渡辺（2007b）は指摘しています。心理学を背景とする人々は「キャリア発達」と訳して個人の職業とのかかわり方というキャリアの主観的側面に焦点を当てますが、経済学・経営学を背景とする人々は「キャリア開発」と訳してキャリアの客観的な側面を重視します（渡辺, 2007b）。

2．組織におけるキャリア発達の意義

（1）組織の抱える問題

　技術革新と市場のグローバル化が進むことで、組織の経営は一層厳しいものになってきています。このような現代において、渡辺（2005）は、組織において3つの問題があるとしています。

① 組織に対する従業員のコミットメント・忠誠心の低下

　　終身雇用の保証という心理的契約が破棄されたことで、従業員は、努力が組織の発展や自分たちへの見返りになることを期待できなくなりました。従業員は「会社のために頑張ろう」という気持ちをもちにくくなっています。

② 人材獲得競争

　　団塊の世代の大量定年や少子化などによって外部労働市場から人材調達せざるを得なくなったため、企業間の人材獲得競争が激しくなっています。

③ 人材育成ジレンマ

　　新卒は育成に手間がかかります。そこで、即戦力の人材確保を外部調達に頼るのですが、これは内部人材の育成の遅れを招くことになります。一方、内部人材の強化は、優秀な人材の引抜きや転職というリスクが増すことになります。

（2）「自律」的なキャリア発達を求める傾向

　上記のような問題を抱える中で、組織も個人もキャリア発達を自律的に行おうとする傾向が現れ始めました。二村（2009）は、環境の変化のスピードが速まったために、組織では、既定の標準的なキャリアパスを経験させる人材育成の方略が現状にそぐわなくなったこと、そのため、働く個人に自ら環境変化に応じて、パワーと創造力をもって行動することを期待するようになったことを指摘しています。さらに、「組織の目標を一方的に受け容れて邁進する組織人から、働く意味を自問し自己実現を目指そうとする個人への変化が生じてきた」と指摘しています（二村，2009）。ここに、自律した個人が組織を支えていく姿が見て取れます。しかし、このことは、集団が本来的にもつあり方であって、決して目新しいことではありません。従来の日本型雇用慣行が通用しなくなったことによって、本来の組織や個人のあり方へ回帰することが求められているといえます。

（3）キャリア・マネジメントとキャリア・プランニング

　キャリア発達の主体的責任は基本的に個人にあります。しかし、組織における個人は組織の資源でもあり、経営者はそれを業績向上のために管理していま

す。つまり、個人が満足できる方向にキャリアを計画するキャリア・プランニングと、企業側の人的資源管理であるキャリア・マネジメントの2つが存在するわけです (Hall, D. T., 1991)。組織においては、この両者が同時に、そして相互に影響し合ってキャリアが発達していきます。キャリア・プランニングとは、①自分自身の興味・関心と能力、さまざまなキャリアの可能性、制約条件、機会の有無、その結果などについてよく知り、②キャリア上のゴールを明確にし、③そのキャリア・ゴールを達成するために仕事の中身、教育機会、自己啓発の経験などを位置づけ、キャリア活動に方向性、タイミング、手順などを確定していくように計画するプロセスと定義されています (Storey, W. D., 1979)。

　一方、キャリア・マネジメントとは、①組織のニーズに合った個人を受け入れ（採用）、②仕事を行ううえでの必要な知識・技能を身につけさせ（教育・訓練）、③キャリアパスを用意し（配属）、④仕事ぶりを評価・フィードバックし（人事考課）、⑤組織内の権限の階段を昇らせ（昇進・昇格）、⑥有能な人材の退職を防ぐ（定着管理）ことをいいます（渡辺, 2002）。

　それでは個人のキャリア・プランニングと組織のキャリア・マネジメントが進んでいくと、どのような変化が生じるでしょうか。個人においては、能力向上、職務満足、働きがい、ワーク・ライフ・バランス（仕事と生活の調和）につながっていくことが考えられます。組織においては、メンバーの組織社会化や組織コミットメントの向上、生産性の向上、離職率の低下につながっていくことが期待できます。

　このように、キャリア発達の推進は、個人の自己実現や職務満足のみにとどまらず、キャリア発達した個々人による組織の活性化や業績向上が期待されますのです。それゆえ、組織は、個人の自律的なキャリア発達を支援するのです。その目指すところは、組織と個人の Win-Win の関係を構築することだといえます。

第9章　キャリア発達とその支援

2節
キャリア発達の理論

1．キャリア発達理論と産業・組織心理学

　キャリア発達理論は、個人のキャリア発達の様相や、キャリア上で遭遇する諸問題のメカニズムや対処法を説明するものです。このような研究は、1960年代頃の「職業心理学」や「カウンセリング心理学」として発展してきました。渡辺（2007a）は、各研究者がキャリア行動を理解する際の着目点の違いによって、研究アプローチを次の4つに分類しています。

　①特性論からのアプローチ（個人特性と仕事因子のマッチングを重視）

　②精神力動からのアプローチ（個人の欲求や動因、無意識に着目）

　③学習理論からのアプローチ（新しい行動を獲得する「学習」を重視）

　④発達論からのアプローチ（生涯にわたるキャリア発達を重視）

　これらのアプローチをとってきたキャリア心理学は、現在では人的資源を扱う産業・組織心理学との関連がより強くなっています（図表9-2）。ここでは、特に産業・組織に有益と思われるキャリア発達理論を取り上げます。

2．生涯発達のキャリア理論

　キャリアを生涯という時間軸で説明する理論を生涯発達理論といいます。ここでは、スーパーおよびシャイン（Schein, E. H.）の理論について説明します。

（1）スーパーの発達段階理論

①　自己概念の具現化

　　　スーパーの理論の中心概念は「自己概念」です。自己概念とは「個人が自分自身をどのように感じ考えているか、自分の価値、興味、能力がいかなるものかということについて、＜中略＞個人の経験を統合して構築されていく概念」のことです（Super, 1963）。スーパーは、「職業的自己概念を発達させ実現していくプロセス」をキャリア発達とし、「仕事から獲得する満

189

図表 9-2　キャリア発達の鳥瞰図

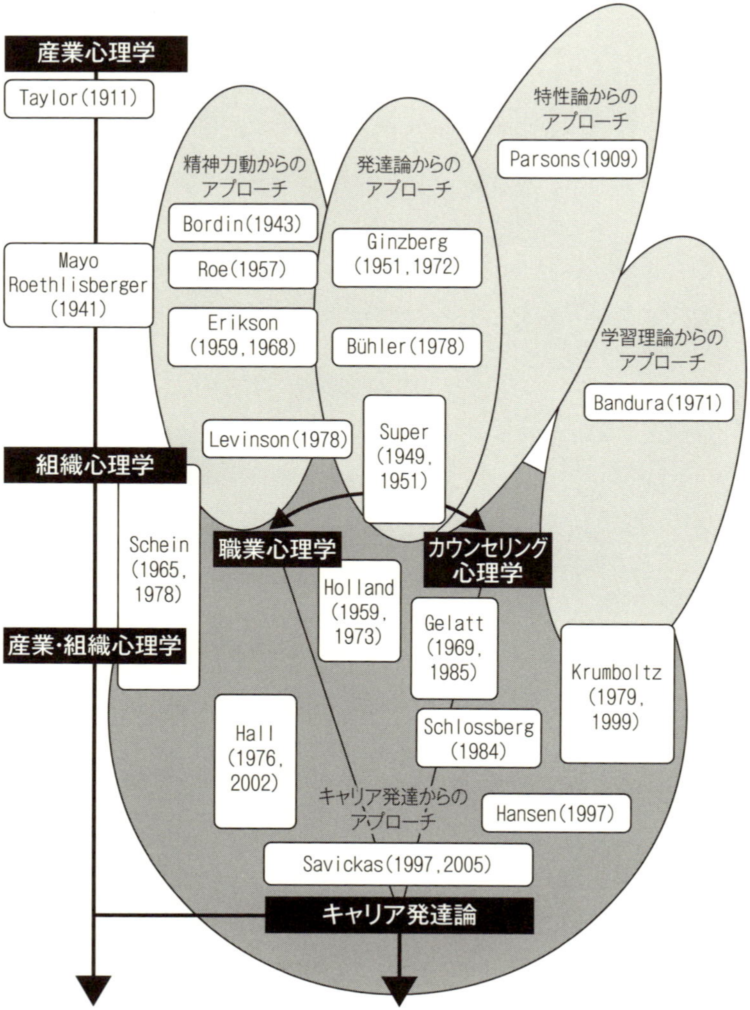

産業心理学

Taylor(1911)

特性論からの
アプローチ

Parsons(1909)

精神力動からの
アプローチ

発達論からの
アプローチ

Bordin(1943)

Ginzberg
(1951,1972)

Mayo
Roethlisberger
(1941)

Roe(1957)

Erikson
(1959,1968)

Bühler(1978)

学習理論からの
アプローチ

Bandura(1971)

Levinson(1978)

Super
(1949,
1951)

組織心理学

職業心理学

カウンセリング
心理学

Schein
(1965,
1978)

Holland
(1959,
1973)

Gelatt
(1969,
1985)

産業・組織心理学

Krumboltz
(1979,
1999)

Hall
(1976,
2002)

Schlossberg
(1984)

キャリア発達からの
アプローチ

Hansen(1997)

Savickas(1997,2005)

キャリア発達論

出所：渡辺（2007a）p17

足の程度は、自己概念を具現化できた程度に比例する」と述べています
（Super, 1990）。

図表9-3 ライフ・ステージと発達課題

段階	年齢	発達課題
成長段階	0〜15歳	自分がどういう人間であるか（自己概念）について知る
探索段階	16〜25歳	職業についての希望を形作り、明らかにし、希望を実践してみる
確立段階	26〜45歳	職業への方向づけを確定し、その職業に就く。確立と昇進をしていく
維持段階	46〜65歳	達成した地位やその有利性を保持する
解放段階	66歳以上	諸活動の減退と退職

出所：スーパー（1960）を参考に筆者（高橋浩）作成

② ライフ・ステージ

スーパー（1960）は、生涯におけるキャリア上の変化をライフ・ステージとして5つの発達段階を示しました（図表9-3）。各段階には達成すべき発達課題があり、それを達成することはその段階における役割を十分果たすことになります。同時に、次の段階への移行準備にもなります。反対に、発達課題の未達成は、その段階の役割が果たすことができず、次の段階への移行も困難にします。

例えば、探索段階の課題は職業の希望を明らかにし職業選択をすることですが、もし、探索段階で自分の能力や興味、価値観と職業の間にズレがあれば、たとえ就職できたとしても確立段階でその仕事に満足感は得られず、職務遂行も困難になるでしょう。

（2）シャインのキャリア・ダイナミクス

① 心理的契約とキャリア・ダイナミクス

「心理的契約」とは、「組織が受け取ると期待するものに対して個人が与えるであろうものと、個人が受け取ると期待するものに対して組織が個人に与えるであろうものとの調和」のことです（シャイン，1966）。シャインは、個人と組織の相互作用による発達のプロセスのことを「キャリア・ダイナミクス」と呼び、発達が進むほど心理的契約である両者の調和が図ら

れ、個人の満足と組織の成果が高まると考えました。
② キャリア・サイクル
シャインは、組織における発達段階を「キャリア・サイクル」として説明しています。シャイン（1991）は、キャリア・サイクルのうち、客観的で組織的な側面を「外的キャリア」、個人の主観的で心理的な側面を「内的キャリア」と呼びました。外的キャリアには3つの成長方向があり、これをキャリア・コーンという3次元モデルで示しています（図表9-4）。

a）階層次元：垂直的なキャリア成長であり、一般社員層→管理職層→経営者層といった階層の上昇による成長です。

b）職能次元：水平的なキャリア成長であり、販売⇔マーケティング⇔研究開発など、職能の幅を拡大する成長です。

c）内円または核に向かう次元：組織内の年長者から信頼を獲得して、組織内メンバーシップが増大する成長です。より、組織の経営・運営の中核を担うようになる移動です。

図表9-4　外的キャリアの3次元モデル（キャリア・コーン）

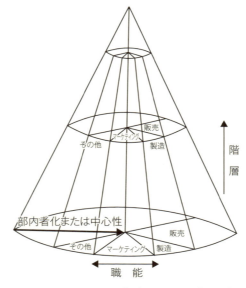

出所：シャイン（1991）

第9章　キャリア発達とその支援

図表 9-5　キャリア・サイクルの段階と課題

発達ステージ	直面する問題	具体的課題
成長 空想 探索 （21歳頃まで）	・職業選択基盤の形成 ・現実的職業吟味 ・教育や訓練を受ける ・就労習慣の形成	・職業興味の形成 ・自己の職業的能力の自覚 ・職業モデル、職業情報の獲得 ・目標、動機づけの獲得 ・必要教育の達成 ・試行的職業経験（バイトなど）
仕事世界参入 （16～25歳） 基礎訓練	・初職につく ・自己と組織の要求との調整 ・組織メンバーとなる ・現実ショックの克服 ・日常業務への適応 ・仕事のメンバーとして受け入れられる	・求職活動、応募、面接の通過 ・仕事と会社の評価 ・現実的選択 ・不安、幻滅感の克服 ・職業の文化や規範の受け入れ ・上役や同僚とうまくやっていく ・組織的社会化への適応 ・服務規定の受け入れ
初期キャリア （30歳頃まで）	・初職での成功 ・昇進のもととなる能力形成 ・組織にとどまるか有利な仕事に移るかの検討	・有能な部下となること ・主体性の回復 ・メンターとの出会い ・転職可能性の吟味 ・成功、失敗に伴う感情の処理
中期キャリア （25～45歳）	・専門性の確立 ・管理職への展望 ・アイデンティティの確立 ・高い責任を引き受ける ・生産的人間となる ・長期キャリア計画の形成	・独立感、有能感の確立 ・職務遂行基準の形成 ・適性再吟味、専門分野の再吟味 ・次段階での選択（転職）検討 ・メンターとの関係強化、自分自身もメンターシップを発揮 ・家族、自己、職業とのバランス
中期キャリア危機 （35～45歳）	・当初の野心と比較した現状の評価 ・夢と現実の調整 ・将来の見通し拡大、頭打ち、転職 ・仕事の意味の再吟味	・自己のキャリア・アンカーの自覚 ・現状受容か変革かの選択 ・家庭との関係の再構築 ・メンターとしての役割受容
後期キャリア （40歳から定年まで） 非リーダーとして	・メンター役割 ・専門的能力の深化 ・自己の重要性の低下の受容 ・"死木化"の受容	・技術的有能性の確保 ・対人関係能力の獲得 ・若い意欲的管理者との対応 ・年長者としてのリーダー役割の獲得 ・"空の巣"問題への対応

リーダーとして	・他者の努力の統合 ・長期的、中核的問題への関与 ・有能な部下の育成 ・広い視野と現実的思考	・自己中心から組織中心の見方へ ・高度な政治的状況への対応力 ・仕事と家庭のバランス ・高い責任と権力の享受
下降と離脱 （定年退職まで）	・権限、責任の減少の受容 ・減退する能力との共在 ・仕事外の生きがいへ	・仕事以外での満足の発見 ・配偶者との関係再構築 ・退職準備
退職	・新生活への適応 ・年長者役割の発見	・自我同一性と自己有用性の維持 ・社会参加の機会の維持 ・能力、経験の活用

出所：Schein（1978）を参考に若林（1988）作成

　一方、内的キャリアは「個人がキャリアにおいて主観的に遭遇し、経験する段階と課題」（シャイン，1991）であり、8つの段階と課題があります（図表9-5）。各発達課題への「建設的対処」として、a）問題は何かを診断する、b）自分自身を診断する、c）対応策を選択する、d）対応策の効果を診断する、という4ステップを示しています（シャイン，1991）。建設的対処では、無意識に生じる自分の感情や欲求を合理的に処理することが重要であるとされています。

3. 適材適所に役立つ理論

　ここでは、個人の興味・関心・価値観と職業・職務との関連を示す2つの理論を紹介します。これらの理論は適材適所の配置を検討する際に有効です。

（1）シャインのキャリア・アンカー

　シャインは、キャリアには「自覚された才能と能力」「自覚された動機と欲求」「自覚された態度と価値」で構成される自己イメージがあり、それには個人特有のパターンがあることに気づきました。このことを「キャリア・アンカー」といいます。これには、全部で8つの種類あることが確認されています（図表9-6）。この概念は、自分のキャリアを再検討する際の判断基準であり、ちょうど船の

第9章　キャリア発達とその支援

図表9-6　キャリア・アンカー

専門・機能別コンピタンス	ある領域に関して、才能を発揮し、専門家（エキスパート）であることを自覚して満足感を覚えます。
全般管理コンピタンス	組織の階段を上がり、責任のある地位につき、組織全体の方針を決定し、自分の努力によって組織の成果を左右したいという欲求を持ちます。
自律・独立	どんな仕事に従事している時でも、自分のやり方、自分のペース、自分の納得する仕事の標準を優先します。
保障・安定	安全で確実と考えられ、将来の出来事を予測することができ、しかも上手く行っていると知りつつゆったりした気持ちで仕事が出来ることを望みます。
起業家的創造性	新しい製品や新しいサービスを開発したり、財務上の工夫で新しい組織を作ったり、新しい事業を起こしたりする欲求を持ちます。
奉仕・社会的貢献	何らかの形で世の中を良くしたいという欲求に基づいてキャリアを選択します。
純粋な挑戦	不可能と思えるような障害を克服すること、解決不能と思われていた問題を解決すること、きわめて手強い相手に勝つことに「成功」を感じます。
生活様式	個人のニーズ、家族のニーズ、キャリアのニーズを上手く統合させた生活様式を実現することを望んでいます。

出所：シャイン（2003b）

錨（アンカー）のようにキャリアを安定させるものです。シャイン（2003a）は、キャリア・アンカーを実際に具現化することを「キャリア・サバイバル」と称しています。キャリア・サバイバルのために職務・役割分析（職務上の責任や役割行動のみならず、任命者からの期待など対人関係的側面を明らかにすること）と職務・役割プランニング（職務・役割に沿う経験や訓練を洗い出し、職務見直しを計画すること）が必要だとしています。

（2）ホランドの六角形モデル

　ホランドは、パーソナリティは個人と環境との交互作用の結果で形成されるもので、職業選択はパーソナリティの表現の1つであると考えました。ホランド（1990）は、現実的（Realistic）、研究的（Investigative）、芸術的（Artistic）、社会的（Social）、企業的（Enterprising）、慣習的（Conventional）の6つのパーソナリティ・タイプで構成される職業選択理論を実証的に構築しました。それが、ホランドの六角形モデルです（図表9-7a，b）。

195

図表9-7a　ホランドの六角形モデル

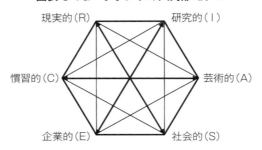

出所:ホランド(1990) p55を参考に筆者(高橋浩)一部加筆

図表9-7b　ホランドの6つのパーソナリティー・タイプ

タイプ	内容	タイプ	内容
現実的	物、道具、機械、動物などを対象とした、明確で具体的、組織的な操作をする活動を好む。	社会的	情報伝達、訓練、教育、治療、啓蒙を目的とした、他者との接触をする活動を好む。
研究的	物理的、生物的、文化的な現象を理解したり取り扱うことを目的とした、観察、記述、体系的・創造的な研究を好む。	企業的	組織目標の達成や経済的利益を目的とした、他者との交渉をする活動を好む。
芸術的	芸術的な形態や作品の創造を目的とした、物、言語、人間性に関する素材を操作する活動を好む。	慣習的	組織目標や経済的利益の達成を目的とした、データの具体的、秩序的、体系的操作(例:計画に従って記録、ファイリング、データ整理など)を好む。

出所:ホランド(1990)を参考に筆者(高橋浩)作成

個人のパーソナリティは6つのタイプのいずれかに分類されますが、このようなパーソナリティを生み出した環境もまた同様に6分類されると考えます。個人は、自分の技能や能力が生かされ価値観や態度を表現できる環境を求めるため、自分のパーソナリティ・タイプと同じ型の環境を選び、そこで活躍するわけです。6タイプに対応する代表的な職業は明らかになっており、VPI職業興味検査やVRTカードなどによって適職を確認することができます。なお、六角形モデルにおいて、隣接するタイプは類似し、対角線上のタイプはかけ離れた関係にあるといわれています。

4. 転機（トランジッション）に関する理論

キャリアでは、さまざまな転機が生じ、それに振り回されてしまう恐れがあります。転機の特徴を理解し、対処していく必要があります。

（1）転機（トランジッション）とは

トランジッション（transition）とは、転機や過渡期、節目を表す言葉です。例えば、結婚、離婚、転職、引っ越し、失業、本人や家族の病気などライフ・イベントがそれに当たる場合が多いです。シュロスバーグとウォータースとグッドマン（Schlossberg, N. K., Waters, E. B., & Goodman, J., 1995）は、転機を「予期していた転機」「予期していなかった転機」「予期していたものが起こらなかった転機」の3つに分けました。予期していた転機は、結婚など予定がわかる転機です。予期していなかった転機は、事故に遭う、失業するなど思いがけない転機です。予期していたものが起こらなかった転機は、自信のあった試験に落ちる、期待どおりに昇進できないなど、期待を裏切るような転機です。

（2）ニコルソンのトランジッション・サイクル・モデル

ニコルソンとウェスト（Nicholson, N., & West, M., 1989）は、キャリアにおける転機の経過を「準備→遭遇→順応→安定化」のサイクルで捉えています（図表9-8）。例えば、「準備」で昇進の心構えをし、「遭遇」で新しい役職で出社し、「順応」でその役職になじんでいき、「安定化」でその役職が日常化していきます。前

図表9-8　トランジッション・サイクル・モデル

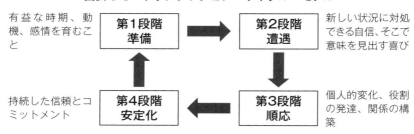

出所：Nicholson & West（1989）を参考に金井（2002）p86-87作成（一部簡略）

の段階を達成することによって、次の段階の成功に繋がっていきます。このサイクルは生涯で一度きりではなく、何度となく繰り返されていきます。

（3）転機への対処

シュロスバーグ（Schlossberg, N. K., 2000）は、転機に対処するために、リソースの点検とリソースの強化が必要であるとしています。リソースには次に挙げる「4つのS」があり、まず、これらを点検します。

①状況（Situation）：転機の原因、タイミングなどの転機そのものの状況
②自己（Self）：転機を迎えている自分自身
③支援（Supports）：転機の対処に活用できる支援
④戦略（Strategies）：転機に対処する戦略

リソースの強化は、転機そのものをコントロールするというよりも、転機をどのように扱うかをコントロールするものです。これにより、転機を克服することができるとシュロスバーグは主張しています。

5．不確実なキャリアを生きるための理論

技術革新や社会変化が激しい社会は、将来の見通しが難しく、不確実性の高い社会といえます。不確実性の高い社会に適応しつつ、その変化に翻弄されない自己をもち続けることを重視するキャリア理論を紹介します。

（1）ホールのプロティアン・キャリア

プロティアン（protean）とは「変幻自在」を意味します。プロティアン・キャリア（protean career）とは、「組織によってではなく個人によって形成されるものであり、キャリアを営むその人の欲求に見合うようにそのつど方向転換されるもの」です（Hall, 1976）。伝統的なキャリアが、その主体者を組織とし、昇進や権力、給料を重視してきたのに対し、プロティアン・キャリアは、主体者を個人とし、個人の自由や心理的成長を重視します。

ホールは、プロティアン・キャリアを発達させるうえで「関係性アプローチ」を重視しています。関係性アプローチとは、「相互依存的な人間関係において互

いに学び合っていく中でキャリアが発達していく」とする考え方です（Hall, D. T., & Mirvis, P. H., 1996）。この例としては、メンタリングやコーチング、サポート・グループ、上司や同僚、トレーニング・プログラムなどによる相互学習的な人間関係が挙げられます。

（2）サビカスのキャリア構築理論
①キャリア・アダプタビリティ

アダプタビリティとは「適応」を意味します。キャリア・アダプタビリティとは、「現在および今後のキャリア発達課題、職業上のトランジッション、そしてトラウマに対処するためのレディネスおよびリソースのこと」です（Savickas, M. L., 2005）。キャリア・アダプタビリティは、①関心（将来への関心と備えの自覚）、②統制（将来を構築する責任と意思決定）、③好奇心（適応のための好奇心をもつ）、④自信（自分が決めたキャリアを構築する自信）の４つの次元から構成されています。これらを達成することで、予測不可能な転機や精神的困難に対処できるような態度と信念、能力が備わり、自己実現をすることができます。

②ライフ・テーマ

ライフ・テーマとは、個人が何のために、誰のために働くのか、という働く意味を表すものです。ライフ・テーマは、キャリアにおいて個人が直面した発達課題やトランジッションなどについての語り（キャリア・ストーリー）を通じて表現されます。それは、単に過去の客観的な出来事を語るという機械的な作業ではありません。現在の自分がどのように形成されてきたかについて、改めて過去の出来事を選択し、つなぎあわせて再構成する、能動的な作業です。このようにして語られたキャリア・ストーリーは、その個人特有のものとして一貫したまとまりをもって形成されるため、そこにライフ・テーマが見えてくるのです。

（3）クルンボルツの「計画された偶然理論」

クルンボルツは、ミッチェルとレヴィン（Mitchell, K. E., Levin, A. S., & Krumboltz, J. D., 1999）と共に、予期せぬ出来事がキャリアの機会に結びつくと

いう「計画された偶然理論（Planned Happenstance Theory）」を発表しました。この例として、クルンボルツ自身が心理学の教授に至った経緯を示しています。「テニスとの出会いから、テニス・コーチとの出会い、そのコーチが心理学教授で、勧められて心理学へ．．．」という経緯です。彼は必ずしも最初から心理学教授を目指して用意周到に計画をしていたわけではありません。むしろ、予期せぬ偶発的な出来事が重なってキャリアが形成されてきたのです。

　クルンボルツは、「偶然の出来事」を「計画された偶然」に変えるためには、次の５つのスキルが必要だとしています。

　①好奇心：新しい学びの機会を模索すること。

　②持続性：失敗に負けず努力し続けること。

　③柔軟性：姿勢や状況を変えること。

　④楽観性：新しい機会は必ずやってきて、それを自分のものにすることができると考えること。

　⑤冒険心：結果がどうなるか見えない場合でも行動を起こすこと。

　不確実性の高い現代社会では、経済的報酬や職位の上昇だけが労働の価値とは限らず、また、計画どおりにキャリアを進めることが必ずしも有効ではなくなってきました。ここで紹介した理論のように、柔軟にキャリアをプランニングすることや、働く意味を重視することが今後のキャリア発達にはますます必要になってきているといえます。

第9章　キャリア発達とその支援

3節
キャリア発達支援

1. キャリア・デベロップメント・プログラム

　第1節では、個人も組織も自律的にキャリア発達を進めることが求められています。つまり、近年の組織におけるキャリア発達支援は、自律的なキャリア発達を目的としています。

　では、組織はそのためにどのような取り組みを行っているのでしょうか。組織におけるキャリア発達の実践のための諸制度、諸手続きのことを「キャリア・デベロップメント・プログラム（以下、CDPとします）」といいます（横山, 1995）。二村（2009）は、CDPの全体像を①管理者とメンバーの間で行われる「目標管理（目標による管理）」を中心とし、その周辺を②メンタリングやコーチング、キャリア・カウンセリング／キャリアコンサルティングなどによる「個別支援」、③キャリア研修や多面観察評価ツールなどによる「教育研修」、④自己申告制度や社内公募制度、FA制度などの「人事制度」で支えるように位置づけています。

　CDPを構成する制度は、組織が自律的キャリアを目指す以前から人的資源管理として行われていた諸制度なのですが、特に個人のキャリア発達を意識し始めた昨今では、これらのことを「キャリア・マネジメント」と呼ぶようになりました。なお、CDPは組織側の意向として行われるものが多く、個人の意向が尊重されなかったり、納得がいかないまま実施されたりすると形骸化していく危険性があります。

2. 目標による管理

　目標による管理（MBO：Management By Objectives）は、もともとはドラッカー（Drucker, P. F.）による発案といわれています。そのねらいは、目標設定を自主的に行い、自律的に行動することによって大きな成果と満足が得られる点にあります（Drucker, 1996）。これはつまり、上司からの一方的な管理ではなく、部下の主体的な目標設定によって内発的動機づけが高まり、結果として個

201

人と組織の満足や業績向上につながるということです。

　だからといって、部下の身勝手を放任するものではありません。目標による管理では上司と部下が1対1で面談を進めながら、次のことを行っていきます。

　①期初に上司と部下は、目標の内容や達成の程度をすり合わせます。

　②期中では、部下は進捗を報告し、発生した問題の対処について相談をします。想定外の事態が生じた場合には目標を見直すこともあります。

　③期末では、これまでの業務遂行状況や達成度を振り返り、部下による自己評価と上司による評価の差について話し合って業績を決定します。

　これらを6カ月程度で1サイクルを回す組織が多いようです。

　目標による管理の導入は、上司―部下間の相互理解が深まるだけでなく、自らの能力向上や満足度向上に向けた自律的なキャリア発達を促進する効果も期待できます。目標設定では、両者が対立関係にならないよう、部下の意向と組織の目的をいかにすり合わせるかが課題となります。

3. キャリア研修

　組織における教育研修には、経営戦略を推進するためのものや、組織力を高めるものなどがあります。そして、近年ではキャリア発達支援を主眼としたキャリア研修も実施されるようになりました。シャインの「キャリア・サイクル」（本章第2節参照）で示したように、年齢と組織内の立場に応じた発達課題が想定されるので、30歳、40歳、50歳などの年齢の節目にキャリア研修が実施されることが多いようです。研修では、過去から現在までの自己分析を行い、それに基づいて将来のキャリア・プランニングを行います（図表9-9）。これにより、個人が自律的にキャリアを発達させていくスキルの習得と、自律的なキャリアを踏み出す契機を得ることが期待されています。

第9章　キャリア発達とその支援

図表9-9　キャリア研修プログラムの例

	一日目	二日目	三日目
9：00～		自己分析（2） ①能力 ②行動特性 ③キャリア・アンカー	話し合い
			キャリア・プランニング（1） ①自己分析結果の整理
		昼食	昼食
13：00～	オリエンテーション	自己分析（3） ①パーソナル・データ ②ライフ・ダイヤグラム ③ライフ・ダイヤグラム 　分析	キャリア・プランニング（2） ①適職・不適職 ②キャリア・ゴール設定 ③自己啓発目的 ④中長期キャリアパス 　設計 ⑤当面の行動計画
	キャリア開発の考え方		
	自己分析（1） ①満足度 ②フラストレーション ③動機づけ要因		
			まとめ
	夕食	夕食	
18：00～	（キャリア・カウンセリング） （個人学習）	（キャリア・カウンセリング） （個人学習）	

出所：日本経団連出版（2006）を参考に筆者（高橋浩）一部修正

4．人事制度によるキャリア発達支援

　キャリアの自律支援のために組織が行う人事制度として代表的なものに、自己申告制度、社内公募制度、FA制度があります。

（1）自己申告制度

　自己申告制度は、メンバーに自己の職務の遂行状況、現在の仕事に対する適性だけでなく、個人的な事情や将来の職務の希望などを組織に申告させる制度です。これによって、組織は適材適所のジョブ・ローテーション（配置転換）を行い、能力向上とともに職務満足の向上を図ります。

（2）社内公募制度

　ある部署で必要な人材が生じたときに、組織全体からその人材を募集する制度です。自己申告制度よりも、組織メンバーの主体的な希望を取り込むことが

203

できるので、組織内人材の活性化が期待できます。組織メンバーは募集要件を確認し、現職場の理解を得て応募することになるので、組織外への転職よりもリスクが低く、かつ個人の希望に沿うことができます。

（3）FA（Free Agent）制度

　通常、異動希望は直属の上司に申告しますが、FA制度は、直接異動先の上長との合意により異動を決定するものです。異動先の承認が得られれば現職場の状況にかかわらず異動が許可されますので、希望者本人の意向が前述の2つの制度よりも強く反映されます。

5．個別支援

（1）メンタリング（メンター制度）

　メンタリング（メンター制度）とは、人事担当部門が人材育成の一環として、計画的に、社員の間でメンターとメンティ（プロテジェともいう）のペアを作る制度です（渡辺・平田, 2006）。メンターとは、職業という世界において、仕事上の秘訣を教え、コーチし、役割モデルとなり、重要な人物への紹介を果たすなどによって、メンティのキャリア発達を援助する存在です（渡辺・平田, 2006）。メンターは、職場における直属の上司ではなく、管理・監督、評価を行わない者で、かつメンティの仕事の経験者がその役割を担います。例えば、隣グループの上司、少し離れた部署の先輩といった人です。このような役割は、以前は先輩が後輩に対して日常的に行っていたことですが、役割分担の細分化や成果主義による仕事の自己目的化により、そのような人間関係が希薄になったため、制度として導入する必要が出てきました。

（2）コーチング

　コーチングとは「コーチや管理者などがチームメンバーの課題・目標設定を手助けし、前向きの姿勢で、遂行に必要な気づきを与えながら、励まし、挑戦を促し、現在の仕事の成果を改善し、会社への貢献度を増やすと同時に、将来の可能性を引き出す技法」（Stone, F. M., 1999）です。メンタリングが仕事経験

204

をもとに指導するのに対して、コーチングは具体的な仕事内容よりも、目標達成や課題解決の方法を探索させたり、仕事に臨む姿勢や意欲や可能性を引き出したりすることを中心に行います。コーチングも本来は上司が行うべき役割の1つですが、管理者自身も業務を担うプレイング・マネジャーとなっている場合が多く、効果的なコーチング機能を改めて顕在化させて実施していく必要が出てきました。

（3）キャリア・カウンセリングとキャリアコンサルティング

キャリア・カウンセリングとは、①大部分が言語を通して行われるプロセスであり、②カウンセラーとカウンセリィ（クライエントともいう）は、ダイナミックで協力的な関係の中で、カウンセリィの目標を共に明確化し、それに向かって行動していくことに焦点を当て、③自分自身の行為と変容に責任をもつカウンセリィが、自己理解を深め、選択可能な行動について把握していき、自分でキャリアを計画しマネジメントするのに必要なスキルを習得し、情報を駆使して意思決定をしていけるように援助することを目指して、④カウンセラーがさまざまな援助行動をとるプロセスです（Herr, E. L., & Cramer, H. S., 1996）。

日本では、2000 年頃から民間によるキャリア・カウンセラーの養成が始まりましたが、2016 年には「キャリアコンサルタント」という名称の国家資格が誕生しました。キャリアコンサルタントとはキャリアコンサルティングの専門家です。キャリアコンサルティングとは「労働者の職業の選択、職業生活設計又は職業能力の開発及び向上に関する相談に応じ、助言及び指導を行うこと」（「職業能力開発促進法」第 2 条 5）を指します。また、「キャリアコンサルタント」は名称独占資格であり、これを名乗るためには当該資格試験に合格し指定登録機関に登録をしなければなりません。ただし、キャリアコンサルタントでなくてもキャリアコンサルティングを実施することは可能です。なお、キャリアコンサルタントとキャリア・カウンセラーの違いについては、研究者によって議論が分かれるところですが、キャリア形成の支援を担う専門家と広義に捉えるならば両者は同様の役割を担うと理解して構わないでしょう。

キャリア・カウンセリング／キャリアコンサルティングでは、キャリア発達理論の他に、カウンセリングの理論や態度・技法、プロセスを用います（第 10

章参照）。組織内で実践する場合は、組織の制度・期待も考慮しつつ、個人が仕事において主体的に将来のキャリア・プランニングを行い、仕事に意味や価値を見いだし、かつ成果をあげられるように、社員を支援していきます。

　前述の CDP には個人の意向が尊重されずに実施され形骸化する恐れがあることを指摘しましたが、その欠点を補完するためにはキャリア・カウンセリングやキャリアコンサルティングによる個別の支援が不可欠といえます。

6. 組織におけるキャリア・カウンセリング

（1）オーガニゼーショナル・カウンセリング

　組織におけるキャリア・カウンセリングは「オーガニゼーショナル・カウンセリング」といわれます。それは、「『組織内に生きる個人』と『個人の生きる環境としての組織』との相互依存関係に焦点を当て、個人と組織の双方の活性化

図表9-10　キャリア・カウンセラーの活動

キャリア・ カウンセラーの活動	活動内容
個別またはグループカウンセリング	何らかのキャリア問題をもつ個人に直接的に関与、介入し、その問題を解決できるように援助するプロセス。
コンサルテーション	カウンセラーとしての専門知識を他の専門家に提供することによって、他の専門家の活動を支援すること。
プログラム開発・運営	キャリア発達促進のため、対象者別に体系的な教育プログラムを開発し、それを運営すること。
調査・研究	自分の専門性を高め、ヒューマンサービスの改善をはかるため、活動の効果性を客観的に評価・検討する研究を行うこと。
他の専門家などとの連携・組織づくり	より効果的に働くため、またより有意義なプログラム開発・運営をするため、さらに変化を創り出すためにも、他の専門家および専門機関（行政機関、企業、教育機関）と連携をとり、協力体制を発展させること。
測定・評価・診断	クライエントの自己理解や職業理解を深めるための測定や、カウンセラーの援助方針やプログラムの効果を評価するために心理テストを実施し、診断すること。

出所：渡辺・ハー（2001）を参考に高橋（2012）作成

を目指したカウンセリング」（渡辺ら，2005）です。したがって、組織における
キャリア・カウンセラーは、個人支援だけでなく組織活性の担い手としてカウ
ンセリング以外の役割が期待されます（図表9-10）。

（2）セルフ・キャリアドック

　日本における企業内カウンセリングの端緒は 1950 年代初頭で、日本電信電話
公社（現 NTT）が 1954 年にその実施に着手してからと言われています（杉谷，
1963）。しかし、オーガニゼーショナル・カウンセリングと呼べるような体系的
な仕組みが構築されたのは、2017 年の「セルフ・キャリアドック」（図表9-11）
からです。これは、いわばキャリア版の人間ドックで、定義は以下のとおりで
す。

　　　　セルフ・キャリアドックとは、企業がその人材育成ビジョン・方針に
　　　基づき、キャリアコンサルティング面談と多様なキャリア研修などを組
　　　み合わせて、体系的・定期的に従業員の支援を実施し、従業員の主体的
　　　なキャリア形成を促進・支援する総合的な取組み、また、そのための企
　　　業内の仕組みのことです。（厚生労働省，2017）

　従来の日本企業の人材育成は、会社のニーズに応じた育成が行われてきまし
たが、これでは従業員の主体性は育まれにくいといえます。そこでセルフ・キャ
リアドックでは、従業員一人ひとりが中長期的な視点で自己のキャリアビジョ
ンを描き、それを自律的に実現できるように支援していきます。従業員一人ひ
とりとの面談は、個別支援であると同時に社内環境に関する調査も兼ねていま
す。その情報を、個人が特定されない形で分析して、職場環境や組織運営、人
材育成の改善へとつなげることにより、個人のキャリア充実と組織の活性化を
図っていきます。個人と組織の Win-Win 関係を構築することがセルフ・キャリ
アドックの最終的な目的です（高橋・増井，2019）。

（3）ジョブ・クラフティング

　個人が組織に適合する方法の1つに「ジョブ・クラフティング（job crafting）」
があります。レズネスキーとダットン（Wrzesniewski & Dutton, 2001）は、ジョ
ブ・クラフティングとは「個人が自らの仕事のタスク境界や関係性の境界にお

いてなす物理的・認知的変化」であるとしています。具体的には、個人が持つ情熱・強み・価値を現在の仕事に取り込むために、自分の仕事を構成するタスクの大きさ・範囲・やり方や、仕事上の関係者とのかかわり方を変更することによって働きがいを高めていきます。これは、役割ベースアプローチであり、ジョブ・アイデンティティ・モデルと呼ばれます。また後に、ティムズとバッカー、デルク（Tims, Bakker, & Derk, 2012）は、ジョブ・クラフティングを「職務上の要求や職務上の資源と個人の能力およびニーズとのバランスをとるために、従業員が行い得る変化」と定義しました。これは、資源ベースアプローチであり、ジョブ・デマンド・リソース・モデル（Job Demands Resources model:

図表9-11　セルフ・キャリアドックの標準的プロセス

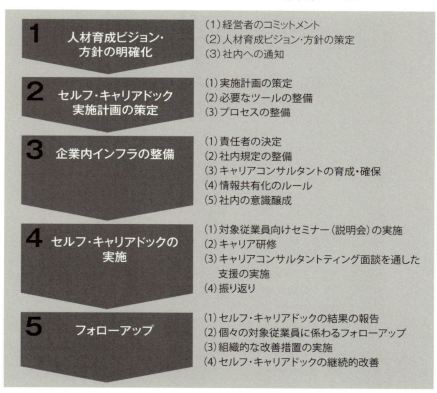

出所：厚生労働省（2017）P7

JD-R モデル）と呼ばれています。前者が仕事に対する個人の行動と認知を含むのに対して、後者は行動のみに焦点を当てる点が異なります。

　ジョブ・クラフティングが近年注目されているのは、ジョブ・クラフティングによってワーク・エンゲイジメントなどが向上するという研究が示されているからです（LePine, Podsakoff, & LePine, 2005 など）。特に、JD-R モデルは、客観的に測定しやすい行動に焦点を当てるため、生産性等との関連を調べる研究で多く用いられています。また、部下の活性化を目指したマネジメントにおいても JD-R モデルの活用が期待されます。一方、職業アイデンティティの明確化や働きがいの向上といった個人の心理的支援のためにはジョブ・アイデンティティ・モデルが有効だと考えられます。いずれにしても、個人と組織が適合して双方にとって良い状態を生み出すことが組織におけるキャリア発達支援の重要な課題と言えます。

【引用文献・参考文献】

Drucker, P. F.(1954) *The Practice of management.* Harper & Row.（上田惇生〔訳〕（1996）『新訳現代の経営（上・下）』ダイヤモンド社）

Hall, D. T.(1976) *Careers in organizations.* Glensview, IL: Scott, Foresman.

Hall, D. T.(1991) *Career Development in Organizations.* Jossey-Bass.

Hall, D. T., & Mirvis, P. H.(1996) The new protean career: Psychological success and the path with a heart. In D. T. Hall & Associates(Eds.), *The career is dead–Long live the career. A relational approach to careers.* San Francisco: Jossey-Bass. p15-45.

Herr, E. L., & Cramer, H. S.(1996) *Career guidance and counseling through the life span: Systematic approaches*(5th ed.) New York：Harper Collins.

Holland, J. L.(1985) *Making vocational choices.* Englewood Cliffs, NJ; Prentice-Hall.（渡辺三枝子・松平純平・館暁夫〔訳〕（1990）『職業選択の理論』雇用問題研究会）

金井篤子（2003）「キャリア・カウンセリングの理論と方法」藤山英順・森田美弥子・川瀬正裕〔編〕『21 世紀の心理臨床』ナカニシヤ出版, p212-227.

金井壽宏（2002）『働く人のためのキャリア・デザイン』PHP 新書, p133-143.

川喜多喬（2005）「キャリアという言葉の歴史から考える」文部科学教育通信, 115, 22-23.

菊池武剋（2008）「キャリア教育とは何か」日本キャリア教育学会〔編〕『キャリア教育概説』東洋館出版社, p12-14.

厚生労働省（2017）『「セルフ・キャリアドック」導入の方針と展開：従業員の活力を引き出し、企業の成長へとつなげるために』

LePine, J. A., Podsakoff, N. P., & LePine, M. A.(2005) A meta-analytic test of the challenge stressor–hindrance stressor framework: An explanation for inconsistent relationships among stressors and performance. *Academy of management journal*, 48(5), 764-775.

Mitchell, K. E., Levin, A. S., & Krumboltz, J. D. (1999) Planned happenstance: Constructing unexpected career opportunities. *Journal of Counseling and Development*, 77, 115-124.

宮城まり子 (2002)『キャリアカウンセリング』駿河台出版社，p11-12.

文部科学省 (2004)「キャリア教育の推進に関する総合的調査研究協力者会議報告書 ―児童生徒の一人一人の勤労観，職業観を育てるために―」

Nevill, D. D., & Super, D. E. (1986) *The Values Scale manual: Theory, application, and research*. Palo Alto, CA: Consulting Psychologists Press.

Nicholson, N., & West, M. (1989) *Managerial Job Change, Men and women in transition*. Cambridge University Press.

日本経団連出版〔編〕(2006)『キャリア開発支援制度事例集』日本経団連出版

二村英幸 (2009)『個と組織を活かすキャリア発達の心理学 自立支援の人材マネジメント論』金子書房

岡田昌毅 (2007)「ドナルト・スーパー：自己概念を中心としたキャリア発達」渡辺三枝子〔編著〕『新版キャリアの心理学 キャリア支援への発達的アプローチ』ナカニシヤ出版，p37.

Savickas, M. L. (2005) The theory and practice of career construction. In S. D. Brown & R. W. Lent (Eds.), *Career development and counseling: Putting theory and research to work*. Hoboken, NJ: John Wiley & Sons. p42-70.

Schein, E. H. (1965) *Organizational psychology*. Englewood Cliffs, NJ: Prentice-Hall. (シャイン，E. H. 松井賚夫〔訳〕(1966)『組織心理学』(原書第 1 版) 岩波書店)

Schein, E. H. (1978) *Career dynamics: Matching individual and organizational needs*. Reading, MA: Addison-Wesley. (二村敏子・三善勝代〔訳〕(1991)『キャリア・ダイナミクス ―キャリアとは、生涯を通しての人間の生き方・表現である』白桃書房)

Schein, E. H. (1985) *Career Survival: Strategic job and role planning*. Pfeiffer & Co. (金井壽宏〔訳〕(2003a)『キャリア・サバイバル ―職務と役割の戦略的プランニング』白桃書房)

Schein, E. H. (1990) *Career Anchors: Discovering Your Real Values, Revised edition. San Francisco*, CA: Jossey-Bass/Pfeiffer. (金井壽宏〔訳〕(2003b)『キャリア・アンカー ―自分の本当の価値を発見しよう』白桃書房)

Schlossberg, N. K. (1989) *Overwhelmed: Coping with life's ups and downs*. Lexington Books. (武田圭太・立野了嗣〔監訳〕(2000)『「選職社会」転機を活かせ』日本マンパワー出版)

Schlossberg, N. K., Waters, E. B., & Goodman, J. (1995) *Counseling adults in transition: Linking practice with theory (2nd ed.)* New York：Springer.

Stone, F. M. (1999) *Coaching, Counseling & Mentoring*. American Management Association.

Storey, W. D. (1979) A guide for career development inquiry: State-of-art report on career development. *American Society for Training and Development*. (ASTD Research Series Paper No. 2.)

杉谷一言 (1963)『職場のカウンセリング：部下指導の心理と技術』誠信書房

Super, D. E. (1957) *The psychology of careers*. New York: Harper & Row. (日本職業指導学会〔訳〕(1960)『スーパー 職業生活の心理学』誠信書房)

Super, D. E. (1963) Self-concepts in vocational development. In D. E. Super, R. Starishevsky,

N. Matlin, & J. P. Jordaan (Eds.), *Career development: Self-concept theory*. New York: College Entrance Examination Board. pp. 17-32.

Super, D. E. (1990) A life-span, life-space approach to career development. In D. Brown & L. Brook (Eds.), *Career choice and development: Applying contemporary theories to practice*. San Francisco：Jossey-Bass. pp. 197-261.

高橋浩 (2012)「キャリア支援」植村勝彦・高畠克之・箕口雅博・原裕視・久田満〔編〕『よくわかるコミュニティ心理学 第2版』, p164-165

高橋浩・増井一 (2019)『セルフ・キャリアドック入門：キャリアコンサルティングで個と組織を元気にする方法』金子書房

Tims, M., Bakker, A. B., & Derks, D. (2012) Development and validation of the job crafting scale. *Journal of vocational behavior*, 80(1), 173-186.

若林満 (1988)「組織内キャリア発達とその環境」若林満・松原敏浩〔編〕『組織心理学』福村出版, p230-261

渡辺三枝子 (2007a)「序章：キャリアの心理学に不可欠の基本」渡辺三枝子〔編著〕『新版キャリアの心理学 キャリア支援への発達的アプローチ』ナカニシヤ出版, p16-20

渡辺三枝子 (2007b)「結び：外国で育った理論の理解の困難さを再認識」渡辺三枝子〔編著〕『新版キャリアの心理学 キャリア支援への発達的アプローチ』ナカニシヤ出版, p214-219

渡辺三枝子・ハー (2001)『キャリアカウンセリング入門 人と仕事の橋渡し』ナカニシヤ出版

渡辺三枝子・平田史昭 (2006)『メンタリング入門』日経文庫 1093 日本経済新聞社

渡辺三枝子〔編〕・大庭さよ・岡田昌毅・黒川雅之・佐野光宏・中村恵・平田史昭・藤原美智子・堀越弘 (2005)『オーガニゼーショナル・カウンセリング序説　組織と個人のためのカウンセラーをめざして』ナカニシヤ出版

渡辺直登 (2002)「序章」宗方比佐子・渡辺直登〔編〕『キャリア発達の心理学』川島書店, p1-11

横山哲雄 (1995)「〔G3〕キャリア・デベロップメント・プログラム (CDP、キャリア開発制度」横山哲雄・小川信夫・呉守夫『個人を活かし組織を活かすキャリア・カウンセリング』生産性出版, p82-83

Wrzesniewski, A., & Dutton, J. E. (2001) Crafting a job: Revisioning employees as active crafters of their work. *Academy of management review*, 26(2), 179-201.

第10章
産業・組織における
カウンセリング

カウンセリングと聞くと、一般的には「個人のお悩み相談」という印象をもつかもしれません。確かに、カウンセリングは個人の援助を基本としていますが、それは間接的に組織の援助にもつながっています。

本章では、そもそもカウンセリングとは何か、その理論的背景や技法、プロセスについて説明します。カウンセリングがどのように産業・組織に役に立つのか、また、そのためにカウンセリングをどのように活用すべきかを念頭に学んでください。

担当　高橋　浩

1 節

産業・組織とカウンセリング

1. カウンセリングとは

　「カウンセリング」という言葉は、以前に比べればよく耳にするようになりました。しかし、誤用があったり、複数の定義があったりして、その真の意味が一般には浸透していないようです。ここでは、カウンセリングの起源や定義、役割・機能、類似活動との違いについて述べ、カウンセリングとは何かを浮き彫りにします。

（1）カウンセリングの起源

　カウンセリングの起源は、1900 年代のアメリカにおける職業指導運動、心理測定運動、精神衛生運動の 3 つの運動にあるといわれています。

　① 職業指導運動

　　カウンセリングの最も直接的な起源は、20 世紀初期にアメリカのボストンを中心として行われたパーソンズ（Parsons, F.）の職業指導（ガイダンス）運動にあるといわれています。当時のアメリカ社会は、都市化・工業化に伴う労働条件の変化が著しく、アメリカ社会で働くことに戸惑う青少年が多数出現しました。このような事態に対して、パーソンズは、1908 年に世界初となる職業指導相談機関である職業局をボストンの市民厚生館（Civic Service House）に開設しました。そして、そのときの職業指導の担当者を「カウンセラー」と呼びました。

　② 心理測定運動

　　職業指導に続いて心理測定運動が起きました。ソーンダイク（Thorndike, E. L.）は、「すべて存在するものは量的に存在する。量的に存在するものはこれを測定することができる」として、この運動をリードしていきました。そして、1905 年にビネー（Binet, A.）が知能検査を考案して以来、心理学的な検査の研究が盛んになり、その結果、米国連邦職業安定局による「一般職業適性検査」（General Aptitude Test Battery：GATB, 1934）や、ス

214

トロング（Strong, Jr. E. K.）の「職業興味検査」（Strong Vocational Interest Blank：SVIB, 1927）などをはじめとする多くの検査が開発されていきました。

③　精神衛生運動

　ビアーズ（Beers, C. W.）によって提唱された「精神衛生運動」もカウンセリングの発展に影響を及ぼしました。彼は、精神病院における患者の待遇改善を目的として全国精神衛生協会を設立しましたが、これを契機に患者の心理を理解し適切に対応することが求められるようになりました。

　その後、カウンセリングは主にアメリカを中心に実践と研究をあわせながら発展し、現在に至っています。

（2）カウンセリングの定義

　カウンセリングの定義は、研究者や団体によって異なっていて、統一されたものがあるわけではありません。しかし、それらには共通点があることも確かです。ハーとクレイマー（Herr, E. L., & Cramer, S. H., 1996）は、代表的なカウンセリングの定義を分析した結果、次の4つの共通要素を挙げています。

①大部分が言語を通して行われる「プロセス（過程）」である。

②その過程の中で、カウンセラーとクライエント（相談に来た人、来談者）はダイナミックに相互作用する。

③その過程の中で、カウンセラーは多様な種類の援助行動を取る。

④自分自身の行動に責任を持つクライエントが、自己理解し、さらに「よい」意思決定という形で行動がとれるようになるのを援助する。

　これらの要素を踏まえて、渡辺（2005）は、「カウンセリングは、自分自身の行動に責任をもつクライエントが自己理解し、さらに『よい』意思決定という形で行動が取れるようになることを目指して、個人を援助することである」という包括的な定義をしています。

2.　カウンセリングと類似の活動との違い

　カウンセリングは「個人面談による支援」という二者関係の支援活動が基本であるため、心理療法、臨床心理学、コーチングやメンタリング、コンサルテー

ションなどと混同されることがあります。これらの違いについて見ていきます。

（1）心理療法（サイコセラピー）との違い

　歴史的にはカウンセリングより心理療法のほうが古く、18世紀の医師メスメル（Mesmer, F. A.）による磁気療法や催眠療法、19世紀のフロイト（Freud, S.）の精神分析療法がその源流です。心理療法の学問領域は精神医学や心理学である一方、カウンセリングは教育学に属します。心理療法が「病理的人格（何らかの精神障害で苦しんでいる人）」を対象とするのに対して、カウンセリングは「健常者」を対象とします（國分, 1996）。また、心理療法が「苦悩を和らげ苦悩を生むような人格の変化を促す」のに対して、カウンセリングは「比較的苦悩が少ないクライエントの内面的な成長を助ける」ことを目的とします（下山, 2012）。カウンセリングの理論の多くは心理療法の理論を援用していますので混同されやすいようですが、両者は対象者や活動目的が異なっています。

（2）臨床心理学との違い

　カウンセリング心理学は、「個人が一生涯にわたる発達的過程を通して効果的に機能するのを援助することを目的とする」のに対し、臨床心理学の心理学的援助活動は「知的・情緒的・心理的・行動的障害や問題を把握し、予測し、かつ、それらを軽減することを目的とする」ものです（American Psychological Association, 1981）。これは心理療法との違いと類似しています。では、心理療法と臨床心理学の違いは何でしょうか。下山（2012）は、「心理療法はある特定の理論を前提として、その理論に基づく実践活動を行う学問」であり、他方、「臨床心理学は、他の専門職と協力し合い、多角的に個人や社会が抱える問題の改善を図る学問」であるとしています。臨床心理学のほうが対象や方法論が広範囲であるといえます。

（3）コーチング、メンタリングとの違い

　コーチングの目標が「従業員のパフォーマンスを改善すること」、メンタリングの目標が「従業員を組織の目指す方向に向かわせること」であるのに対して、キャリア・カウンセリングは「従業員個人が自己洞察を深め、新たな行動をと

るようになること」を目指しています（Bovard, K. K., Heiser, L. et al., 1999）。キャリア・カウンセリングとの比較ではありますが、コーチングやメンタリングの活動目的が組織上の成果であるのに対して、カウンセリングは自己解決できる能力や態度の習得といった個人の成長・発達に重きを置いていることが見て取れます。

（4）コンサルテーションとの違い

　心理学におけるコンサルテーションとは、活動における三者の協力関係を示すものです。コンサルテーションとは、専門家（コンサルタント）が別の専門家（コンサルティ）に対して、コンサルティが受け持つクライエントの問題を、コンサルティの仕事の中でより効果的に解決することを援助する関係です（宇留田，2003）。例えば、上司が部下の抱える問題について悩み、カウンセラーに相談した場合、カウンセラーが上司自身の自己理解や内面的な成長を通じて援助したならば、それはカウンセリングとなります。しかし、部下の問題解決について上司に対して情報や解決方法を提示したのならば、それはコンサルテーションになります。

　なお、三者による協力関係には、コンサルテーションの他にコーディネーション、コラボレーションがあります（図表10-1）。

　ここまでの類似活動の活動対象と目的を整理すると図表10-2になります。

図表 10-1　三者の協力関係による援助

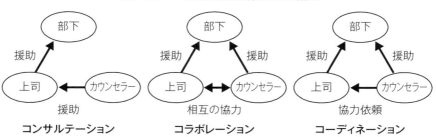

出所：宇留田（2003）p25を参考に筆者（高橋浩）一部修正

図表 10-2　類似活動の活動対象と目的

活動	対象者	活動目的
カウンセリング	問題を抱えた健常者	内面的な発達・成長の援助
心理療法	精神障害に苦しむ人	特定の理論に基づいた苦悩の緩和と人格変容
臨床心理学	精神障害に苦しむ人	他の専門家との協力による多様な障害の軽減
コーチング	従業員	パフォーマンスの改善
メンタリング	従業員	組織との方向性の一致
コンサルテーション	問題を抱えた他の専門家	より効果的な解決に向けた援助

出所：各種文献を参考に筆者（高橋浩）作成

3. 産業・組織におけるカウンセリングの役割

(1) カウンセリングの役割

　カウンセリングは、産業・組織の領域ではどのような役割を果たすのでしょうか。例えば、産業カウンセリングは、「勤労者の人間的成長を援助すること」を目的とし、「働く人の生涯にわたる成長過程を通して、その人が効果的に機能できるように、個人的・社会的技能を身につけ、さまざまな問題解決や意思決定の能力を発達させることを援助する過程である」とされています（日本産業カウンセラー協会, 2002）。また、欧米では組織におけるカウンセリングの有効性に着目しており、オーガニゼーショナル・カウンセリングという言葉が登場しています。ジョーンズ・ホプキンス大学によるオーガニゼーショナル・カウンセリングの定義は、「『組織内に生きる個人』と『個人の生きる環境としての組織』との相互依存関係に焦点を当て、個人と組織の双方の活性化を目指したカウンセリング」で（渡辺, 2005）。カウンセリングは本来、個人への支援が基本ですが、組織においては、個人と組織の両者を対象にして働きかけていく活動といえます。その意味で、カウンセリングの対象者は、組織で働く人々すべてであり、それは組織そのものともいえます。

218

第10章　産業・組織におけるカウンセリング

（２）カウンセリングの活動内容

　産業・組織におけるカウンセリングの活動内容としては、メンタルヘルス対策、キャリア開発（キャリア発達）、職場における人間関係開発の３つの援助があります（日本産業カウンセラー協会，2002）。

①　メンタルヘルス対策への援助

　　　メンタルヘルス維持のための予防活動とカウンセリングを行います。問題行動の除去や治療的カウンセリングだけでなく、予防のためにストレス対処への援助やリラクセーションの指導、メンタルヘルス教育を行います。また、管理監督者へのコンサルテーションや企業の経営方針、人事施策などに対するフィードバックなど組織への働きかけも行います（第11章参照）。

②　キャリア開発（キャリア発達）への援助

　　　産業構造の変化、技術革新の進展、就業意識や就業形態の多様化、人事処遇制度の変化など、近年のキャリアを取り巻く環境は多様化し不確実性が増してきています。その中で、働く人の職業生活のクオリティ（QWL：Quality of Working Life）や技能を高め、自分の問題を自ら解決して自己実現できるよう援助します。また、組織によるメンバー活性化の施策などを有効に実施できるように組織へ働きかけ、個人と組織が Win-Win になるような関係を構築します（第９章参照）。

③　職場における人間関係開発への援助

　　　人間関係開発には大きく分けて組織開発と対人関係開発があります。組織開発では職場集団が活性化するよう、リーダーシップ能力の開発や働く人の相互理解の促進といった人間関係能力の開発、チームワークの形成や集団の意思決定能力の向上をねらった集団的能力開発のトレーニングを実施します（第３章・第８章参照）。

　　　対人関係開発では、管理監督者向けには部下に対するカウンセリング・マインド研修や、従業員向けには適切な対人関係力をつくるソーシャル・スキル・トレーニング、適切な自己表現を習得するアサーション・トレーニングなどを実施します（第３章・第５章参照）。

219

（3）産業・組織におけるカウンセリングの意義

① カウンセリングによる個人への効果

　　カウンセリングによって期待される個人への直接効果として、a) 症状の消失、b) 人間関係の改善、c) 自信がもてるようになる、d) 生き方が楽になる、e) こだわりが少なくなる、f) 積極的に自分の問題と向き合えるようになる、などが挙げられます（日本産業カウンセラー協会，2002）。つまり、産業・組織におけるカウンセリングは、「メンタルヘルス」（第11章）、「集団と人間関係」（第3章）、「コミュニケーション」（第5章）、「ワーク・モチベーション」（第4章）に影響を及ぼすものなのです。

② カウンセリングによる組織への効果

　　カウンセリングの間接的な効果として、a) 不平不満の解消、b) 適性、能力の把握、c) 欠勤者の減少、d) 定着率の向上、e) 生産性の向上、f) 職場の活性化、g) 企業への信頼感、安心感の醸成、などがあります（日本産業カウンセラー協会，2002）。これらのことは、個人への効果が組織へと波及することを意味しています。産業・組織心理学における「人材育成」（第8章）や「キャリア発達」（第9章）などに影響を与えています。

③ カウンセリングの意義と課題

　　カウンセリングの役割は、かつて上司や先輩が担っていたものです。現代の組織では、上司や先輩の目がメンバー一人ひとりに届きにくくなっています。その結果、人間関係の問題が増加し、メンタルヘルスやキャリアへの関心が高まっていると思われます。このような社会の中で、個人を尊重し、個人を活性化しつつ、組織との橋渡しをするカウンセリングは、ますます重要な役割を担うことになるといえます。

　　ただし、カウンセリングの効果はわかりにくいものです。なぜなら、クライエントの問題解決や内面的な成長は外からは見えにくいからです。また、人は環境との相互作用があるため、効果の主要因がカウンセリングによるものか、それ以外によるものかの判断が困難だからです。カウンセリングの効果を量的に測定する方法の開発は、カウンセリングを組織に導入し定着させるうえで重要な課題といえるでしょう。

第10章 産業・組織におけるカウンセリング

2節
カウンセリングの理論

1. カウンセリング理論とは

（1）カウンセリング理論の要素

　カウンセリング理論は、研究者が面接や調査で得られた現象から事実を発見し、いくつかの事実から抽象化・一般化した概念を生み出し、それらの概念を相互に連係して1つにまとめあげたものです（國分，1980）。カウンセリング理論は、当然ながらクライエントの問題の解決の援助に寄与するものでなくてはなりません。したがって、理論は、①人間観（人間とは何か。人間をどう見るか）、②性格論（性格とは何か。それはどのように形成されるか）、③問題発生（問題行動はどうして起こるか。発生のメカニズムは何か。医学でいう病理に相当）、④支援目標（「治る」とは何か。健常とは何か。目的地はどこか）、⑤カウンセラーの役割（目標達成のためにカウンセラーは何をなすべきか）、⑥クライエントの役割（目標達成のためにクライエントは何をなすべきか）、⑦限界（その理論が適用できない問題や対象は何か）、に答えるものでなければなりません（國分，1980）。

（2）カウンセリング理論の有効性

　カウンセラーは、カウンセリングを行うに当たって、まずクライエントの悩みや問題行動の原因およびメカニズムを把握して、次にそれに対処できるようにクライエントを支援していきます。この際に利用するフレーム・ワークがカウンセリング理論です。日本産業カウンセラー協会（2002）はカウンセリング理論の有効性として以下のことを挙げています。

　①出来事を客観的に見る基本的な視点を与える。
　②さまざまな出来事を共通した枠組みで理解することができる。
　③これから起こる出来事や行っている活動の結果を予測することができる。
　④今、体験している事柄を説明することができる。
　⑤体験を反復、再現することができる。

221

2. カウンセリングの基本的な理論

カウンセリング理論は多数ありますが、ここでは、まずカウンセリングを行ううえで押さえるべき基本的な理論について紹介します。

（1）精神分析理論

精神分析理論はフロイト（Freud, S）によって1900年に創始され、心の構造や反応と、その原理などについて説明した理論です。「無意識」によって人の問題行動を説明する点が大きな特徴です。

① **人間観**

人間は本来、イド（id）あるいはエス（es）による本能的な動物であり、快楽原則に従って生きているとし、性悪説的な立場をとります。

② **性格論**

性格は幼少期からの生育史によって形成されるとしています。フロイトは、人間の心の構造を「意識」「前意識」「無意識」の三層で形成されているとしました（局所論）。意識とは今気がついている心の部分、前意識とは、今は気がついていないが努力によって意識化できる心の部分、そして無意識とは、抑圧されていて意識化できにくい心の部分のことです。また、フロイトは心を、「イド」「自我（ego）」「超自我（super-ego）」の3つで構成されるとしました（構造論）。イドは本能的な欲求を満たそうとします（快楽原則）。しかし、それを直接満たそうとすると非社会的になるため、通常イドは無意識の領域に抑圧されます。自我は、現実社会に対処していくものであり、イドと超自我との間に立って現実との調和を図る働きをします（現実原則）。超自我は、幼少期から親や教師などからのしつけやモラルなどが取り入れられて発達し、自分を律する働きをします（図表10-3）。

フロイトは、成長する発達段階ごとに対応する身体の部位があり、そこに集中する心的エネルギーであるリビドー（libido）が満足されることで健全なパーソナリティが発達するとしています。満たされなかった場合には、その部位に固着が生じてしまい、その部位に応じた特定の性格が形成されるようになります。

図表10-3　フロイトの局所論・構造論

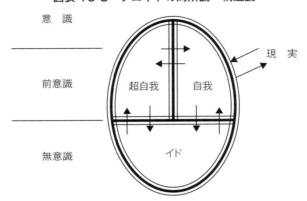

出所：日本産業カウンセラー協会（2002）p120

③　病理論

　イドによる欲求と現実との間に生じる葛藤をうまく解消できない場合にイドの欲求を無意識に押し込める「抑圧」が生じ、心の問題や問題行動が生じるようになります。つまり、意識できない葛藤が問題を生じさせていると考えるのです。

④　支援目標

　無意識に抑圧された欲求を意識すること、すなわち「無意識の意識化」を支援の目標としています。これにより、無意識の葛藤に気づき（洞察）、意識的に了解することで問題が解決されると考えます。

⑤　支援方法

　無意識を探る方法として、判断や選択をせず、何でも頭に浮かぶことをありのままに語らせる「自由連想法」や、無意識の現れである夢について詳しく語らせその意味を解釈する「夢分析」があります。これらの方法を用いる過程でクライエントは、カウンセラーに対する抵抗（沈黙や拒否、面談のキャンセルなど）や転移（主に幼少期に親に向けた感情や願望を治療者に向けること）を示すことがあります。そこで、その抵抗や転移の原因となる抑圧や防衛を探るようカウンセラーはクライエントを分析します。

（2）来談者中心療法

　来談者中心療法は、1951年にロジャーズ（Rogers, C. R.）によって提唱された療法です。ロジャーズは、従来指示的であったカウンセリングを批判し、非指示的な技法を発展させてこの理論を作りました。現在では、この理論が示すカウンセラーの態度は、どの理論を用いる場合であっても重要であるとされています。

①人間観

　　人は先天的に自己成長や自己実現に向かう力を内在しているとし、性善説の立場をとります。

②性格論

　　本人が自分自身をどう捉えているかという「自己概念」が行動の核になるとしています。その自己概念は、周囲の人からの評価や、さまざまな経験を取り入れて形成されるとしています。

③病理論

　　自己概念と実際の経験のズレ、すなわち「自己不一致」が問題行動の原因であると考えます。例えば、「自分は優秀な人間である」という自己概念をもっている人が、自分よりも先にライバルが昇進した状況に直面すると、「ライバルより低く評価された」という経験と自己概念の間にズレ（自己不一致）が生じ、何らかの不満感や悩みを抱くことになります。

④支援目標

　　ありのままの自分や経験を歪曲や否認をせずに受容し、自己一致させることです。例えば、「ライバルの実績を考えると昇進は妥当である」と現実を認め、「自分はこのくらいの実力である」と素直に受け入れられると自己一致に至ることができます（図表10-4）。

⑤支援方法

　　積極的傾聴を主とします。他者からの指示や強制はかえって人本来がもつ自己成長や自己実現の力を妨げてしまうので、積極的傾聴を行うことでそれらの力を引き出します。また、積極的傾聴は、クライエントが自身の

第10章　産業・組織におけるカウンセリング

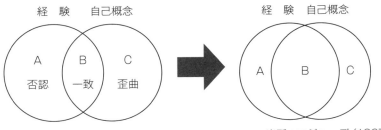

図表10-4　自己概念の変容

出所：ロジャーズ（1967）

姿を直視し、これまで意識しなかった自分自身に気づく機会を与えます。

　なお、カウンセラーの積極的傾聴の基本的態度には、a) 無条件の肯定的配慮（受容ともいい、良し悪しなどを判断せずクライエントを尊重すること）、b) 共感的理解（あたかもクライエント自身になったかのように感じ取ること）、c) 自己一致（純粋性ともいい、カウンセラー自身も自分の内面に生じていることを歪曲や否定をせず、感じ取ること）の３つがあります。

(3) 行動療法

　行動療法は、パブロフ（Pavlov, I. P.）やソーンダイク、スキナー（Skinner, B. F.）、バンデューラ（Bandura, A.）などの研究者によって作られた学習理論に基づいています。無意識や自己概念などのように目に見えないものを扱うのではなく、学習によって形成され目で確認できる「行動」を扱います。

① 　人間観

　性善説にも性悪説にも立たず、人間は後天的な条件づけ（学習）次第で行動が決定するという立場をとります。

② 　性格論

　性格は、環境からの刺激に対する無数の反応の仕方の集合であり、条件づけ（学習）の結果で形成されるとしています。したがって、性格は反応の仕方を再学習することで変えられると考えます。

③ 　病理論

　問題行動は、反復的な経験による不適応行動の学習、あるいは未学習の

結果により生じます。例えば、不安や恐怖は、何らかの状況下で受けた刺激と結びつけられることによって、類似の状況に遭遇したときに再び湧き上がってきます。これは「レスポンデント条件づけ（古典的条件づけ）」で説明できます。また、苦痛がたまたま行ったある行動によって解消される経験をすると、その行動が苦痛解消という報酬になるため、類似の苦痛に対するその行動頻度が増加します。これは「オペラント条件づけ」で説明できます。本人も無意味と思いつつも同じ行為を繰り返してしまう強迫症は、これに当たります。

④　支援目標

　行動療法は、不適応行動の修正を目標とします。そのために、刺激と反応の結びつき方を再学習させることを目指します。その第一歩として、行動分析によって不適応行動の前後にある刺激や報酬を調べ、不適応行動の形成あるいは持続される学習のメカニズムを明らかにします。

⑤　支援方法

　学習理論に基づいた行動変容の技法が開発されています。以下、その代表的な技法を説明します。

　a）系統的脱感作法

　　不安や恐怖を克服する方法の1つです。不安や恐怖に対して拮抗するリラックス状態を作ることで、不安や恐怖を打ち消す方法です。不安階層表に沿って、不安や恐怖が軽いものから順に打ち消していきます。レスポンデント条件づけに基づく技法です。

　b）トークン・エコノミー法

　　適切な反応に対してトークン（代用貨幣）という報酬を与えて、目標とする行動を強化する方法です。トークンが一定量に達すると、景品や何らかの活動許可が得られるといった報酬と交換できるようにします。オペラント条件づけに基づく技法です。

　c）モデリング法

　　モデル（手本となる人物）を観察することで、新たな行動を学習したり、行動を修正したりするものです。バンデューラの社会的学習理論に基づいています（Bandura, 1971）。

3. 産業・組織において有効な理論

ここでは、産業・組織において有効かつ参考になる理論について紹介します。

（1）認知行動療法

認知行動療法は、行動療法の考え方に加えて、物事の受け止め方である認知による影響を加味した心理療法です。効果の有効性が実証されている療法で、うつ病などの改善によく用いられます。

① 人間観および性格論

出来事をどのように認知するかによって感情や行動が影響されると考えます。

② 病理論

認知の仕方は個人特有なので、問題行動はその認知を通じた学習、あるいは学習不足による結果と考えます。

③ 支援目標

認知の歪みを消去・修正したり、また学習不足については認知を考慮した学習で補足することで、感情・思考・行動の改善を目指します。

④ 支援方法

モデリング法や社会的スキル訓練法（SST：Social Skills Training）、自己コントロール法などをカウンセラーの指示に従ってクライエントが行うことで、個人の信念や価値観などの認知を修正します。

（2）論理療法（RT）または認知・感情・行動療法（REBT）

論理療法は、1955 年頃、エリス（Ellis, A.）によって創始された心理療法です。当初、「論理療法（RT：Rational Therapy）」と称していましたが、1970 年以降、感情や行動も扱う「認知・感情・行動療法（REBT：Rational Emotive Behavior Therapy）」へと発展してきました。認知行動療法と類似していますが、その起源も理論的背景も異なる理論です。一般の人にも比較的わかりやすく活用しやすい理論です。

① 人間観

人間は、それぞれ固有の信念（ビリーフ：belief）をもっていて、その信念は本来は合理的（ラショナル：rational）であると考えます。
② **性格論**
信念が人間の思考・感情・行動などの性格を規定し、その信念は後天的なものと考えます。
③ **病理論**
出来事を「非合理な信念（イラショナル・ビリーフ：irrational belief）」で捉えることで、問題行動や悩みが発生すると考えます。
④ **支援目標**
信念を非合理から合理へと訂正することを目標とします。
⑤ **支援方法**
「出来事（Activating events）」について、非合理な「信念（Beliefs）」があるために、悩みという「結果（Consequences）」が生じるので、その非合理な信念を「論駁（反論）（Disputing）」して事実や論理に即した合理的な信念に訂正すれば、悩みの解消という「効果（Effects）」が得られると考えます。これを ABCDE 理論といいます（図表10-5）。例えば、仕事をミスして（A）、「自分はダメだ」と自己卑下した場合（C）、「自分は完璧であるべきだ」という非合理の信念（B）があると考えられます。このとき、「ミスをしない人間は存在しない」と反論し「再発防止に努めよう」と合理的な信念に訂正すると(D)、前向きな気持ちと行動が生じるようになります(E)。

図表10-5　ABCDE 理論

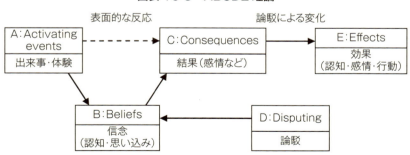

出所：筆者（高橋浩）作成

（3）短期療法（brief therapy）

短期療法は、心理療法の短期化や効率化を目指して開発された心理療法の総称です。アメリカのMRI（Mental Research Institute）は、1966年から短期療法の開発を行ってきました。BFTC（Brief Family Therapy Center）アプローチや、ナラティヴ・アプローチ（Narrative Approach）、解決志向アプローチ（SFA：Solution Focused Approach）などがあります。忙しい社会人にとって、面談に何回も通うことは時間的および経済的負担が大きく、短期療法の必要性が高まっています。以下に、解決志向アプローチについて説明します。

① 人間観

自分のありたい姿に向かって積極的に行動する存在と考えます。

② 性格論および病理論

求めている状態（ゴール）が不明確、あるいは、ゴールに移行するための行動がとられていないことが原因であると考えます。

③ 支援目標

ゴールを明確にして、そのために効果的な行動を起こす、あるいは効果的でなければ別の行動を起こすことを目標とします。

④ 支援方法

クライエントのゴールを明確にするための支援や、ゴールに到達するために何をするかについての有効な質問を行うことで、行動を喚起します。

ほとんどの心理療法がクライエントの過去に悩みの原因を求めてその分析や解消を目指すのに対して、解決志向アプローチはあまり過去には触れず、クライエントの求める未来を目指して支援するという特徴があります。

（4）家族療法（family therapy）

家族療法は、クライエントだけでなく、その家族全体を含めたシステムを支援対象とします。このシステムを支援対象とする考え方は、決して家族だけに適用するものではなく、組織にも適用できるものです。

① 病理論

家族同士が相互に影響し合っており、その結果、たまたま家族の一部に問題が生じると考えます。このような意味を込めて、家族療法では、問題

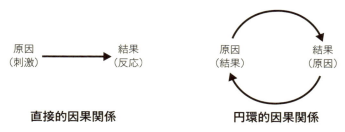

図表 10-6　直接的因果関係と円環的因果関係

出所：日本産業カウンセラー協会（2002）p137

をもった人を「患者とされた人（IP：Identified Patient）」と呼び、問題はIPではなく家族というシステムにあると考えます。家族システムにおいて原因と結果は、直接的因果関係にあるのではなく、結果が次の原因になるような円環的因果関係（図表10-6）にあり、個人とシステムは相互に影響を及ぼし合うと考えます。

② 支援目標

家族メンバー自身が家族の相互交流のパターンに気づき、家族システムの機能を回復させることを目標とします。

③ 支援方法

以下の4点から問題解決の仮説を立て、解決を図っていきます。

a）家族のライフサイクルの段階と家族が直面している発達課題に気づかせる。

b）IPの存在や症状が家族においてどのような意味をもつかを考えさせる。

c）家族の構造、特に連合、所属サブシステム、葛藤、葛藤解決の際の家族メンバーの動きに気づかせる。

d）家族の現実認識、現実的問題処理能力はどの程度かに気づかせる。

家族療法の考え方を組織に当てはめると、組織で発生する個人の問題は、組織のシステムに問題があるかもしれない、という新たな視点を与えてくれます。個人への支援だけでなく、組織のシステムをどのように変化させるかもカウンセラーに求められる役割の1つであるといえます。

4．カウンセリング理論の限界

　カウンセリング理論には、前述の理論の他に、「特性因子理論（trait-factor theory）、バーン（Berne, E.）の「交流分析（TA：Transaction Analysis）」、パールズ（Perls, F. S.）の「ゲシュタルト療法（gestalt therapy）」など、多数存在します。それはなぜでしょうか。國分（1980）は、カウンセリングの理論が自然科学の諸理論と違い、実証的資料が豊富ではなく提唱者の主観が多量に導入されてしまうことを指摘しています。このことは、１つの理論だけですべての悩みや問題を説明したり予測したりすることが不可能であることも意味しています。どの理論にも限界があり万能な理論は存在しないということです。したがって、特定の理論に固執せず、クライエントの支援に最も有効と思われる理論や技法を柔軟に選択することが大切です。このような考え方を折衷主義（eclecticism）といいます（コラム「折衷主義と技法の統合」参照）。

　クライエントの抱える問題によっては、いずれの理論でも有効でない場合がありえます。その場合には、カウンセラー自身の経験や生き方、人生哲学が問われることになります。そのため、各カウンセラーがカウンセリングの諸理論に触れることを通じて、カウンセラー自身のパーソナリティに適した理論を構築していくことが望まれます。自分の理論を構築する際には①利便性（使いやすく、単純化されている）、②守備範囲の広さ（できるだけ広く人生の諸事象に適用できる）、③実証性（知識を他者と共有できる）の３つの条件を満たすことが必要です（國分，1980）。

3節
カウンセリングの技法

1. カウンセリングの技法とは
～マイクロカウンセリングより～

　カウンセリングは理論だけで実施することはできません。カウンセリングは、カウンセラーが何らかの態度や姿勢を示したり、発言や行動で相談者に働きかけながら進んでいきます。その態度・姿勢・言動の中で、カウンセリングとして効果的な共通の「型」として構築されたものが「技法」といえます。しかし、技法は、知的な理解だけでは有効に機能しません。なぜなら、技法の実用上の意味が理解されていなかったり、理屈どおりにはうまく用いることができなかったりするからです。各技法をさまざまな場面で繰り返し訓練していくことで初めて有効なカウンセリングとして機能するのです。

　カウンセリングの技法は、カウンセリングの理論や流派などにより技法自体の違いがあったり、また同じ技法でも名称に違いがあったりします。この節では、アイヴィ（Ivey, A. E., 1985）が開発したマイクロカウンセリング（カウンセリング技法を詳細に分割し機能的に整理した理論、図表10-7）に基づいて技法を説明します。

2. 代表的なカウンセリング技法

（1）かかわり行動

　カウンセリングの基本的な技法は、クライエントの話を聴く「傾聴」です。「傾聴」を具体的な行動として表したものが「かかわり行動」です。これには4つの項目があります。

　　① 視線を合わせる

　　　凝視する必要はありませんが、視線を合わせることは相手に関心があることを意味します。

　　② 身体言語に気を配る

第10章　産業・組織におけるカウンセリング

図表10-7　マイクロ技法の階層表（1995）

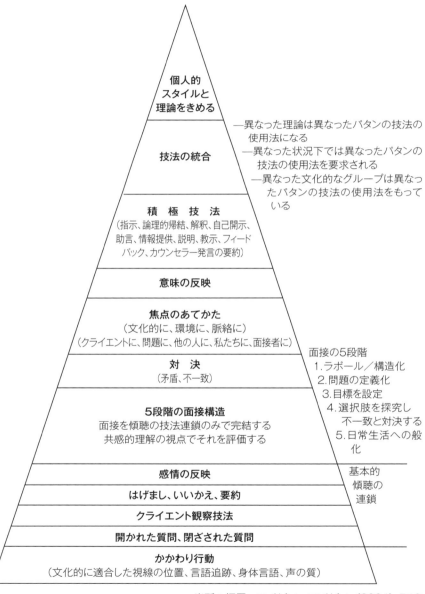

出所：福原・アイビィ・アイビィ（2004）P19

コミュニケーションの 85% は非言語（身振り、手振り、表情など）といわれています。話を聴いてもらっていると実感してもらえるように、身体言語を用いましょう。例えば、「楽な姿勢で上体をやや前傾させる」とクライエントに関心をもっていることを示すことになります。

③　声の質

話すスピードや声の大きさ、調子の変化が、話に興味をもっているかどうかを表します。

④　言語的追跡

クライエントが言ったばかりのことや以前述べたことに対して自然に応答し、カウンセラーから話題を飛躍させないことです。

（2）かかわり技法

かかわり技法は、カウンセラーの支援の基盤となる技法であり、クライエントの成長と変容を促すものです（福原,Ivy, A. E. & Ivy, M. B., 2004）。これには、7つの技法があります。

①　クライエント観察技法

クライエントの視線や身体言語、声の調子を観察します。これは、クライエントとの関係性を構築する糸口となります。

②　質問

質問はクライエントとの会話に新局面を開き、論点を浮き彫りにし、クライエントが自己探求を深めるのに有効です。質問には、「はい」「いいえ」あるいは数語で返答できる「閉ざされた質問」と、「〜についてどう感じますか」などより多くの情報を引き出す「開かれた質問」があります。後者のほうが自己探求を促すのに役立ちます。

③　はげまし

会話をさらに促す技法です。うなずきや「ええ」「はい」「それで」や、クライエントが話しだす「間」を作ることで、クライエントの自己探求を促します。

④　いいかえ

クライエントが話すことをカウンセラーが聴いているということを示す

技法です。クライエントの話した事柄をそのまま返すのではなく、クライエントが言わんとする本質的なことを「つまり～ということを言いたいのですね」というようにクライエントに伝え返します。

⑤　要約

「いいかえ」よりも広範囲の会話をまとめて、その重要部分を短縮し具体化してクライエントに伝え返します。これにより、クライエントが話の全体を統合して、その話のエッセンスやテーマを明確にするのを促します。話を歪曲しないよう留意する必要があります。

⑥　感情の反映

クライエントのその場での情動を正確に感じ取る技法です。これは、クライエントとの共感を高めるのに有効です。言語・非言語を通じて伝わったクライエントの感情を言語化し、「あなたは～と感じているように聞こえます」と伝えます。

（3）焦点のあてかた技法

クライエントの探索の方向性は、カウンセラーが何に焦点を当てるかでも変わってきます。それゆえに、クライエントの気づきを促進し、思考のまとめを援助していくような焦点の当て方が重要です。かかわり行動や質問、いいかえなどの技法を用いながら、クライエント自身がその問題を探求するように、意識的かつ慎重に会話の流れを方向づけていきます。

（4）意味の反映

クライエントの生活体験（感情、思考、行為）に隠れた個人の「意味」を見出すための技法です。クライエントの最も大切な側面を述べている言葉、こだわりのある言葉について「それは何を意味しますか」などの質問をして、クライエントの意味、価値、意図を明確にしていきます。

（5）積極技法

積極技法の使用に当たっては、まず、かかわり技法を習熟していること、クライエントを操作することがないことを十分検討してください。また、積極技

法を用いることで、カウンセラーの影響が強すぎる場合や、クライエントが抵抗を起こしている場合は、影響力が弱い技法（図表10-7の下層の技法）に移るようにします。以下に主な技法を説明します。

① 解釈（リフレーミング）

　問題や心配事を見るための新しい枠組みをカウンセラーがクライエントに与えることです。解釈は「意味の反映」と対照的で、「現実」を新しい観点から再命名し、再定義し、意味を与えることです。解釈の値打ちは、解釈に対するクライエントの反応にかかっています。

② フィードバック

　クライエントの行動について、あるいは、他者がクライエントをどう見ているかについての資料を与えることです。決めつけや人格の否定をしないように「私はあなたを～と思った」などの表現を用いて具体的におこないます。その結果、クライエントの行動変化が生じたか、クライエントの役に立っているかを確認することが不可欠です。

③ 情報提供、助言、教示、意見、示唆

　クライエントが抱える問題に関係する情報などをクライエントに提供することです。クライエントの情報などの受け入れ状態や、情報などの明確さや具体性、提供するタイミングなどに留意します。

④ 自己開示

　自己開示はクライエントとの信頼関係を構築し、クライエントの自己表現を促進させるものです。自己開示は、「内容の表現」「感情の表現」「焦点の当て方」の3つを組み合わせた技法です。例えば、「私は～について～と感じています」と表現します。

（6）対決技法

　対決技法は、マイクロ・カウンセリングの中で上位に位置する技法です。この技法は、かかわり技法、積極技法、焦点のあてかた技法の組み合わせです。カウンセラーが非審判的な態度で対決技法を用いると、クライエントは自身の抱える矛盾や混乱、葛藤といった不一致を吟味するようになります。

　クライエントが示す不一致として、例えば、表現の不一致（面接の前半と後

第10章 産業・組織におけるカウンセリング

半で言っていたことが違う）や、言動の不一致（～をしたいと言いながら、実際はしようとしない）、言語表現と非言語表現の不一致（うれしいと言いながら、顔は引きつっている）などがあります。この不一致を指摘して、「この点はどういうことか」とクライエントに迫るのが対決技法です。対決技法は、クライエントを責めるためのものではありません。カウンセラーは、あくまでも非審判的な態度でクライエントにかかわることや、クライエントを問題にするのではなく不一致を問題にすることが大前提にあります。指摘した不一致の原因は何なのか、不一致にどのような意味があるのかを質問することで、クライエントが自身の問題の核心に迫っていくことを援助する技法なのです。

> **コラム**

> ## 折衷主義と技法の統合
>
> 　折衷主義とは特定の理論・方法・技法に固執しない立場のことで、目前のクライエントを助けるために役立つことなら何でもしてみようとする姿勢のことです（國分 , 1994）。クライエントの抱える問題の質やパーソナリティ特徴、その置かれている状況や、面接段階などを考慮したうえで、複数の理論・技法を柔軟かつ積極的に用います（日本産業カウンセラー協会 ,2002）。
>
> 　折衷主義は、クライエントに応じた柔軟な援助ができ、理論の不完全さを補完できるなどのメリットがある一方で、各理論の習得が中途半端になりやすいとか、技法の寄せ集めになる、依拠する理論が何か分かりにくいなどの批判があります。しかしながら、1人のカウンセラーがすべての理論を 100% マスターすることは困難です。自分のパーソナリティに適した理論を十分に学びつつ、自分なりに技法を統合していく（寄せ集めではなくなる）ことが最終的に求められる姿なのではないでしょうか。

237

4節
カウンセリングのプロセス

1. カウンセリングのプロセスとは

　諸技法を効果的に活用するには、面接を構造化することが大切になります（福原ら，2004）。面接の構造化とは、面接のプロセス（流れ）を明確にすることです。カウンセリングのプロセスは、カウンセラーの立脚する理論によって異なるものの、ある程度共通のプロセスが見出されています。福島・田上・沢崎・諸富（2004）は、共通のカウンセリング・プロセスには、①かかわり活動、②自己探索支援、③心理アセスメント、④自己直面化支援、⑤自己調整過程支援、⑥要約と自立支援の段階があるとしています（図表10-8）。以下、これらの段階について説明していきます。

2. 基本的なカウンセリング・プロセス

(1) かかわり活動：コミュニケーションを開く

　面接の初期段階でカウンセラーが行う活動です。クライエントは、困難な出来事に直面してカウンセラーに援助を求めるわけですが、そうであっても個人的な問題を他者に話すことにためらいや戸惑いを感じるものです。したがって、まずカウンセラーは、クライエントの個性を「尊重」し、クライエントとの間に

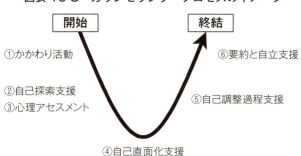

図表10-8　カウンセリング・プロセスのイメージ

出所：福島ら（2004）を参考に筆者（高橋浩）作成

信頼関係（ラポール：rapport）を築くようにします。次に、共に問題解決を協力し合い、お互いの役割やカウンセリングの目的について理解をする協働関係（作業同盟）を築きます。ここでは、主に第３節で述べた技法「かかわり行動」を中心に用います。また、クライエントに個性をもたらしているリソース（資源、能力）を見つけるための援助も行います。

（２）自己探索支援：経緯を話し、経験を探る支援をする

この段階では、クライエント自身が自分について目を向け（自己定位）、自分の心を探って（自己探索）いけるように援助します。そのために、「かかわり技法」や「焦点のあて方技法」を用います。例えば、クライエントが意識的にも無意識的にも言わんとすることをカウンセラーが受け止め、そのことについて「伝え返す」ことでクライエントの自己定位が生じ、「質問」することで自己探索が促されていきます。クライエントの発言や考えなどについて良いか悪いかといった価値判断をせず、クライエントと共に問題に取り組んでいくことに留意します。

（３）心理アセスメント：個性と問題を把握する

心理アセスメントとは、何らかの方法でクライエント自身や問題についての情報を収集して、クライエントの性格や問題のメカニズムについて理解し、解決に向けた方法を探ることです。方法としては、性格検査のような心理テストを用いることもありますが、多くは観察によりクライエントの発言や行動を確認したり、質問により思考や感情、価値観などを引き出したりします。アセスメントの目的は、アセスメントの結果にクライエントを当てはめるものではなく、広範な枠組みからクライエントの個性と問題への理解を深め、問題解決に向けた取り組みを明確にすることです（図表10-9）。

図表10-9　アセスメントの統合的理解

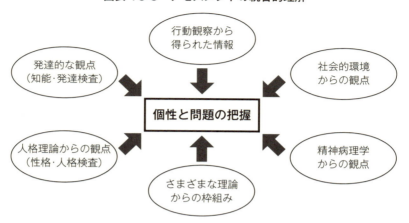

出所：福島ら（2004）p55

（4）自己直面化支援：クライエントが自己の心のありようを直視し、新しい視点から問題解決に取り組めるよう支援する

　クライエントが自己探索をしたとしても、ある一定以上プロセスが進まず堂々めぐりになる場合があります。このときこそ、クライエントがこれまで避けてきた自分自身と周囲の人、出来事との関係を直視し（自己直面化）、問題を新しい視点で捉え直す好機です。ここでは、クライエントの自己直面化の準備状態に応じて、かかわり技法、焦点のあて方技法、積極技法、対決技法を駆使します。自己に直面したクライエントは、自己と他者・出来事との関係に、問題の原因や自分にとっての意味を見出したりします。このことが、問題に対する新しい視点を与え、問題解決の見通しをもたらします。ただし、自己直面化に抵抗がある場合には、マイクロ技法のより低い階層の技法を用います。

（5）自己調整過程支援：クライエント自らが適応的な行動へと調整することを支援する

　これ以前のプロセスでは、クライエントの内面を主に扱ってきました。しかし、クライエントが、現実社会に対して行動し、かかわっていかなければ実生活上の問題解決には至りません。そこで、クライエントが環境適応に向けて、目

第10章　産業・組織におけるカウンセリング

標設定、計画立案、実行、そしてその過程を評価し、更なる行動改善をしていけるように支援する必要があります。つまり、自己調整過程支援とは、これらの一連の行為をクライエントが自律的に行えるようにすることです。

　目標設定では一気に最終目標を目指すのではなく、現時点のクライエントの意欲や力量から判断して、少しの努力で達成できそうな小目標を立てることです。いきなりの高い目標は、失敗と自信喪失、モチベーションの低下などにつながるからです。小目標を達成したら、更に少し高い目標を設定して成功体験を積み上げるようにします。これを続けることによって最終目標を達成できるよう援助します（スモール・ステップ法）。また、できなかったことに注目するのではなく、できたことに焦点を当てて、どのようにしたらうまくできたかを考えさせ、達成のためのスキルの習得と自己効力感の獲得を促進していきます。

（6）要約と自立支援：カウンセリングの振り返りと自立を支援する

　この段階は、カウンセリングの終結の段階になります。河合（1970）は、カウンセリングの終結の目安として次の4点を挙げています。

　①自己実現という観点から見て、クライエントの人格に望ましい変化が生じた。

　②クライエントの訴えていた症状や悩みなどの外的な問題についても解決された。

　③内的な人格変化と外的な問題解決の間の関連性がよく了解される。

　④以上の3点について、カウンセラーとクライエントが話し合って了解し合い、カウンセリングによってなした仕事の意味が確認できる。

　これらを確認するためには、カウンセリングの開始から現在に至るまでの経緯を振り返り、また、クライエントの努力をねぎらい、クライエントが自力で解決できるという自信を確認します。

　図表10-10に示すとおり、カウンセリング・プロセスは、クライエントとカウンセラーとの相互の協働関係であることが改めてわかります。

241

図表 10-10　カウンセリング段階構造図

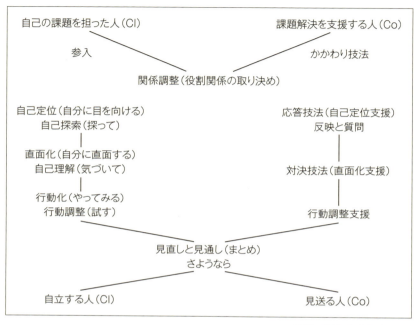

出所：福島（1997）p94

3．カウンセリング・プロセスと技法の統合

　これまでカウンセリング・プロセスの6段階を紹介しました。各プロセスの目的に応じて諸技法がどのように位置づけられているかが理解できたと思います。ただし、カウンセリング・プロセスの順序や進み具合は、必ずしもこのとおり進むわけではなく行きつ戻りつして進みます。重要なことは、クライエントの問題や状態などに応じて、カウンセラーが何らかの支援原則をもちつつ諸技法を自由自在に駆使できるようになる、すなわち技法が統合された状態になることなのです。

第10章　産業・組織におけるカウンセリング

5 節
カウンセリングの実施にあたり必要なこと

1.　さらに必要な知識

　産業・組織におけるカウンセリングは、これまで述べてきたこと以外にも理解しておくべき知識が多々あります。その中でも特に重要なものについて簡単に紹介します。

（1）パーソナリティ理論
　パーソナリティ（personality）とは、個人のうちにあって、その個人に特徴的な行動や思考を決定する心理物理的体系の力学的体制です（Allport, G. W., 1982）。つまり、その人らしい行動様式や思考様式、認知や判断、感情表出などに時間的・空間的な一貫性を与えているものです。パーソナリティの違いやその形成過程、パーソナリティによる行動傾向などの違いを知ることは、心理テストを行ううえでの基礎となりますし、何よりもカウンセリングにおける人格の尊厳や人間理解に不可欠なことです。

（2）心理テスト
　クライエントの情報を収集・分析し、問題について総合的な評価を行うことを「アセスメント」といいます（下山, 2012）。その1つの方法として「心理テスト」があります。心理テストは、クライエントの欲求や態度、情緒、性格などを調べるもので、その方法には、質問に回答することで情報を得る「質問紙法」や、抽象的図版を用いてクライエントが感じたことを回答してもらう「投影法」があります。心理テストを用いることによって、①クライエントの現在の状態を客観的・科学的に理解することができ、また、②クライエントの今後を予測することができます。その結果、③今後の援助の方針を立てたり、④結果についてクライエントと話し合って自己理解を深めたりして、カウンセリングをさらに進展させることができます。
　ただし、心理テストの使用に当たっては、使用する心理テストごとに十分な

243

訓練を受けている必要があります。心理テストの目的、使用方法、解釈の仕方、限界など、留意すべき点があり、これらを熟知せずに使用すると、かえってクライエントに負担をかけたり、悩みをこじらせるなどの問題が生じるからです。人格の尊厳をもって使用することを忘れないで下さい。

（３）人事労務管理（人的資源管理）

　企業が扱う人的資源、生産設備、資本の３つの経営資源のうち、人的資源を管理するのが人事労務管理（personnel labor management）です。近年では人的資源管理（HRM：Human Resource Management）ともいわれています。人事労務管理とは、「経営者が、従業員の採用から退職までの、個人の雇用に関して行う一連の自主的な管理施策」です（木村，1997）。

　産業・組織におけるカウンセリングには、人事労務管理が効果的に行われるような潤滑剤としての効果が期待されています。そのためには、それぞれの組織でとられている人事労務管理の目的や方法について理解し、さらに、その管理のキーパーソンとなる人事関係者などとの連携を図ることが必要です。カウンセラーは、人的資源を活性化させるための、組織と個人の仲介役であることも期待されています。

（４）労働法規および従業員規則など

　産業・組織において、多くの働く人々は使用者（雇用する側）、または雇用者（雇用される側）のどちらかの立場になります。両者とも労働に関するルール（労働法規）に基づいています。産業・組織においてカウンセリングをする場合には、これらの労働法規が背景として存在することを知っておく必要があります。

　主な労働法規として、①労働条件について定めた「労働基準法」、②労働災害の防止と安全と健康を確保するための「労働安全衛生法」、③最低賃金について定めた「最低賃金法」、④労働契約をめぐるトラブルを防止するための「労働契約法」、⑤雇用における性差別をなくし、女性の妊娠・出産についての待遇を確保する「男女雇用機会均等法」、⑥育児や家族の介護を行いやすくするための「育児・介護休業法」などがあります。さらに、これらの労働法規を踏まえて、

第10章　産業・組織におけるカウンセリング

それぞれの組織では従業員規則や行動規範などをはじめとする各種規則が定められています。

2. カウンセリングを学ぶには

（1）カウンセラー養成機関の利用

　カウンセリングに関する知識は書籍で得られます。しかし、実際に行うカウンセリングは訓練を受けて上達するものですから、やはり直接指導を受ける必要があります。直接指導を受けるには、カウンセラーの養成および資格認定を行っている民間団体の養成講座を受講する方法があります。また、カウンセリングを学習できる学部や研究科を設置している大学や大学院があります。最近では、社会人入学が可能な大学・大学院が多いので、学習しやすくなっています。ただし、カウンセリングには前述のように多様な理論があるので、各養成機関の指導者が、どのような理論を学んできたか、どのような訓練や指導を行うのかを確認し、自分の学習目的に合ったところを選んでください。

（2）自己研鑽とスーパービジョン

　本格的にカウンセリングを学ぶ方には、継続的な学習を推奨します。何らかのカウンセラー資格を取得した状態は、基本的なスキルと態度を習得した状態であり、必ずしも有効なカウンセリングができるとは限りません。むしろ、多くの弱みや課題が残っています。各養成機関が開催する研修を利用して自己研鑽を継続するようにしましょう。

　また、カウンセリングが独善的にならないように、さらなる上達を目指すには、スーパービジョンを受けることも必要です。スーパービジョンとは、カウンセラーが自分の担当する案件についてスーパーバイザー（指導者）に報告し、適切な対処方法を得るための指導を受けることです。これを受けることで、案件の適切な対処だけでなく、カウンセラーとして熟達していきます。

（3）カウンセリングの倫理

　カウンセラーの職業倫理とは、クライエントの権利を侵害しないためのカウ

245

ンセラーの心得です。國分 (1996) は、援助活動一般に共通する 16 カ条の倫理
事項を挙げています (カッコ内は筆者による補足)。

①クライエントとの心理的距離を保つ (援助的役割関係を確保して馴れ合い
　にならない)。
②二重構造のつき合いをしない (援助的関係以外に利害関係があることで援
　助に悪影響が生じるため)。
③秘密保持を心にとめる。
④秘密保持の限界を知る (自殺自傷や犯罪が考えられる場合はこの限りでは
　ない)。
⑤インフォームド・コンセントを心がける (クライエントが自己決定するの
　に必要な情報提供をする)。
⑥守備範囲を超えない (カウンセラーの能力や立場を超えない)。
⑦クライエントの自己決定の権利を尊重する (無理強いをしない)。
⑧クライエントを利用しない (カウンセラーの私利私欲に利用しない)。
⑨クライエントをひいきしない (クライエントをより好みして対応を変える
　ことはしない)。
⑩研修生はスーパービジョンを受けずにクライエントと面接しない (十分な
　訓練と指導を受けてから行う)。
⑪面接の一時中断は予告する。
⑫クライエントには面接記録・録画・録音を見る権利、聞く権利がある (自
　己発見の機会になる可能性がある)。
⑬カウンセリングで必ず治ることを約束しない。
⑭クライエントには他にも方法があることを知らせる (クライエントの自己
　選択の権利を奪わない)。
⑮面接を不要に長引かせない (クライエントの自立の時期を見失わない)。
⑯クライエントを操作しない。

　カウンセリングの基本は、個人を援助することですが、産業・組織で実施す
る場合は、個人の援助とともに、組織と個人の関係も考慮する必要があります。
個人のメリットを優先するあまり組織にデメリットが生じる、あるいはその反

対になるというような、組織と個人の対立関係を生むのではなく、むしろ、組織と個人が調和し、双方にメリットが生じるようなカウンセリングが望まれます。同時に、それをいかに達成していくかが産業・組織におけるカウンセリングの最大の課題でもあります。

【引用文献・参考文献】

Allport, G. W.(1937)Personality：A Psychological Interpretation. Henry Holt.(詫摩武俊・青木孝悦・近藤由紀子〔訳〕(1982)『パーソナリティ』新曜社)

American Psychological Association(1981)Speciality guideline for the delivery of services by school psychologists. American Psychologist, 36, 670-681.

Bandura, A.(1971)Social learning theory. New York：General Learning Press.

Bovard, K. K., Heiser, L. et al.(1999)Counselor to coach：New frontier for professional career counselors. Paper presented at ACA World Conference. San Diego, CA：April 17.

大学院入試問題分析チーム編集 日本編入学院企画 (2003)『臨床心理士・指定大学院合格のための心理学キーワード辞典』オクムラ書店

福原真知子, アイビィ, A. E., ＆ アイビィ, M. B.(2004)『マイクロカウンセリングの理論と実践』風間書房

福島脩美(1997)『カウンセリング演習』金子書房

福島脩美・田上不二夫・沢崎達夫・諸富祥彦〔編〕(2004)『カウンセリングプロセスハンドブック』金子書房

Herr, E. L., ＆ Cramer, S. H.(1996)Career guidance and counseling：Through the lifespan (5th ed.)New York：Harper Colins.

平木典子(1996)『家族カウンセリング入門 ─家族臨床援助─』安田生命社会事業団

アイヴィ, A. E.(1985)福原真知子・椙山喜代子・國分久子・楡木満生〔訳〕『マイクロカウンセリング』川島書店

河合隼雄(1970)『カウンセリングの実際問題』誠信書房

木村周(1997)『キャリア・カウンセリング　理論と実際、その今日的意義』雇用問題研究会

國分康孝(1980)『カウンセリングの理論』誠信書房

國分康孝(1994)「折衷主義」國分康孝〔編〕『カウンセリング辞典』誠信書房

國分康孝(1996)『カウンセリングの原理』誠信書房

森俊夫・黒沢幸子(2002)『＜森・黒沢のワークショップで学ぶ＞解決志向ブリーフセラピー』ほんの森出版

日本産業カウンセラー協会 (2002)『初級産業カウンセラー養成講座テキスト産業カウンセリング入門』日本日本産業カウンセラー協会

ロジャーズ, C. R.(1967)伊藤博〔編訳〕『ロジャーズ全集第8巻　パーソナリティ理論』岩崎学術出版

下山晴彦 (2012)『面白いほどよくわかる！臨床心理学』西東社

詫摩武俊・瀧本孝雄・鈴木乙史・松井豊（1998）『性格心理学への招待 自分を知り他者を理解するために』サイエンス社

宇留田 麗（2003）「コラム 1 コラボレーション」下山晴彦〔編〕『よくわかる臨床心理学』ミネルヴァ書房 24-25.

渡辺三枝子（2005）『オーガニゼーショナル・カウンセリング序説 組織と個人のためのカウンセラーをめざして』ナカニシヤ出版

第11章
職業性ストレスと
メンタルヘルス

　近年では、仕事や職業生活で強い不安・悩み・ストレスを感じる労働者が増えています。また、ストレスが高じてメンタルヘルス不調を発症する労働者も増加傾向にあります。つまり、現代社会はとてもストレスフルな時代といえるでしょう。

　こうした状況下では、労働者1人ひとりがストレスやメンタルヘルスに対する正しい知識を身につけて、適切な対応策をとることが求められます。

　そこで、第1節で職業性ストレスに関する代表的な理論やモデルを紹介したうえで、第2節ではストレスやメンタルヘルス不調に強くなるための着眼点を示します。

担当　高橋　修

1 節
職業性ストレスに関する理論・モデル

近年では、仕事や職業生活で強いストレスを感じる労働者が増えています。また、ストレスが高じてメンタルヘルス（心の健康）を悪化させる労働者も増加傾向にあります。

こうした現状に対して職業性ストレス研究は、個人に不快や疲労をもたらす外的要因であるストレッサーと、個人の内部に生じる各種のストレス反応であるストレインとを識別したうえで、両者の因果関係を明らかにすることを目指します。

1. 職業性ストレス研究の基盤

職業性ストレス研究の基盤となっているのは、セリエ（Selye, H.）の「汎適応症候群」、ホームズとラー（Holmes, T. H. & Rahe, R. H.）の「ライフイベント研究」およびラザルス（Lazarus, R. S.）らの「心理学的ストレスモデル」などの研究です。順に概観してみましょう。

（1）セリエの汎適応症候群

ストレス研究の端緒となったのは、セリエによる研究です。カナダのマックギル大学の生理学者であったセリエは、1936 年に『各種有害作用因によって引き起こされた症候群』という論文を発表しました（Selye, 1936）。わずか 1 ページの論文でしたが、このとき初めて「ストレス」（stress）という用語が有機体に適用されました。ちなみに本来ストレスとは、加えられた圧力に対して金属内に生じる弾性を意味する工学や物理学の分野で用いられてきた用語です。

セリエは、有害作用因として実験動物（ラット）を寒冷、外科的傷害、過剰な運動負荷などに曝し、さらにはアドレナリンやモルヒネなど種々の薬物を注入しました。その結果、有害作用因の種類にかかわらず、一定の全身的変化が実験動物に出現しました。すなわち、①胸腺・リンパ腺の萎縮、②胃・腸管の潰

250

瘍、③副腎皮質の肥大という３つの症候です。このことから、これらの変化は特定の有害作用因と対応した特定の症候ではないこと、またこれらの症候は、あらゆる有害作用因に置かれたあらゆる有機体に共通する一般的な症候であることを明らかにし、「汎適応症候群」（General Adaptation Syndrome：GAS）と名づけました。

　そして、汎適応症候群を生起させる有害作用因としての刺激や環境を「ストレッサー」（stressor）と命名しました。また、汎適応症候群のことを「ストレス」とも呼びました（筆者注：現在の「ストレス反応」の意味）。セリエによれば、汎適応症候群を生起させる刺激や環境はすべてがストレッサーであり、ストレス（反応）としての汎適応症候群とは、ストレッサーへの生物的な適応メカニズムなのです。ここから、有害なストレス（distress：ディストレス）と有益なストレス（eustress：ユーストレス）という考え方が生まれました。つまり、適度なストレスは適応力の増加につながるというストレスの有益面が、その有害面と同時に強調されたのです。

　その後、生理学におけるストレス研究は、汎適応症候群が生起する原因、その生理学的プロセス、症候群そのものの特徴についての精査の方向へ向かいました。これらの研究領域は「生理学的ストレス研究」と呼ばれています。

（２）ホームズとラーのライフイベント研究

　ストレス反応としての疾患発症を環境との関係から明らかにしようとする試みは、疫学や精神医学の立場からも行われています。その代表的な研究の１つが、ホームズとラーの「ライフイベント研究」です。

　米国のワシントン大学精神科のホームズらは、精神疾患の発症には発症以前に体験した生活上の出来事（ライフイベント）が深く関係し、特に出来事によって変化した生活環境へ上手く適応できないほど発症の危険性が高まると考え、生活に変化を起こさせるような出来事を計量することを試みました。

　具体的には、43項目のライフイベントからなる「社会再適応評価尺度」（Social Readjustment Rating Scale：SRRS）と呼ばれるチェックリストを作り、394名（男性179名、女性215名）の被験者に、それらのライフイベントを体験した際の適応に要する努力量と努力時間を主観的に判断させ記入させました。その際、

「結婚への適応」を 500 点として、これを基準に他のライフイベントを相対的に評価させました。そして、項目ごとに平均値を求めたところ、「配偶者の死」が最大値 1,000 点、「わずかな違法行為」を最小値 110 点とする結果が得られました。そこから、各項目の平均値の 1/10 値を「バリュー」（value）と名づけた図表 12-1 のような SRRS が得られました（Holmes & Rahe,1967）。

　その後、彼らは SRRS を用いて、過去 10 年間の体験と疾患発症との関係を調

図表 12-1　社会再適応評価尺度

順位	出来事	平均バリュー	順位	出来事	平均バリュー
1	配偶者の死	100	23	息子や娘が家を離れる	29
2	離婚	73	24	親戚とのトラブル	29
3	夫婦別居生活	65	25	個人的な輝かしい成功	28
4	拘留	63	26	妻の就職や離職	26
5	親族の死	63	27	就学・卒業	26
6	個人のけがや病気	53	28	生活条件の変化	25
7	結婚	50	29	個人的習慣の修正	24
8	解雇・失業	47	30	上司とのトラブル	23
9	夫婦の和解・調停	45	31	労働条件の変化	20
10	退職	45	32	住居の変更	20
11	家族の健康上の大きな変化	44	33	学校をかわる	20
12	妊娠	40	34	レクリエーションの変化	19
13	性的障害	39	35	教会活動の変化	19
14	新たな家族構成員の増加	39	36	社会活動の変化	18
15	仕事の再調整	39	37	1 万ドル以下の抵当（借金）	17
16	経済状態の大きな変化	38	38	睡眠習慣の変化	16
17	親友の死	37	39	団らんする家族の数の変化	15
18	転職	36	40	食習慣の変化	15
19	配偶者との口論の頻度の変化	35	41	休暇	13
20	1 万ドル以上の抵当（借金）	31	42	クリスマス	12
21	担保、貸付金の損失	30	43	わずかな違法行為	11
22	仕事上の責任の変化	29			

出所：Holmes & Rahe（1967）より訳出

査しました。その結果、1年間に体験した出来事の合計点（Life Change Unit：LCU）が300点以上の者の79%、200 ～ 299点の51%、150 ～ 199点の37%が、それぞれ過去10年間に何らかの疾患が発症していたことが明らかになりました。

このライフイベント研究は、引き続き多数の研究が行われ、現在までストレス研究の1つの主流となっています。しかし、批判や議論もあります。例えば、次にみる心理学者のラザルスは、以下の4つの点についてライフイベント研究を批判しています（ラザルス,1990）。

① ストレスを生活上の変化（イベント）と捉えており、日常的で慢性的なストレスが無視されていること。
② ライフイベントに対する個人的な意味合い（認知）が無視されていること。
③ ライフイベントに対する個人の対処行動が無視されていること。
④ 疾患との実際の相関が予想以上に低いこと（相関係数は0.2 ～ 0.3程度である）。

（3）ラザルスらの心理学的ストレスモデル

生理学や精神医学の領域で研究されていたストレスを、初めて本格的に心理学の枠組みの中で研究したのがラザルスらです。彼らは、ストレスが環境と個人との相互関係によって引き起こされるとする「心理学的ストレスモデル」を提唱しました（ラザルスとフォークマン,1991）。

ラザルスらは、ストレッサーを暑さ、寒さ、騒音などの物理的なものに限定せず、人間が生活していくうえで経験するさまざまな心理的、社会的な事象や出来事にまで広げました。そして、それらのストレッサーに曝されたときに、個人がいかに認知するか、またどのように対処するかという点を重視しています。このことは、以下の定義からも明らかです。

「心理的ストレスとは、ある個人の資源に何か負荷を負わせるような、あるいは、それを超えるようなものとして評定された要求である」（ラザルス,1990）。

この定義にしたがえば、第1に、心理的ストレスとは環境からの要求と個人の資源とのバランスによって規定されるものであり、仮に要求＜資源という関係であれば、その要求は当該個人にとって心理的ストレスにはなりません。第2に、要求と資源との関係は、両者のバランスに関する客観的な事実が重要な

のではなく、個人がそれを主観的に評定した結果が重要な意味をもつのです。つまり、単に環境の変化や、環境に対する反応だけからストレスを捉えているのではなく、個人の内的、心理的な過程を前提として、環境と個人との相互関係からストレスを捉えているといえます。

図表12-2は、心理学的ストレスモデルの概要を図示したものです（島津，2002）。「潜在的ストレッサー」は、心理的ストレスとなりうる環境からのさまざまな要求を意味します。これらの潜在的ストレッサーは、次の「認知的評定」の過程で要求が個人の資源を上回ると評定された場合に、初めて心理的ストレスとなります。

ラザルスらは、認知的評定として、一次的評定と二次的評定という2種類の評定過程を想定しています。そして前者の一次的評定は、さらに以下の3種類に区分されます。

① 無関係

　環境からの要求が、その個人の健康や幸福にとって何の意味ももたない場合になされる評定です。

② 無害・肯定的

　環境とのかかわりの結果が、肯定的、つまり良好な状態を維持し、強化

図表12-2　心理学的ストレスモデルの概要

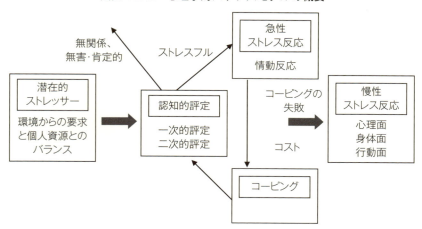

出所：島津（2002）p. 36

すると思われる場合になされる評定です。

③　ストレスフル

　　刺激状況によって、自分の価値・目標・信念などが「危うくなっている」「脅かされている」と判断される場合になされる評定です。

　このうち、無関係または無害・肯定的と評定された要求は心理的ストレスとはなりません。そして、ストレスフルと評定された場合にのみ心理的ストレスとなり、二次的評定が行われます。

　二次的評定とは、ストレスフルな状況を処理したり、切り抜けたりするために何をすべきかを検討する過程です。この過程は、環境上の手がかり、先行経験による学習内容、パーソナリティ、個人資源などに基づいて、次の過程でどのようなコーピング方略の選択が可能かを評定する段階です。

　この「コーピング」とは、心理的ストレスとなった刺激やそこから生起した情動を処理するための過程です。一般的にはコーピングが成功し、刺激や情動が適切に処理されれば、健康上の問題は生起しないか、たとえ生起したとしてもその程度は低いと考えられています。逆にコーピングに失敗すると、慢性的なストレス反応が引き起こされることとなります。

　以上のようなラザルスらの研究に影響されて、その後多くの心理学者がこの枠組みを用いた研究を行うこととなり、心理・社会的なストレッサーの同定、認知的評定のメカニズム、コーピング方略の研究が行われるようになりました。これらの研究領域は「心理・社会的ストレス研究」と呼ばれています。

2.　要因限定アプローチによる職業性ストレスモデル

　ここからは職業性ストレス研究について説明します。職業性ストレス研究は、前項で述べた生理学的ストレス研究や心理・社会的ストレス研究の知見を基盤としながら、職業場面における応用的な展開が図られている分野です。

　「職業性ストレス」（occupational stress）とは、「個人が特定の職業に就き、また特定の職務を遂行する過程において、その職業や職務から必然的にもたらされる外的圧力（ストレッサー：stressor）および、そのストレッサーに曝されることによって個人の側に生じる心理的・身体的・行動的反応（ストレイン：

strain）を表す複合的な概念」（渡辺 ,2002）です。

　この定義からも導かれるように、職業性ストレス研究は、個人に不快や疲労をもたらす外的要因である「ストレッサー」と、個人の内部に生じる各種のストレス反応である「ストレイン」とを識別したうえで、両者の因果関係を明らかにすることを目指します。そして、その研究方法は、働く個人にストレス反応を生起させるストレッサーを少数の要因で説明しようとする立場（要因限定アプローチ）と、より多くの要因を組み合わせて総合的に捉えようとする立場（多要因アプローチ）とに大別できます。そこで、この第2項では前者、次の第3項では後者の代表的な理論・モデルついて説明します。

（1）カラセクの要求度 - コントロールモデル

　カラセク（Karasek, R.）が提唱した「仕事の要求度 - コントロールモデル」（job demand-control model）は、「仕事の要求度」と「コントロール」つまり職務裁量の範囲との関係によって、心理的ストレインの多寡が決定するというものです（Karasek,1979）。

　カラセクによれば、この2つの変数の組み合わせによって職務特性は以下の4つに分類されます（図表12-3）。

　①　高ストレインな職務（high-strain job）
　　　仕事の要求度が高いにもかかわらずコントロールが低い群で、最も心理的ストレインが高く、疾病のリスクが高いと想定されます。
　②　能動的な職務（active job）
　　　仕事の要求度は高いもののコントロールも高いので、自己の能力を活かしているという実感があり、心理的ストレインはあまり高くない群です。
　③　低ストレインな職務（low-strain job）
　　　仕事の要求度が低くかつコントロールが高い群です。自分のペースで仕事ができるなどの裁量権があるので、心理的ストレインは最も低くなります。
　④　受動的な職務（passive job）
　　　仕事の要求度が低いもののコントロールも低いので、刺激に乏しく、仕事を通じて能力・スキルを発揮したり向上したりする可能性の低い群です。

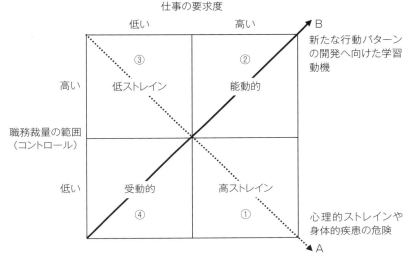

図表 12-3　仕事の要求度 - コントロールモデル

出所：Karasek & Theorell（1990）より訳出

心理的ストレインはあまり高くありません。

　この仕事の要求度 - コントロールモデルの特徴は、心理的ストレインは単なる仕事の要求度によっては決まらず、仕事のコントロールによって修飾されるとした点です。つまり、従業員が職務を遂行することは、必ずしもストレスフルなことではないという前提に立ちます。ここから、組織のアウトプットレベルや仕事の要求度に影響することなく（低下させることなく）、職務裁量の範囲を大きくするように職務を再設計することが心理的ストレインを低減させる、という示唆が導き出されます。

　ただし、このモデルに対する批判もあります。最も大きな批判は、モデルがあまりにもシンプルであり、仕事の要求度とコントロール以外の重要な変数を見逃しているという点です。例えば、ソーシャルサポート（社会的支援）が心身の安寧（well-being）に対してポジティブな効果をもち、さらにストレッサーによる身体的精神的な影響を和らげるという研究があります(例えば House, 1981) が、こうした点が考慮されていないという批判があります。

　このような指摘を受けて、ジョンソンとホール（Johnson & Hall,1988）は、仕

事の要求度 - コントロールモデルに社会的支援の要因を加え三次元に拡張した、「仕事の要求度 - コントロール - 社会的支援モデル」(demand-control-support model) を提唱しました。このモデルでは、仕事の要求度が高く、コントロールが低く、かつ社会的支援の少ない場合に、最もストレインや健康障害が発生しやすくなるとされています。

3. 多要因アプローチによる職業性ストレスモデル

次に、代表的な多要因アプローチとして、NIOSH の「職業性ストレスモデル」を紹介します。

職業性ストレス研究の主要な研究方法は質問紙調査です。米国では 1970 年代から質問紙調査による職業性ストレス研究が活発に行われてきましたが、期待されたほどの研究成果があがりませんでした。その理由として、ストレッサーとストレス反応の混同や重複、既存尺度の改変、信頼性や妥当性の不明な尺度の使用などがあり、そのために研究成果の蓄積や調査間の比較が困難であったためです。

この問題に関して、米国国立職業安全衛生研究所 (National Institute for Occupational Safety and Health : NIOSH) では、過去の文献レビューに基づいて「職業性ストレスモデル」を作成しました (Hurrell & McLaney,1988)。図表 12-4 に示すこのモデルは、基本的には因果関係モデルを前提にしています。すなわち、物理化学的環境、役割葛藤、役割不明確、対人葛藤、仕事の将来不明確、仕事のコントロール、雇用の機会、量的な作業負荷などの「仕事のストレッサー」が「ストレス反応」を引き起こします。ストレス反応としては、職務不満足、抑うつなどの「心理的反応」、身体的愁訴などの「生理的反応」、事故、アルコール・薬物使用、疾病休業といった「行動的反応」を想定しています。さらに、通常のストレス反応は一時的なもので休憩・休息、睡眠などにより元に戻りますが、場合によっては、ストレス反応が増強して過大となり、また持続的となり「疾病」の発生に至る可能性もある、とするモデルです。

加えて、ストレッサーとストレス反応との関連に影響を与える調整要因 (moderator) を想定しています。すなわち、年齢、性別、婚姻状態、勤続年数、

258

第11章　職業性ストレスとメンタルヘルス

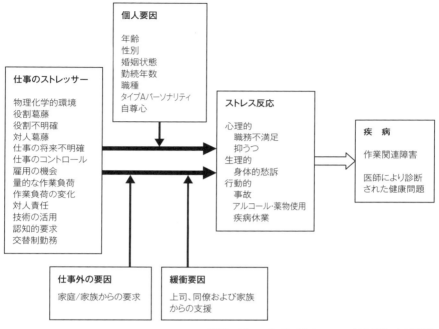

図表12-4　NIOSH職業性ストレスモデル

出所：Hurrell ＆ McLaney（1988）より訳出

職種、タイプAパーソナリティ、自尊心といった「個人要因」、家庭・家族からの要求を意味する「仕事外の要因」および上司、同僚、家族からの社会的支援を意味する「緩衝要因」の3つです。ここでは、社会的支援の存在がストレス反応を緩めることを想定しています。

　NIOSHの職業性ストレスモデルは、これまでの考え方を最も無難な形で提示したもので、それ自体は必ずしも独自のモデルといえるものではありません。しかし、その最大の特徴は、各変数の測定に使用する標準的な測定尺度をとりまとめたことにあります。信頼性・妥当性・使用頻度という選択基準を満たした尺度は、研究・調査間の比較検討を可能にしました。これにより、これまでの職業性ストレス研究で開発されてきたさまざまな測定尺度は総括されたといえるでしょう。

259

4. ワーク・エンゲイジメントと仕事の要求度−資源モデル

21世紀に入ると、人間が持つ強みなどに注目するポジティブ心理学の動きがあらわれました。このような動向の1つが「ワーク・エンゲイジメント」という概念です。

（1）ワーク・エンゲイジメントとは

オランダのユトレヒト大学の産業保健心理学者であるシャウフェリら（Schaufeli et al., 2002）によれば、「ワーク・エンゲイジメントは、仕事に関連するポジティブで充実した心理状態であり、活力、熱意、没頭によって特徴づけられる。ワーク・エンゲイジメントは、特定の対象、出来事、個人、行動などに向けられた一時的な状態ではなく、仕事に向けられた持続的かつ全般的な感情と認知である」と定義されています。つまり、ワーク・エンゲイジメントとは、「仕事に誇りややりがいを感じている」（熱意）、「仕事に熱心に取り組んでいる」（没頭）、「仕事から活力を得て活き活きとしている」（活力）の3要素がそろった状態です。

島津（2014）によれば、ワーク・エンゲイジメントを高める規定要因としては、「仕事の資源」と「個人の資源」があります。仕事の資源とは、例えば仕事のコントロール（裁量権）、役割の明確さ、上司や同僚の支援、上司の公正な態度、経営層との信頼関係、公正な人事評価など、仕事や職場、組織が有する強みを指します。また個人の資源とは、自己効力感（ある行動をうまく実行できるという自信、本章第2節第4項参照）、組織での自尊心、楽観性、レジリエンス（粘り強さ）など、個人の内部にある心理的資源を意味します。

それでは、ワーク・エンゲイジメントが高いと、どのような結果が得られるのでしょうか。結果要因（アウトカム）に関するこれまでの研究では、ワーク・エンゲイジメントが高い人は、①心身の健康が良好で睡眠の質が高いこと、②職務満足感や組織への愛着が高く、離転職の意思や疾病休業の頻度が低いこと、③自己啓発学習への動機づけや創造性が高く、役割行動や役割以外の行動を積極的に行い、部下への適切なリーダーシップ行動が多いこと、などが分かっています（島津, 2021）。

260

（2）仕事の要求度－資源モデル

上述したこれまでの実証研究をまとめると、ワーク・エンゲイジメントは、仕事の資源や個人の資源によって高められ、その結果、心身の健康、仕事や組織に対するポジティブな態度、仕事のパフォーマンス（生産性）向上につながるといえそうです。これらの関連を1つのモデルとして総合したのが、シャウフェリとバッカー（Schaufeli & Bakker, 2004）による「仕事の要求度－資源モデル」（Job demands-Resource Model: JD-R モデル, 図表12-5）です。

仕事の要求度－資源モデルは、仕事の要求度→ストレス反応→健康問題の流れを説明する「健康障害プロセス」と、仕事の資源／個人の資源→ワーク・エンゲイジメント→ポジティブな態度を説明する「動機づけプロセス」という2つのプロセスから構成されます。仕事の要求度とは、量的・質的な仕事の負荷、時間的切迫、役割の曖昧さ、役割葛藤、対人葛藤、物理化学的環境などのストレッサー（ストレス要因）を意味します。

従来のストレス・メンタルヘルス対策では、健康障害プロセスに注目し、仕事の要求度によって生じたストレス反応を低減させ、健康障害を防ぐことに注

図表12-5　仕事の要求度－資源モデル

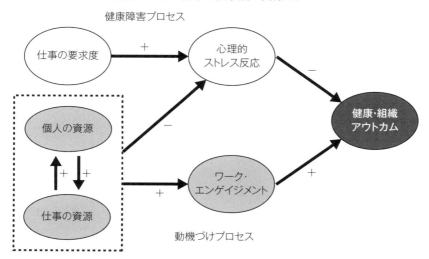

出所：島津（2014）p.59

力していました。しかし、これからのストレス・メンタルヘルス対策において
は、仕事の資源や個人の資源を充実させ、ワーク・エンゲイジメントを高める
ことが、心身の健康増進とパフォーマンス（生産性）向上とを両立させる鍵にな
ると考えられます（島津, 2014）。

第11章　職業性ストレスとメンタルヘルス

２節
ストレスやメンタルヘルス不調に強くなるための着眼点

　第２節では、第１節で紹介したさまざまな理論やモデルを踏まえて、ストレスの概念やストレス発生のメカニズムについて整理します。そのうえで、ストレスやメンタルヘルス不調に強くなる着眼点を４つの観点から説明します。

１．ストレス発生のメカニズム

　第１節では、ストレスに関するさまざまな理論やモデルを紹介しました。読者の皆さんは、少々頭が混乱してしまったかもしれません。そこで、それらの知見を踏まえながら、改めてストレスの概念やストレス発生のメカニズムについて整理しましょう。

　私たちは「ストレス」という言葉を日常的に用います。しかし、正確には「ストレッサー」と「ストレス反応」を分けて捉える必要があります。

- ●　ストレッサー

　　個人にとって、心理的あるいは身体的な負担となるような出来事や要求のことを意味します。「ストレス要因」ともいいます。

- ●　ストレス反応

　　ストレッサーによって引き起こされた心理的反応、身体的反応および行動的反応のことです。「ストレイン」ともいいます。

- ●　ストレス

　　「ストレッサー」と「ストレス反応」を合わせて、「ストレス」と総称します。

　例えば、「私にとって、来月の検定試験がストレスだ」といった場合、実はストレッサーのことを意味しています。また、「最近、仕事が忙しくてストレスが溜まる」という場合には、ストレス反応のことを指しています。物事に原因と結果があると考えるならば、ストレッサーは原因側、ストレス反応は結果側の概念であると理解するとよいでしょう。

263

それでは、私たちが職業場面や日常生活でストレスを感じるのは、どのようなメカニズムによるものなのでしょうか。ここでは、多要因アプローチを参考にしながら S-O-R の枠組み（Stimulus：刺激、Organism：生体、Response：反応）に基づいて整理します（図表12-6）。

何らかの「ストレッサー」（S）が人間（O）に加わると、心理面・身体面・行動面での「ストレス反応」（R）が起こります。このストレス反応の強さは、年齢や性別、認知傾向、生活習慣、コーピングの仕方など「個人要因」の影響を大きく受けます。また、上司や同僚、家族など周囲からの支援である「ソーシャルサポート」は、ストレス反応の発生を防ぐ緩衝要因となります。

このようなストレス発生のプロセスを適切にコントロールすることができれば、仕事のパフォーマンス向上という効果が期待できます。しかし、それがうまくいかず、ストレッサーが幾つか重なったりストレス反応が長期にわたって持続したりした場合には、「メンタルヘルス不調」に至ることもあります。

メンタルヘルス不調とは、心の不健康状態を総称する用語で、以下の心身症、精神疾患、行動障害が含まれます（厚生労働省，2006）。

① 心身症

　　過敏性腸症候群、緊張型頭痛、摂食障害など、身体疾患のうちで、その発症や病状変化と心理社会的要因（ストレッサー）との間に関連性が認めら

図表12-6　ストレス発生のメカニズム

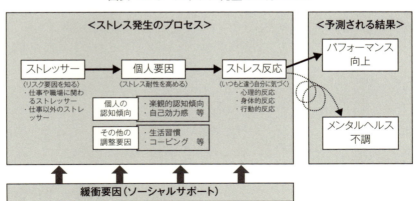

出所：各種文献を参考に筆者（高橋修）作成

れるもの

② **精神疾患**

うつ病、統合失調症、アルコール依存症、パニック障害、適応障害、睡眠障害など

③ **行動障害**

出勤困難、仕事上のトラブルの多発、多量飲酒など

メンタルヘルス不調は、業務能率の低下、勤務状況の悪化、対人関係の悪化などに現れます。

以上のようなストレス発生のメカニズムを理解することによって、次項以降に示すストレスやメンタルヘルス不調に強くなるための着眼点が見えてきます。すなわち、①リスク要因としてのストレッサーを知る、②ストレス反応から「いつもと違う」自分に気づく、③ストレス耐性を高める、④ソーシャルサポートを充実させる、の4点です。

2. リスク要因としてのストレッサーを知る

ストレス反応を引き起こす原因であり、リスク要因でもあるストレッサーを理解しておくことはとても重要です。なぜならば、原因を的確に把握できれば、それらを除去・低減する適切な対応策が立てやすくなるからです（章末コラム参照）。そこで、第1節で述べたさまざまなストレッサーを、いくつかの基準を用いて分類・整理してみましょう。

（1）慢性型ストレッサーとイベント型ストレッサー

代表的な分類方法として、時間概念によって「慢性型ストレッサー」と「イベント型ストレッサー」に2分する方法があります。

慢性型ストレッサーとは、例えば「やらなければならない多くの仕事を抱えている」「自分の担当する役割が曖昧である」「職場内には言いたいことが言える雰囲気がない」などのように、持続時間が比較的長いストレッサーを指します。このような慢性型ストレッサーは、ボクシングのボディブローのように、じわりじわりと効いてきます。

それに対してイベント型ストレッサーとは、例えば「急に配置転換になった」「仕事上で大きな失敗をした」「上司から叱責された」などのような、持続時間が短い一過性の出来事のことです。このようなイベント型ストレッサーは急性ですから、一気に効いてくることが特徴です。

（２）ライフイベントとデイリー・ハッスルズ

　ストレッサーを「ライフイベント」と「デイリー・ハッスルズ」（daily hassles）とに分ける場合もあります。

　ライフイベントとは、例えば、配偶者の死、離婚、夫婦別居生活、個人のけがや病気、結婚、解雇・失業、退職など、生活上の大きな出来事のことを指します。

　一方のデイリー・ハッスルズとは、例えば、物を置き忘れた・紛失した、借金の心配がある、家族ではない人間が同居することになった、レストランで食事代が不足した、やることが多すぎるなど、日常的に経験する些細な苛立ち事です。

　ライフイベントのように客観的なイベントではなく、個人によって認知された主観的なイベントを測定しようとするデイリー・ハッスルズは、ストレッサーをより直接的かつ広範に測定でき、健康との関連性も強いといわれています。

　私たちが日常生活や職業場面で経験するストレッサーはデイリー・ハッスルズのほうが多いことを考えれば、これらに対して適切に対処できるスキルを習得することが、実務上大切であるといえるでしょう。

（３）職務レベル、職場集団レベル、組織レベルのストレッサー

　最後に、空間概念を用いてストレッサーを①職務レベル、②職場集団レベル、③組織レベルに分けて整理します。ストレッサーをこの３つのレベルに分けるのは、①については個人もしくは管理者が、②については管理者が、③については経営者や人事労務部門がストレス対策を講じるというように、活動主体が異なるからです。

　組織の中には、人事、経理、研究開発、生産管理、加工、組み立て、営業、接客など、さまざまな職務があります。そして、これらの職務そのものに内在する特性や、従業員に対する不適切な職務の割り当て方が、ストレスの原因になることがあります。図表12-7は、これまでの研究知見を踏まえて職務レベルの

第11章　職業性ストレスとメンタルヘルス

図表 12-7　ストレッサーとなりうる環境要因（職務特性）

環境要因	具体的な内容
量的な仕事負荷	・非常に多くの仕事をしなければならい。 ・長時間労働である。 ・逆に、やるべき仕事が少なすぎる。
質的な仕事負荷	・高度な技能・技術を要する難しい仕事や責任の重い仕事である。 ・常に、注意を集中しなければならない。 ・不規則な勤務、出張の多い勤務、交替制勤務、深夜勤務など。
仕事のコントロール （裁量権）	・自己裁量権が低く、仕事の手順や方法、あるいは仕事のペースを自 　分で決められない。
時間的切迫	・時間や締め切りに追われて、与えられた仕事を十分に遂行するため 　のゆとりがない。
技能・技術の活用度	・繰り返しの多い単純作業ばかりである。 ・自分が有する知識や技能・技術を仕事で活かす機会がない。
仕事の適性	・仕事の内容が自分に合っておらず、働きがいを感じられない。
役割の曖昧さ	・自分が果たすべき役割や責任が不明確である。
役割葛藤	・相反する複数の役割を同時に期待される。
ワーク・ファミリー・ コンフリクト	・仕事上で期待される役割と家庭で期待される役割とがうまく両立 　しない。

出所：各種文献を参考に筆者（高橋修）作成

ストレッサーをまとめたものです。量的な仕事負荷、質的な仕事負荷、仕事の
コントロール（裁量権）の低さ、時間的切迫、技能・技術の低活用、仕事の適性
の低さ、役割の曖昧さ、役割葛藤、ワーク・ファミリー・コンフリクトなどが、
職務レベルの代表的なストレッサーです。

　また図表12-8は、従業員が職場集団に所属することによって生じるストレッ
サー、つまり職場集団レベルのストレッサーをまとめています。職場目標や方
針に対する従業員の理解度の低さ、キャリア見通しの悪さ、職場の人間関係の
悪さ、職場の意思決定への参加機会の少なさ、職場風土の悪さ、不正確・不公
平な人事評価、好ましくない物理化学的環境などが、職場集団レベルの代表的
なストレッサーです。

　最後に、組織レベルのストレッサーについては、管理者や職場成員個々人が
直接的に介入できる余地は多くありません。しかし、職務レベルや職場集団レ
ベルのストレッサーの背景要因として知っておくことには意義があります。民

267

図表 12-8　ストレッサーとなりうる環境要因（職場特性）

環境要因	具体的な内容
職場目標・方針	・職場目標や方針が、成員に対して明確に示されていない。 ・職場目標や方針に対する成員の理解度が低い、共有化されていない。
キャリア見通し	・昇進や将来の技術や知識の獲得について情報が少ない。
職場の人間関係	・管理者、同僚からの支援や成員相互の交流が少ない。 ・職場で孤立している。 ・セクシュアルハラスメント（性的嫌がらせ）やパワーハラスメント（強圧的な指示・指導）がある。
意思決定への参加	・職場の意思決定に参加する機会が少ない。
職場風土	・上下関係や年齢に関係なく、言いたいことが気軽に言える雰囲気がない。 ・成員同士が協力して仕事をしようとする雰囲気がない。 ・変化や改善よりも、伝統・慣例・前例を重視する雰囲気がある。
人事評価	・正確な人事評価、えこひいきのない一貫した人事評価が行われておらず、不公平である。 ・評価結果の個人へのフィードバックが行われていない。
物理化学的環境	・重金属や有機溶剤などへの暴露。 ・好ましくない換気、照明、騒音、温度、湿度。 ・好ましくない作業レイアウト、狭い執務スペース。

出所：各種文献を参考に筆者（高橋修）作成

間企業 12 社約 3,000 名の従業員を対象に質問紙調査を行った研究結果によれば、組織レベルの環境要因 5 つに、従業員のストレス反応との間に負の相関関係が認められました。すなわち、組織としての健康管理体制が充実している、経営指針が従業員にはっきりと示されている、雇用調整やリストラ（人員削減）の心配がなく雇用が安定している、従業員の能力開発やキャリア開発に対する組織からの支援が充実している、従業員の評価や処遇が中長期的な時間軸で行われていると、ストレス反応が低いという関連性が見出されました（高橋ら，2010）。

3.　ストレス反応から「いつもと違う」自分に気づく

　ストレス反応の表出の仕方を知り、「いつもと違う」自分に気づくことは、早期発見・早期対処の観点からとても重要です。ストレッサーによって引き起こ

されたストレス反応は、心理的反応、身体的反応、行動的反応の3つの側面に分けられます（図表12-9）。

そして、「いつもと違う」とは、何か外部の基準に照らし合わせて違いをみつ

図表12-9　ストレス反応の3側面

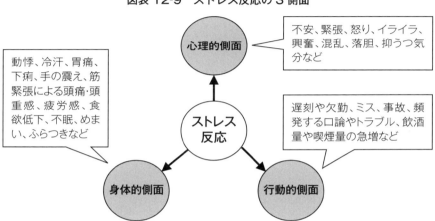

出所：大阪商工会議所〔編〕（2021）を参考に筆者（高橋修）作成

図表12-10　「いつもと違う」様子の例

- 遅刻・早退・欠勤が増える（特に、休み明け）
- 残業、休日出勤が不釣合いに増える
- 衣服が乱れたり、不潔であったりする（同じ服装、髪型、化粧、無精ひげ）
- 表情に活気がなく、動作にも元気がなくなる（生気がない、ぼーっとしている）
- 報告や相談、職場での会話がなくなる
- 取引先や顧客からの苦情が多い（仕事の面、態度の面）
- 同僚との言い争いや、気分のムラが目立つ
- 毎日のように身体の不調を感じる（頭痛や腹痛など）
- 人との接触を避ける、外出したがらない（昼食、飲み会、外部との商談など）
- ミスやトラブルが目立つ
- 仕事の能率が悪くなる。思考力・判断力が低下する
- 業務の結果がなかなか出てこない（仕事に時間がかかる）

出所：大阪商工会議所〔編〕（2021）を参考に筆者（高橋修）作成

けることでも、他の人と比較した違いを捉えることでもありません。そうではなく、自分自身の特徴を押さえて、時系列的な変化を捉えることです。

　例えば、日頃から体調を崩しやすい人が、季節の変わり目に風邪を引いたとしても、「いつもと違う」とはいわないでしょう。しかし、身体の丈夫な人が体調を崩した場合に、「いつもと違う」と捉えるはずです。図表 12-10 のような例が、職業場面での「いつもと違う」様子を捉える際の参考となります。

4．ストレス耐性を高める

　あるストレッサーが、すべての個人に対してストレス反応を引き起こすとは限りません。同じ職場で働き、同じような職場環境にいたとしても、ストレス反応が出る人もいればそうでない人もいます。つまり、何らかのストレッサーが加わったときに、どの程度まで心理的・身体的・行動的ストレス反応が生じることなく耐えられるかという「ストレス耐性」には個人差があります。

　したがって、ストレス耐性に影響を与える個人要因を把握できれば、ストレスやメンタルヘルス不調に強くなるためのヒントを得ることができます。ここでは、個人要因の中でも代表的なものを紹介します。

（1）楽観的認知傾向

　アメリカの心理学者であるセリグマン（Seligman, M. E. P., 1991）によれば、楽観的な認知傾向は無力感に陥るのを防ぎますが、悲観的な認知傾向は無力感を拡大してしまいます。無力感とは、「自分が何をしようと事態は変わらない、無駄だ」というあきらめの考えのことですが、この無力感が低いパフォーマンス、不健康、うつ病といった状態を引き起こすといいます。

（2）自己効力感

　自己効力感（Self-Efficacy）とは、ある行動を起こす前にその個人が感じる、「自分は、それをうまくできそうだ！」というような遂行可能感のことです（Bandura, A., 1977）。この自己効力感が高い人は、物事をポジティブに考えることができ、失敗に対する不安を感じることなく積極的に行動できるとともに、

第11章　職業性ストレスとメンタルヘルス

身体的にも健康な状態にあり、心理的ストレス反応が低いといわれています（坂野 ,1995; 島井 ,1997）。

（3）生活習慣

ストレス耐性に個人差が生じる要因として、生活習慣も挙げられます。例えば、質の良い睡眠の確保、規則正しく栄養のバランスがとれた食事、定期的な運動などは、ストレスに負けない健康な身体をつくるための要因となります。

（4）コーピング

ストレッサーとそこから生起した情動を処理するために、内的・外的資源を有効に利用して行われる認知的努力および行動的努力のことを「コーピング」といいます（ラザルス , 1990 : ラザルスとフォークマン , 1991）。第１節でも述べたとおり、コーピングがうまくいけば、ストレッサーや情動が適切に処理され、ストレス反応は生起しないか、たとえ生起したとしてもその程度は低くなります。逆にコーピングに失敗すると、慢性的なストレス反応が引き起こされることになります。

ラザルスは、コーピングを「問題焦点型コーピング」と「情動焦点型コーピング」の２つに大別しました。問題焦点型コーピングとは、問題解決に向けて情報収集する、計画を立てる、具体的に行動するなどのように、ストレッサーとなっている問題状況そのものを解決しようとする具体的な努力を指します。また情動焦点型コーピングとは、生起した情動を除去したり低減したりするような努力を意味します。例えば、問題を深刻に考えないようにする、直面する問題について考えることをやめる、スポーツや趣味などで気分転換や気晴らしをする、アルコールや喫煙などで気を紛らわせる、などです。

ストレスにうまく対処するには、状況に応じてコーピングを適切に選択したり、いくつかのコーピングを組み合わせたりすることが有効です。

5．ソーシャルサポートを充実させる

家族や友人、あるいは上司や同僚などの周囲からの支援を「ソーシャルサポー

ト」(社会的支援)といいます。同じストレスフルな状況に曝されていても、ソーシャルサポートを十分に得ている人はストレス反応が和らぎます(House,1981)。それに対して、ソーシャルサポートが不十分な人は、ストレス反応の悪化を進行させてしまいがちです。ソーシャルサポートは、図表12-11のように4種類に分類することができます。

こうしたソーシャルサポートを充実させることが、ストレスやメンタルヘルス不調に強くなるためのポイントとなります。ただし、周囲からのサポートに頼り切ってはいけません。自ら課題解決に向けた主体的な努力を怠らないようにしましょう。また、ソーシャルサポートにはギブ・アンド・テイクの精神が求められます。したがって、時には自分も周囲のサポート源になることが大切です。

図表 12-11　4種類のソーシャルサポート

分類	内容
情緒的サポート	「やる気」を起こさせ情緒的に安定させることが目的。声をかける、慰める、励ます、笑顔で対応するなど。
情報的サポート	問題解決に役立つ情報を与える。的確な指示や解決法を与える。専門家を紹介するなど。
道具的サポート	看病する、お金を貸す、仕事を手伝うなど、実際に手助けをするサポート。
評価的サポート	心理的な安定をもたらすために、仕事ぶりや業績などを適切に評価する。日頃のフィードバックや適切な人事考課など。

出所：大阪商工会議所〔編〕(2021)を参考に筆者（高橋修）作成

第11章　職業性ストレスとメンタルヘルス

コラム

　2015年12月から労働安全衛生法が改正施行され、常時50人以上の労働者を使用する事業場では、ストレスチェックの実施が事業者の法的義務とされました。併せて、個々人の回答結果を職場単位で集計・分析して、その結果に基づいた職場環境改善を行うことが努力義務化されました。

　職場環境改善とは、職場におけるストレッサーとなりうる職場環境を特定し、それらをより望ましい状態にするための対応策をとることです。近年では、ストレス・メンタルヘルス対策の中でも、より積極的な予防活動として重要視されています。なお、ここでいう職場環境とは、物理的な作業環境（換気・照明・騒音・温度・湿度、作業レイアウトなど）はもちろん、労働時間、仕事の量と質、職場の役割分担、職場の人間関係および職場の風土や文化などを含む、広い意味でのストレッサーとなりうるものを意味しています。

　ストレスチェックを活用した職場環境改善の具体的な進め方は、図表12-12のようになります。まず、職場成員全員がストレスチェックを実施して、職場のストレッサーなどの現状を把握します。その際に推奨されているのが、職業性ストレス簡易調査票（BJSQ）です。そして、各個人の回答結果を職場単位で集計して集団分析結果のレポートを作成します。

　次に、ストレッサーを軽減させる方法を職場ごとに話し合い、改善策を立案し実行します。具体的には、第1回職場ミーティングを開催します。ここでは、集団分析結果のレポートを参照しながら、職場の現状はどのような状態か、本来あるべき理想像はどのような状態か、両者のギャップの原因は何かなどについて議論したうえで改善策を話し合います。そして、活動目標と内容を皆で共有したうえで、6ヵ月～1年にわたって従業員参加型の改善活動を行います。実際の改善策はさまざまです。例えば、仕事の負荷が高いという分析結果を踏まえて、毎日の朝礼で各成員が抱えている過重負荷や進捗遅れなどの問題を"見える化"し、必要に応じて負荷分散を行う職場もあります。

　その後、再度ストレスチェックを行い、改善活動の成果を議論・評価し

273

ます。第2回職場ミーティングでは、実施した改善活動の整理と振り返り、活動期間中の状況変化（業務量の変動、人事異動など）、改善活動前後の数値の変化を踏まえた定量的評価、改善活動に対する定性的評価などについて話し合います。そして、それらを次期の改善活動に活かします。

図表 12-12　ストレスチェックを活用した職場環境改善の進め方

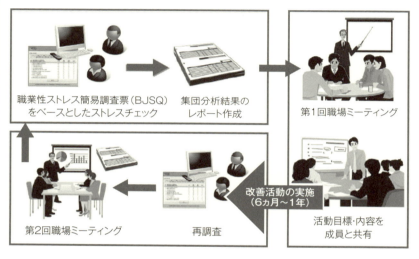

出所：高橋修（2020）p.501

【引用文献】

Bandura, A.(1977) "Self-Efficacy：Toward a unifying theory of behavioral change." Psychological Review, Vol.84, pp. 191-215.

Holmes, T. H. & Rahe, R. H.(1967) "The social readjustment rating scale." Journal of Psychosomatic Research, Vol.11, pp. 213-218.

House, J. S.(1981) Work, stress and social support. Reading, MA：Addison-Wesley.

Hurrell, J. J. & McLaney, M. A.(1988) "Exposure to job stress -A new psychometric instrument." Scandinavian Journal of Work, Environmental and Health, Vol.14(suppl.1), pp.27-28.

Johnson, J. & Hall, E. M.(1988) "Job Strain, Work Place Social Support, and Cardiovascular Disease：A Cross-Sectional Study of a Random Sample of the Swedish Working

Population." American Journal of Public Health, Vol.78(10), pp. 1336-1342.

Karasek, R.(1979)"Job demands, job decision latitude, and mental strain：Implications for job redesign." Administrative Science Quarterly, Vol.24, pp. 285-308.

Karasek, R. & Theorell, T.(1990)Healthy work：stress, productivity, and the reconstruction of working life. New York：Basic Books.

厚生労働省(2006)「労働者の心の健康の保持増進のための指針」

Lazarus, R. S.(1983)Stress and Coping in aging. 日本心理学会第47回大会特別講演,(R.S.ラザルス, 林峻一郎〔編訳〕(1990)『ストレスとコーピング —ラザルス理論への招待』星和書店)

Lazarus, R. S. & Folkman, S.(1984)Stress, appraisal, and coping. New York： Springer.(リチャード・S・ラザルス & スーザン・フォルクマン, 本明寛・春木豊・織田正美〔監訳〕(1991)『ストレスの心理学 —認知的評価と対処の研究』実務教育出版)

大阪商工会議所〔編〕(2021)『メンタルヘルス・マネジメント検定試験公式テキスト〔Ⅱ種ラインケアコース〕第5版』中央経済社

坂野雄二(1995)『認知行動療法』日本評論社

Schaufeli, W. B., & Bakker, A. B.(2004)"Job demands, job resources, and their relationship with burnout and engagement: a multi-sample study." Journal of Organizational Behavior, Vol.25, pp.293-315.

Schaufeli, W. B., Salanova, M., González-romá, V., Bakker, A. B.(2002)"The Measurement of Engagement and Burnout: A Two Sample Confirmatory Factor Analytic Approach." Journal of Happiness Studies, Vol.3, pp.71-92.

Selye, H.(1936) "A syndrome produced by diverse nocuous agents." Nature, Vol.138, p. 32.

Seligman, M. E. P.(1990)Learned Optimism. New York：Pocket Books.(マーティン・セリグマン, 山村宜子〔訳〕(1991)『オプティミストはなぜ成功するか』講談社)

島井哲志〔編〕(1997)『健康心理学』培風館

島津明人(2002)「第3章 心理学的ストレスモデルの概要とその構成要因」小杉正太郎〔編著〕『ストレス心理学』川島書店

島津明人(2014)『ワーク・エンゲイジメント ポジティブ・メンタルヘルスで活力ある毎日を』労働調査会

島津明人(2021)「第1章3節4項 ワーク・エンゲイジメント」大阪商工会議所〔編〕『メンタルヘルス・マネジメント検定試験公式テキスト〔Ⅰ種マスターコース〕第5版』中央経済社

高橋修・大谷光彦・森田一寿(2010)「民間企業の職場環境と従業員のストレス反応との関連性」浜松学院大学研究論集, Vol.6, pp. 61-76.

高橋修(2020)「第17章 環境への働きかけの認識及び実践」日本産業カウンセラー協会〔編〕『キャリアコンサルタント その理論と実践』一般社団法人日本産業カウンセラー協会

渡辺直登(2002)「第9章 職業性ストレス」宗方比佐子・渡辺直登〔編著〕『キャリア発達の心理学』川島書店

275

第12章
消費者行動と
マーケティング

　消費者行動とは、社会経済生活の中で人間が商品やサービスを獲得し、消費し、廃棄することに直接含まれる活動のことです。また消費者行動研究は、消費者の心理や行動についてさまざまな角度からアプローチし、個々の消費者がより豊かな生活を送れることを目指す学問です。

　第12章では、この消費者行動のプロセスと主な影響要因について取り上げ、これらを、消費者行動の予測や企業のマーケティング活動にどのように活かしていくのかを検討していきます。

　また、市場や消費者から、科学的な手法を用いて情報を収集し、データ分析を行うマーケティング・リサーチについて、その定義や基本的ステップ、種類についても説明します。

<u>担当　高橋　修</u>

1 節
消費者行動とは

1．消費者行動とは

　消費者行動とは、「社会経済生活の中で、人間が商品やサービスを獲得し、消費し、廃棄することに直接含まれる活動」（杉本 ,2012）のことです。また後述するように、消費者行動は、商品・サービスの購買行動や使用行動そのものと、その行動に関連する人間の感情や認知といった心理的な側面、さらにそれらを取りまく環境といった外的な側面も含んでいます。

　商品やサービスの市場やそれを取りまく環境が常に変化していく中で、消費者行動は変化していきます。また、人間の感情や認知の側面には、個人による影響も受け、変化が生じます。発売直後には売れ行きのよかった商品が、しばらくすると市場で求められなくなる一方で、数年前には見向きもされなかった商品が、幅広い層から支持されている状況を目にすることはめずらしくありません。これらの活動を分析することが、消費者行動研究あるいは消費者心理学の中心テーマとなります。

2．消費者行動研究の意義

　消費者行動研究は、「消費者の心理や行動についてさまざまな角度からアプローチし、個々の消費者がより豊かな生活を送れることを目指す学問」（花尾 ,2019）です。それでは、消費者行動を研究することには具体的にどのような意義があるのでしょうか。換言すれば、消費者行動を理解することは、何の役に立つのでしょうか。さまざまな意義が考えられますが、ここでは花尾（2019）、竹村（2020）および前田（2020）を踏まえて、以下の３点について指摘しておきます。

（1）マーケティング活動に役立つ
　マーケティングとは、「顧客、依頼者、パートナー、そして社会全体にとって

第12章 消費者行動とマーケティング

価値を有する提供物を創造、伝達、配達、交換するための活動、一群の制度、そして過程」（American Marketing Association, 2008）と定義されており、かなり広い概念です。

企業のマーケティングで重要となるのが、「4P戦略」と呼ばれる活動です。4Pとは、Product（製品）、Price（価格）、Place（流通）、Promotion（販売促進）の頭文字をとったものです。この4Pの要素をうまく組み合わせて、継続的に売れる仕組みづくりをすることがマーケティングの目的です。

製品戦略では、機能やデザイン、製品名、パッケージ等、どのような製品・サービスを開発するかを決定します。その際にはどのような製品・サービスを望んでいるのか、どのような製品・サービスに魅力を感じるのか、消費者の欲求（ニーズ）を探索することが不可欠となります。

価格戦略では、消費者が購買したいと思うような価格を設定することが求められます。高すぎる価格設定では買い控えが起こることが想定されます。その一方で、高級・高品質という価値を消費者に伝えるために、敢えて高い価格を設定する戦略もみられます。

流通戦略では、どのような販売経路や手段で消費者に提供するのかを検討します。その際に、消費者が製品・サービスにどのようなイメージを持っているか、どのような使用行動をしているか等について考慮する必要があります。それによって、高級百貨店がよいか、スーパーマーケットやコンビニエンスストアか、あるいはインターネット販売がよいのかも変わってくるからです。

販売促進戦略においては、消費者への心理的効果を考えながら広報や広告、人的販売、イベント、キャンペーン等、どのような方法を用いて消費者に対してコミュニケーションを行うかを決めます。

このようにマーケティングとは、消費者を中心に考える活動であることから、消費者行動研究の知見は4P戦略の立案・実行に貢献します（花尾, 2019）。

（2）消費者保護に役立つ

現代において、企業の欠陥製品による事故、消費者の製品誤使用による事故、食品の食中毒などが後を絶ちません。このような被害のリスクから消費者を保護するためには、消費者行動の特徴を踏まえて、こうしたリスクを消費者に確

実に伝えることが必要です（竹村 ,2020）。

　また近年、オレオレ詐欺や還付金詐欺に代表される特殊詐欺による金銭的被害が社会問題となっています。特殊詐欺をなくすためには、消費者の購買意思決定プロセスや「なぜだまされてしまうのか」という心理的メカニズムを解明したうえで未然防止対策を立案することが必要となります（前田 ,2020）。このような点で、消費者行動研究の知見は、消費者保護や消費者教育にも役立ちます。

（3）社会経済現象の解明に役立つ

　消費者の行動を題材とした研究は、社会心理学や産業・組織心理学などの心理学領域だけではなく、経済学、社会学などの多様な領域と関わりを持ちながら、研究領域の垣根を超えた科学として発展してきました（前田 ,2020）。

　例えば、経済学の一領域である「行動経済学」は、消費者行動を含めた人間の判断と意思決定を研究しており、従来の経済学で仮定されていた「合理的経済人」ではなく、実際の人間の不合理な行動を解明しています。このような点からも、実際の消費者行動を研究することは、今後も社会経済現象の解明に役立ちます（竹村 ,2020）。

第12章　消費者行動とマーケティング

2節
消費者行動の理論モデル

1．消費者行動研究の発展系譜

　中嶋（2013a）によれば、消費者行動に関する研究は、スコット（Scot, W. D.）が広告に関する研究に心理学的なアプローチを用いたことがはじまりとされ、広告心理学や広告効果に関する研究として発展していきました。産業・組織心理学の分野に位置づけられたのは、1900 年代初め、ミュンスターベルク（Münsterberg, H.）による貢献によるものでした。

　1950 年代には、消費者の行動の内面に潜む購買動機の本音の部分を引き出すために「モチベーション・リサーチ」が用いられました。モチベーション・リサーチの始まりとして、ヘアー（Haire, M., 1950）が、インスタント・コーヒーを買わない理由を引き出した研究が有名です。この研究結果からは、インスタント・コーヒーを買わない理由が、味や香りに対する不満ではなく、怠け者でレギュラー・コーヒーを淹れることを手抜きしていると思われたくないという消費者の本心が明らかにされました。

　1960 年代後半には、消費者行動に関する統合的な概念モデルが提案されました。消費者の抱くイメージや認知、態度等に関する研究に、心理学で台頭してきた新行動主義の影響を受け、S-O-R 型アプローチが用いられました。S-O-R 型アプローチでは、人間の行動を、刺激を S（Stimulus）、人間の生体を O（Organism）、反応を R（Response）としていますが、消費者行動にも、刺激（S）と反応（R）の間に、さまざまな媒介プロセスとして（O）を用いたのです。消費者行動の研究は、このアプローチを用いて、包括的統合モデル、消費者の知覚空間や消費者の意思決定のプロセスの研究へと発展していきました（中嶋 ,2013a）。

2．購買意思決定の概念モデル

　消費者行動研究に関しては、これまでに、多くの消費者行動分析モデルが生

281

み出されています。リリアンとコトラー (Lilien, G. L. & Kotler, P., 1983) は、これらの理論モデルを、「包括的意思決定過程モデル」「知覚／評価モデル」「態度形成モデル」「合理的選択モデル」「確率過程モデル」「市場一反応モデル」の6つに分類しています。

これらの中で「包括的意思決定過程モデル」に分類されるモデルは、消費者の購買行動と意思決定プロセスを、消費者の内的要因と、消費者を取りまく外的要因を組み込んで説明しようとするものです。「包括的意思決定過程モデル」では、数多くの要因や変数とそれらの関連が矢印で示されていますが、これらの

図表 12-1　購買意思決定の概念モデル

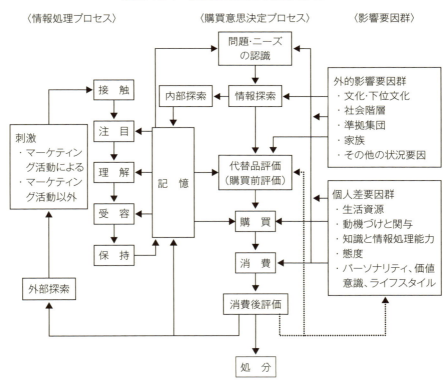

出所：Blackwell, Minjard and Engel (2005), p.85 を一部修正して作成

関連は、実証データによって、相関関係や因果関係が導かれたものではありません。すなわち、図式化された概念モデルとなります（中嶋,2013a）。

　本章では、購買意思決定プロセスの全体像を把握するために、ブラックウェルらが提唱したBMEモデル（Blackwell, Miniard & Engel, 2005）をとりあげ、説明していきます。このモデルの原型は1960年代に提案され、その後、何度も改良されてきました。消費者の購買意思決定プロセスが、「問題・ニーズの認識」から「消費後評価」までの一連の流れでとらえられた、理解しやすいモデルです。図表12-1は、近年改良されたBMEモデルです。図の真中に示される「購買意思決定プロセス」を中心として購買意思決定がモデル化されています。「購買意思決定プロセス」の左には「情報処理プロセス」、右には「影響要因群」が組み込まれています。時間の経過に沿った「購買意思決定プロセス」の各段階に影響を与える外的影響要因や個人差要因が組み込まれ、さらに情報処理に関する心理学的な機能である「記憶」が組み込まれています。

3．購買意思決定プロセス

（1）問題・ニーズの認識

　消費者の生活上の問題が、製品・サービスの購買によって解決されると認識されたときに、それらへのニーズが喚起されます。ニーズには、空腹やのどの渇きといった生理的欲求（一次的欲求）の他に、自分が所属している集団から認

図表 12-2　問題の認識（欲求）と求める製品・サービス

生理的欲求		求める製品・サービス
空腹	➡	食べ物
のどの渇き	➡	飲み物
頭痛・傷の痛み	➡	薬、絆創膏

社会的欲求		求める製品・サービス
所属集団から認められたい	➡	耐久消費財、ファッション
尊重されたい	➡	車、有名ブランド品

出所：中嶋（2013a）p.303

められたい、尊重されたいという社会的欲求（二次的欲求）があります。空腹やのどの渇きという生理的欲求を解消するためには食べ物や飲み物の必要が生じ、傷の痛みを解消するためには薬が必要とされます。社会的欲求からは、自分の属する集団や社会的階層に適した服装を必要としたり、車や家などの耐久消費財の購入の必要性や問題意識が喚起されます（図表 12-2）

　製品・サービスの必要性は、家族やライフサイクル上の変化によって引き起こされることもあります。例えば、結婚して新しい生活をスタートさせる場合には家具や家電などが必要となり、購買行動が喚起されることもあります。

（2）情報探索

　問題・ニーズの認識によって製品やサービスの必要性が喚起されると、消費者はそれらに関する情報を集めようとします。情報探索は、自分がこれまでに使用した経験、友人や家族など周囲の評価や意見、見聞きした広告や新聞記事、雑誌、店頭のディスプレイ、インターネット検索など、さまざまな情報源に対して行うことが可能です。

　製品やサービスに注意が高められた段階では、その製品・サービス群全体に対して敏感になります。その後、購買に対する関心が高まると、個々の銘柄についての積極的な情報探索段階に進んでいきます。

（3）代替品評価（購買前評価）

　購買前の段階では、消費者が選択候補とする製品や銘柄の代替品について、情報が探索され、それらの評価が行われます。消費者が入手可能な情報源から、候補とする製品や銘柄について比較検討がなされ、候補がさらに絞り込まれていきます。

　消費者の評価は、製品や銘柄の持つ属性について総合的に行われる場合もありますが、特定の属性のみを評価基準として行われることもあります。また、自分にどのようなベネフィット（便益）を与えてくれるかということを、主観的、直感的に評価する場合もあります。

第12章　消費者行動とマーケティング

（4）購買

代替品の評価後に購買意図が形成されると、消費者は購入する場所や条件を決定します。購入場所については、店舗で購入するのか、通信販売やインターネットといった無店舗販売から買うのかなどが検討されます。購買条件に関しては、現金払いかキャッシュレス決済か、キャッシュレス決済の場合はカード決済かスマホ決済かなどの選択が行われます。

なお、消費者が事前に気に入っていたとしても、購買時の段階で購買しない選択がとられたり、決定が変更されたりする場合があります。例えば、店舗に同行した友人や家族あるいは販売員の意見や態度、店頭で初めて得た価格やアフターサービスに関する情報から影響を受けるような場合です。

（5）消費

購入した製品・サービスは、多くの場合は使用されます。購買前の目的に沿って利用されることもありますが、当初の目的とは異なる利用の仕方が生じることもあります。実際に使用した後には、購買前に認識していた期待や欲求を満たしているかどうかの評価が行われます。

（6）消費後評価

製品・サービスの使用後に、選択以前に期待していた以上のことが得られたと認識されれば、消費者は満足し、次回以降の購買につながります。さらに、好意的な評価を口コミなどによって他の人たちに伝えることもあります。

一方、利用した製品・サービスが期待していた水準を満たさず、不満足が生じると、消費者は継続購買を止めます。場合によっては、企業や店舗に苦情を訴えたり、否定的な評価を他の人に伝えたりすることもあります。

ただし、製品・サービスに不満を抱く人の中で、苦情を訴えるなどの行動に表す人は、現実には多くはありません。実際には、不満を抱くほとんどの人は、不満を特に言わないまま、その製品・サービスを二度と買わないという行動をとるのです。彼らは何も言わないので、どのような不満が存在するのか、その情報を収集することは難しいものとなります（中嶋,2013a）。

285

4．消費者をとりまく外的影響要因

（1）文化

　文化とは、「ある社会の構成員によって共有された価値観」のことをいい、国籍、人種、地理的地域や宗教などがサブカルチャー（下位文化）として含まれます。製品・サービスの消費者行動には、文化的要因の及ぼす影響は大きく、同じ製品であっても、文化によって受容可能かどうか、また受容の程度は異なってきます。

　例えば、食べ物や飲み物には、文化圏が異なると人々の好みや嗜好に影響が出てきます。海外に長く滞在していると、日本食が食べたくなったり、日本独自の調味料や味つけがほしくなったりという経験をしたことがあるでしょう。

　文化圏を越えたグローバル・マーケティングを展開する企業では、どの程度現地の状況に適合させた展開にするかが検討されます。食品や飲料等、地域や国によって、嗜好に大きな影響を受ける場合には、現地の市場動向や消費者の選好状況に合わせて製品を変えたり、新しい製品を開発したりすることが多くなります。例えば、外資系ファストフード店が、日本ではテリヤキタイプのハンバーガーや日本独自の季節限定メニューを販売している例などが挙げられます。

（2）社会階層

　社会階層は、収入、職業、教育程度等の要素がいくつか組み合わさって決まるもので、どれかひとつの要素で決まるものではありません。労働者階層、中流階層、上流階層といった同じ社会階層に属する人々は、態度や行動が類似する傾向にあり、服装や余暇の過ごし方、定期的に読む新聞・雑誌、住宅や耐久消費財の保有状況等に共通性がみられることがあります。

（3）準拠集団

　準拠集団とは、個人の態度、行動、価値観に対して影響を与えるすべての集団です。準拠集団には、家族、友人、職場の同僚といった直接的な影響を与える集団、地域や職場の団体といった集団も含まれます。また、個人が所属して

いるわけではないものの、あこがれたり、参加や所属を強く願う集団から間接的な影響を受けることもあります。例えば、あこがれのアイドルグループやスポーツ選手と同じブランドの物を持ちたいというような場合です。

（4）家族

　家族は、社会における基本的な単位で、主な場合は、家計を共にする単位となります。消費者行動は、その時点での家族の構成員やライフサイクルの段階によって、消費する製品・サービスは異なってくるため、家族の影響を受けます。小さい子どもを持つ家族にとっては、子どもの成長に応じて、生活全般に変化が生じます。子どもが小さい頃には、好きなキャラクターつきの日用品を買い、小学校、中学校、高校と進んでいく間に、学校生活や教育を受けるために必要なものが生じてきます。また、結婚によって新しい世帯を築いたり、一人暮らしを始める学生や社会人は、生活用品全般が必要となります。高齢者を持つ家族にとっては、バリアフリーの住宅や高齢者用の製品・サービスの購入が検討されます（中嶋,2013a）。

　このように、家族の構成やライフサイクルの段階によって、消費者行動は影響を受けます。家族の意見や家族同士の相互作用もまた、消費者行動に影響を与えます。自分自身の製品・サービスの選択が、他の家族の意見に影響されたり、家族と相談のうえで決定されることもあります。

（5）その他の状況要因

　消費者行動は、ここまで述べてきた要因以外にもさまざまな状況要因の影響を受けます。例えば、店舗内の環境が消費者行動に影響を与えることがあります。店舗内での陳列や、店舗の通路、照明、音楽、温度・湿度などの影響を受けます。日用品を幅広く扱うスーパーマーケットやコンビニエンスストアでは、消費者が何を買うかを店舗に入ってから決めることが多く、店舗内での状況要因の影響を受けやすくなります（中嶋,2013a）。

　なお、店に入る前に商品購買に関する何らかの計画がある場合を「計画購買」といい、何を買うかの決定が店に入ってからなされる場合を「非計画購買」といいます。スーパーマーケットやコンビニエンスストアでは、店頭に並ぶ商品を

見て、自宅の在庫が切れていることを思い出して購買したり、ときには、新商品を衝動的に購買するといった「非計画購買」が起こりやすい傾向にあります。

5. 消費者の個人差要因

　BMEモデル（2005）では、個人差要因として、生活資源、動機づけと関与、知識と情報処理能力、態度、パーソナリティ、価値意識、ライフスタイルが挙げられています。

　職業や経済状況によって必要な製品、購入するブランドや余暇の過ごし方が異なってくることなどは、生活資源の要因に含まれます。

　パーソナリティは、周囲の刺激に対して比較的一貫した行動傾向を表す個人的な特徴のことをいいます。パーソナリティと消費者行動の関係を明らかにしようとした研究は数多く行われてきましたが、それらに関連性がみられない例も多く、一貫した事実を導き出すことは難しいとされています（中嶋,2013a）。

　パーソナリティと消費者行動の研究に代わるものとして、ライフスタイル研究があります。消費者の生活の構造や意識というライフスタイルによって、消費者の細分化(セグメンテーション)を行うものです。多くの尺度質問項目の回答に対して、因子分析やクラスター分析などを行い、消費者のグループ分けを行います。性別、年齢、地理的特性という人口統計学的特性をもとにしたマーケット・セグメンテーションに代わる手法として、1960年代後半から重要視されるようになりました。ライフスタイル測定尺度としては、AIO（Activity：活動性、Interest：関心、Opinion：意見）尺度、VALS（Values and Life-styles）などが開発され、マーケティング領域で活用されてきました。VALSは、スタンフォード調査研究所（SRI）が、1970年代にアメリカ成人を対象とした調査データをもとに、消費者の分類のために開発した尺度です。日本では、日本版VALSが開発され、ロジャース（Rogers, E. M）の普及理論を基軸として、消費者を10のライフスタイルに分類しています（図表12-3）。

　ライフスタイル研究は多く行われましたが、製品カテゴリーや製品のクラスが異なると、最適な類型が異なるという事例がしばしばみられるようになりました。日本で数々のライフスタイル研究を行ってきた飽戸（1999）は、ライフス

288

タイル分析は、業種や製品カテゴリーによってオーダーメイドで構成され、洗練されていくべきものだと指摘しています。

図表 12-3　日本版 VALS によるライフスタイル分類

ロジャースの普及理論	日本版 VALS	特徴
イノベーター	革新創造派	新製品をいち早く取り入れる
アーリー・アダプター	伝統尊重派	日本の伝統を重視する
	社会達成派	キャリア・社会志向が強い
	自己顕示派	流行に敏感で、新しいものを求める
アーリー・マジョリティ	伝統派アダプター	伝統尊重派を追従する
	社会派アダプター	社会達成派を追従する
	自己派アダプター	自己顕示派を追従する
レイト・マジョリティ／ラガード	同調派	周囲の意見を尊重し、新しいものを購買する
	雷同派	流行に鈍感で、保守的な態度をとる
	つましい生活派	社会的流れに関心が低く、静かな生活を好む

出所：日本版 VALS ホームページ資料をもとに作成

3節
マーケティング・リサーチ

　消費者が製品やサービスに求めるものは、製品やサービスのカテゴリーによって異なりますし、消費者が属している文化や社会階層によっても、消費者個人によっても変わってきます。特定の企業や銘柄に対してのみ求められるものもあります。

　そのため、製品やサービスを提供する企業が、的確に消費者のニーズを把握するためには、消費者から情報を収集する必要が生じます。また、消費者に高い価値と満足を提供し続けるためには、消費者からの情報収集だけではなく、競合他社や流通に関する情報も必要となります（コトラーとアームストロング，2003）。そこで、製品やサービスを提供する企業にとっては、マーケティング・リサーチが必要となってきます。

1. マーケティング・リサーチの定義

　小川（2009）は、マーケティング・リサーチを「マーケティング意思決定のために、市場・顧客から情報を収集し、分析し、報告する一連のプロセス」と定義しています。マルホトラ（Malhotra, N. H. 2007）によれば、マーケティング・リサーチは、科学的な手法に基づいて、データの収集、分析、伝達、利用のプロセスが体系的に行われることが必要だとされています。

　マーケティング・リサーチは、前節までの消費者行動研究と同じような問題を扱い、同じような方法を用いますが、杉本（2012）は、「消費者行動研究は、消費者の心理や行動に関する基本的、普遍的な法則を探求する学問分野であり、マーケティング・リサーチは、企業などがかかえる個別のマーケティングに関わる問題解決に向けて実施される情報収集」と、両者の異なる点を指摘しています。

　すなわち、マーケティング・リサーチとは、企業側のニーズがあって初めて生じるものなのです。企業側の問題解決のための情報収集なので、異なる企業

第12章　消費者行動とマーケティング

間でデータや分析が共有されたり、普遍化されることはほとんどないのです（中嶋 ,2013b）。

2．マーケティング・リサーチの基本的ステップ

　マーケティング・リサーチは、後で述べる調査のタイプやデータ収集の方法によって若干異なる場合もありますが、多くの場合は、図表 12-4 のようなステップで進められます（中嶋 ,2013b）。

（1）マーケティング・リサーチの課題と目的の明確化

　マーケティング・リサーチの課題は、企業のマーケティング部門から提起されることが多いのですが、製品開発部門から提起されることもあります。いずれの場合でも、提起された課題を、リサーチで測定可能な具体的な課題にする必要があります。例えば、「新製品を市場導入するかどうかを決定する」という課題が提起された場合、リサーチで測定可能な課題とするためには、「過去に市場導入した別製品の評価を上回る」「市場でシェアの高い競合製品と同等の評価を得る」というような具体化が必要となります。

　中嶋（2013b）によれば、リサーチの課題は、広すぎる範囲に設定しても、反対に焦点を絞りすぎても、データを収集する場合にはよくありません。ある製品が、市場導入直後には順調に売れ行きを伸ばしていたものの、数年後には売れ行きが減少したとします。この場合、製品の評価が良くないのか、広告などの販売促進活動の問題なのか、競合製品が台頭してきたからなのか、といったさまざまな課題が想定されます。リサーチ課題として具体化するためには、事前情報を集めたうえで検討を行うことになります。多くの企業では、自社製品の売り上げデータや入手可能な市場動向に関するデータ、さらに、消費者窓口

図表 12-4　マーケティング・リサーチの基本的ステップ

出所：中嶋（2013b）p.323

291

に寄せられるクレームの分析を行っています。リサーチ課題を明確化するためには、これらの情報を事前情報として活用します。

　また、事前情報として二次データを用いることもあります。二次データとは、当該の課題解決のために実施した調査データではなく、官公庁や自治体など他の機関が収集・加工した既存のデータのことです。これらは、当該の課題解決のために収集・加工されているわけではないので、直面している課題に必ずしも有用であるとは限りません。

　さらに、この段階では、リサーチで明らかになったことを、どのようなアクションにつなげるのかを事前に明確にしておく必要があります。例えば、製品評価に問題があることが明らかになった場合には、製品の改善、あるいは市場からの撤退がアクションとして考えられます。リサーチから得られる製品評価に関するアクションの基準を、あらかじめ設定している企業もあります。

　リサーチの必要性が生じた背景から、リサーチ結果の活用の方向性までを、十分に検討を重ねてリサーチ課題を設定することは、マーケティング・リサーチにとって最も重要なことです。

（２）調査計画の設定

　リサーチ課題に必要な情報を収集するために、適切な調査計画を設定します。調査計画の段階では、調査実施に関する現実的な面も加味します。例えば、リサーチ課題を解決するために、出現率の低いごく限られた消費者からの情報が必要な場合、多数の対象者から情報収集するためには、日程も費用も多くかかります。そのようなときは、少数の対象者に対して、詳細な情報を得るインタビューを計画するなど、状況を考慮した計画を立てます。

　具体的な調査計画は、以下の項目に沿った調査企画書として作成します（中嶋,2013b）。

　　　　　<u>調査企画書の主な項目</u>
　　　・調査目的
　　　・調査方法
　　　　　　調査対象者の定義、調査地域
　　　　　　調査対象者数（サンプル・サイズ）

対象者へのアプローチ方法（具体的な調査手法）

対象者に提示する刺激素材　　　　　　　　など

・調査項目（質問項目）

・分析方法

・日程、調査費用

　企画書には、実施するマーケティング・リサーチのすべてのプロセスがカバーされることになります。したがって、経験を積みマーケティング・リサーチの一連の流れがわかったうえで、企画書の作成に取り組むことが求められます。

（3）調査計画の実施（情報収集）

　調査企画書を提出し、必要に応じて修正などを加え、承認された後、調査計画に沿った情報収集が行われます。情報収集の方法は、後述するように、目的や収集するデータの種類によって異なります。

（4）調査結果の分析

　調査結果の分析は、調査目的に沿って行います。結果の分析は、後述するデータの収集方法によって異なってきます。継続的に行う時系列調査など、定型の分析方法があるものもありますが、多くの場合は、当該の調査目的とデータ収集方法にしたがって分析を行い、結果の解釈へと進みます。

（5）結果の解釈と報告書作成

　報告書作成の段階では、分析結果から、リサーチ課題解決のために意味のある情報を的確に引き出し、わかりやすくまとめます。調査結果に解釈を加えた提言が求められる場合もあります。

　調査項目が広範囲にわたり、項目の数も多い場合には、結果のまとめ方は特に重要になってきます。分析結果の論理・整合性を考慮し、調査目的に沿った構成でまとめていきます。数値による検証をした場合は、表やグラフなどを用いて、わかりやすく視覚化することも必要です。

　また、報告書の初めに、調査概要を数ページにまとめたものを含めます。エグゼクティブ（管理職）が意思決定を行うために、この部分だけを読めばよいよ

うに簡潔にまとめることから、この部分を「エグゼクティブ・サマリー」と呼んでいます。エグゼクティブ・サマリーには、調査の目的・問題提起、調査方法、調査結果、結論と提言という、報告書の主要かつ重要な部分の要約を書きます。

3. マーケティング・リサーチの種類

　本項では、マーケティング・リサーチの種類について説明します。まず、目的別による分類について説明し、その後、収集するデータの種類による分類について述べます。

（1）目的別による分類
　リサーチの目的別にみた場合、探索的リサーチ、記述的リサーチ、因果的リサーチの3つに分類されます（図表12-5）。

①　探索的リサーチ
　マーケティング・リサーチの具体的な仮説構築のために、過去に行ったマーケティング・リサーチ、官公庁等が公表している調査データ、学術研究、文献調査等の二次データの分析を行ったり、定性調査を行ったりします。二次データ分析は、直面しているリサーチ課題とは目的が異なるため、仮説構築に直接役立たない場合もあります。定性調査を仮説構築に用いる場合には、その製品やサービスに知識や経験のあるエキスパートに対するヒアリング調査や、市場に先行導入されている競合製品使用者へのインタビュー調査を実施することがあります。実際の生活場面を観察して使用実態に関する情報を収集したり、新たな消費者のニーズを探ることもあります。
　以上のように、結果から意思決定を導くためのリサーチではなく、これに続くリサーチの課題を具体的にするために行うリサーチが、探索的リサーチです。

②　記述的リサーチ
　記述的リサーチは、特定の消費者層や市場の特徴を記述するために行うリサーチで、直接のターゲット、潜在的なターゲット、あるいは市場全体を対象

294

として、それらの特徴を記述するために行うリサーチです。多くのマーケティング・リサーチが、この記述的リサーチに分類されます。

③ 因果的リサーチ

因果的リサーチは、市場で起きている現象について、原因と結果の関係や、因果関係の方向性や強さを明らかにするための手法を用いたリサーチです。例えば、店舗での陳列場所が売り上げに与える影響について、因果的リサーチを行うとします。この場合、陳列場所を原因、売り上げを結果とします。原因と考える陳列場所を目立つ場所にする場合、売れ筋の銘柄の近くに陳列する場合というように操作し、売り上げデータを比較分析します。実際の店舗を使って陳列場所を操作する場合には、陳列場所以外の要因（曜日、季節、店舗の混み具合、価格の割引、競合製品の販売促進活動など）の影響をコントロールする必要が生じます。

また、製品の開発段階である成分量を変化させ、消費者の受容度を測定する因果的リサーチも行われます。例えば、アルコール飲料のアルコール度数を変化させたり、化粧品の香りの成分を変化させ、消費者の受容度を測定したりします。

図表 12-5　マーケティング・リサーチの目的別タイプ

	探索的リサーチ	記述的リサーチ	因果関係リサーチ
目的	架設構築 アイデア探索	市場・特定集団の特徴記述	特定要因が結果に及ぼす因果関係
調査方法例	二次データ解析 エキスパートへのヒアリング 先行製品使用者への定性調査	訪問面接調査 電話調査 郵送調査	会場テスト 実施調査

出所：中嶋（2013b）p.328

（2）収集するデータの種類による分類　―定量調査と定性調査―

多数の調査対象者から収集するデータを数値化して、母集団全体の傾向を推測する調査を定量調査といいます。一方、定性調査は、比較的少数の調査対象者から、インタビューや観察などの手法で、言語や映像による定性的な情報を

収集します。定性調査では、結果から母集団全体の特徴を推測することは目的としていません。仮説の構築や、定量調査の質問項目の確認や定量調査の結果の補完として用いられることが多くなります。想定された課題がおかれた状況、収集する情報のタイプ、リサーチ課題が導くべき方向性などよって、定量調査または定性調査が選択されることになります。

定量調査には、調査対象者へのアプローチ方法によって、訪問面接調査（訪問留置調査）、郵送調査、電話調査、会場テスト、インターネット調査、観察調査などがあります。これらの手法の特徴は図表12-6のとおりです。

一方、定性調査では、主にグループ・インタビューとデプス・インタビュー（深層インタビュー）が用いられます。前者は、対象条件に該当する6人～8人の対象者を指定のインタビュー・ルームに集め、経験のある専門の司会者（モデレーター）の進行のもとに行われます。後者は、インタビュアーと対象者が1対1（または1対2）で、詳細な情報を得るために行うインタビューです。

図表12-6　定量調査の各手法の特徴

	標本の代表性	回収率	質問量の可能性	視覚素材提示の可能性	調査実施期間	費用
訪問面接調査	やや高い	高い	多い	可能（回収も可能）	やや長い	高い
郵送調査	やや高い	低い	中程度	可能（回収は難）	長い	安い
電話調査	中程度	低い	少ない	不可能	短い	中程度
会場テスト	低い	高い	多い	可能（回収も可能）	短い	中程度
インターネット調査	低い	やや高い	多い	可能（回収は難）	かなり短い	安い
観察調査	低い	高い	（質問・提示は行わない）		長い	中程度

出所：中嶋（2013b）p.333

【参考文献】

飽戸弘（1999）『売れ筋の法則 ―ライフスタイル戦略の再構築』ちくま新書

American Marketing Association（2008）AMA press release "The American Marketing Association Releases New Definition for Marketing." January 14, 2008.

Blackwell, R. D., Miniard. P. W. & Engel J. F.（2005）Consumer Behavior, 10th ed., South-Western.

Haire, M. (1950) "Projective Techniques in Marketing Research." Journal of Marketing, Vol.14, pp.649-652.

花尾由香里 (2019)「第1章 消費者行動研究の意義と目的」永野光朗〔編〕『産業・組織心理学講座第5巻 消費者行動の心理学』北大路書房

Kotler, P. & Armstrong G. (2001) Principles of Marketing 9th ed., Prentice-Hall.（コトラー, P., アームストロング, G. 和田充夫〔訳〕(2003)『マーケティング原理 第9版：基本理論から実践戦略まで』ダイヤモンド社）

Lilien, G. L. & Kotler, P. (1983) Marketing Decision Making; A Model-Building Approach, Harper & Row.

前田洋光 (2020)「第13章 消費者行動」田中健吾・高原龍二〔編著〕『産業・組織心理学TOMORROW』八千代出版

Malhotra, N. K. (2004) Marketing Research, An Applied Orientation, 4th edition., Peason Education.（マルホトラ, N. H.,（社）日本マーケティングリサーチ協会〔監修〕・小林和夫〔監訳〕(2006)『マーケティング・リサーチの理論と実践 理論編』同友館）

Münsterberg, H. (1913) Psychology and Industrial Efficacy, Boston and New York Houghton Mifflin Company.（鈴木久蔵〔訳〕(1915)『実業能率増進の心理』二松堂書店）

中嶋励子 (2013a)「第13章 消費者行動」高橋修〔編著〕『社会人のための産業・組織心理学入門』産業能率大学出版部

中嶋励子 (2013b)「第14章 マーケティング・リサーチ」高橋修〔編著〕『社会人のための産業・組織心理学入門』産業能率大学出版部

小川孔輔 (2009)『マーケティング入門』日本経済新聞出版社

Rogers, E. M. (1962) Diffusion of Innovations, Glencoe；Free Press.（三藤利雄〔訳〕(2007)『イノベーションの普及』翔泳社）

Scot, W. D. (1903) The theory of advertising, Small & Maynard & Co.

杉本徹雄〔編著〕(2012)『新・消費者理解のための心理学』福村出版

竹村和久 (2020)「第9章 消費者行動」山口裕幸・髙橋潔・芳賀繁・竹村和久『経営とワークライフに生かそう！ 産業・組織心理学 改訂版』有斐閣

人 名 索 引

■あ行■

アージリス	34、86
アームストロング	290
アイヴィ	232
アダムス	82
アトキンソン	77
アルダファ	74
ウェーバー	19
ウェスト	197
上野陽一	8
ウォタース	197
ウッドワード	22
ヴルーム	83
ヴント	2
エドモンドソン	63
エリス	227
大原孫三郎	9

■か行■

カートライト	41、43、50、124
カーン	7
カッツ	7
カラセク	256
クーリー	39
グッドマン	197
グリーンリーフ	132
クルンボルツ	199
ゴールド	162
コトラー	290

■さ行■

サイモン	21
サビカス	199
サムナー	39
ザンダー	41、43、50、124
ジェニングス	38
シャイン	7、33、42、71、88、184、191、194

■さ行（続き）■

シャウフェリ	260、261
シャートル	121
ジャニス	58
シュロスバーグ	197、198
ジョンソン	257
スーパー	185、186、189
スキナー	225
スコット	3、281
ストーカー	22
ストッディル	118、120
スペンサー	166
セリエ	250
セリグマン	89、270
ソーンダイク	214、225

■た行■

タックマン	44
ダットン	207
タンネンバウム	118
ディクソン	52
テイラー	4、18、52
デシ	80
ドラッカー	201

■な行■

ニコルソン	197
ネヴィル	185

■は行■

ハーシー	129
ハーズバーグ	34、78
パーソンズ	214
ハーター	89
バーナード	20、23
パールズ	231
バーン	231
バーンズ	22
ハイマン	39

298

ハウス	130	松本亦太郎	8
バス	7、133	マレー	69
バッカー	261	三隅二不二	124
パブロフ	225	ミュンスターベルク	2、281
バンデューラ	225	ムートン	126
バンフリート	118	メイヨー	6、20、52、70
ビアーズ	215	元良勇次郎	8
ビネー	214	モリソン	45

■や行■

ファヨール	30
フィードラー	128
フィッツジェラルド	62
フェスティンガー	98
ブラックウェル	283
ブラットン	162
ブレーク	126
フロイト	68、222
ヘアー	281
ボイヤティス	166
ホームズ	251
ホール	198、257
ホランド	186
ホワイト	121

■ま行■

マグレガー	34、75
マクレランド	76、166
マズロー	34、72
ワナウス	142

ヤーキーズ	5
ユクル	118

■ら・わ行■

ラー	251
ラザルス	253、271
ラス	89
リービット	108
リッカート	110、122
リピット	121
レイサム	84
レヴィン	6
レズネスキー	207
レスリスバーガー	6、52
ロジャーズ	224
ロック	84
ロビンス	111

事 項 索 引

■あ行■

アーミーテスト	5
アイオワ研究	121
アサーティブ	106
アセスメント	243
アセスメント・ツール	144
安全	14

安全の欲求	72
アンラーニング	143
いいかえ	234
委員会	40
委譲的	129
偉人論	119
一次集団	39

299

一次的組織適応結果　　45
一次的欲求　　283
逸脱　　49
一般層　　29
一般的能力　　170
「いつもと違う」自分　　268
「いつもと違う」様子　　269
イベント型ストレッサー　　265
意味の反映　　235
イラショナル・ビリーフ　　228
因果的リサーチ　　295
因子分析　　168
インターネット調査　　296
インフォーマル・グループ　　52
ウェルビーイング　　89
受け手のコミュニケーション・
　スキル　　102
内集団　　39
衛生要因　　78
エグゼクティブ・サマリー　　294
越境学習　　178
円環的因果関係　　230
エンプロイアビリティ　　171
オーガニゼーショナル・カウンセリン
　グ　　206、218
大原記念労働科学研究所　　10
オープン・システム・アプローチ　　21
オープンエンドの質問　　103
送り手のコミュニケーション　　105
オハイオ研究　　121
オペラント条件づけ　　226
オンボーディング　　44、141

■か行■

会議（体）　　40
解決志向アプローチ　　229
会場テスト　　296
階層化　　29
階層別教育　　173
外的キャリア　　184、192

解読　　96
外発的動機づけ　　80
カウンセラーの職業倫理　　245
カウンセリング　　214
カウンセリング心理学　　216
カウンセリングの技法　　232
カウンセリングのプロセス　　238
カウンセリングの役割　　218
カウンセリングの倫理　　245
カウンセリング理論　　221
科学的管理法　　4、18
かかわり活動　　238
かかわり技法　　234
かかわり行動　　232
課業　　29
家族　　287
家族療法　　229
課題別教育　　173
過程理論　　71、82
カリスマ型リーダーシップ　　132
環境特性　　31
関係欲求　　74
観察調査　　296
患者とされた人　　230
感情の反映　　235
寛大化傾向　　156
管理過程論　　30
管理範囲の原則　　30
官僚制組織論　　19
機械観　　18
企業特殊的能力　　170
聞く　　102
聴く　　102
記号化　　95
技術　　31
記述的リサーチ　　294
基準関連妥当性　　148
期待　　83
期待理論　　83
規範　　47

索引

規範的影響　48	計画購買　287
技法の統合　237、242	計画された偶然理論　200
キャリア　184	経験学習　178
キャリア・アダプタビリティ　199	経験の場づくり　174
キャリア・アンカー　194	経済人モデル　33、88
キャリア・カウンセリング　205	経済心理学　3
キャリア・コーン　192	系統的脱感作法　226
キャリア・サイクル　192、202	ゲシュタルト療法　231
キャリア・サバイバル　195	欠乏欲求　74
キャリア・ストーリー　199	厳格化傾向　156
キャリア・ダイナミクス　191	健康　14
キャリア・デベロップメント・	健康経営　90
プログラム　201	健康障害プロセス　261
キャリア・プランニング　188	言語的コミュニケーション　97
キャリア・マネジメント　188	現実的な職務内容　142
キャリア・レインボー　185	好意の返報性　55
キャリア開発　186	攻撃的　106
キャリア研修　202	広告の心理学　4
キャリア構築理論　199	公式コミュニケーション　100
キャリアコンサルタント　205	公式組織　24
キャリアコンサルティング　205	構成概念妥当性　148
キャリア発達　186	合成動機　78
キャリア発達理論　189	構造化面接　146
供給源　95	構造論　222
教示的　129	行動科学　34
業績に対する関心　126	行動経済学　280
業績評価　152	行動結果面接　166
共有された仮説　26	行動評価　153
共有された知覚　26	行動療法　225
協労的行動　129	行動理論　119、120
局所論　222	購買　285
近接誤差　157	購買意思決定プロセス　283
近代組織論　21	購買前評価　284
クライエント観察技法　234	公平理論　82
倉敷労働科学研究所　9	交流型リーダーシップ　134
グループ・インタビュー　296	交流分析　231
グループ・ダイナミクス　6、42	コーシャス・シフト　58
クローズエンドの質問　103	コーチング　204、216
クロンバックのα係数　147	コーディネーション　217
経営戦略　31	コーピング　255、264、271

301

個人-職務適合　*140*
個人-組織適合　*140*
個人的機能　*42*
個人の資源　*260*
コミュニケーション　*94*
コミュニケーション・ネットワーク　*108*
コミュニケーションの阻害　*96*
コラボレーション　*217*
コンサルテーション　*217*
コンセプト理論　*119、131*
コンティンジェンシー理論　*22、128*
コンピテンシー　*166*
コンピテンシー評価　*153*

■さ行■

サーバント・リーダーシップ　*132*
サーベイ・フィードバック　*180*
再学習　*226*
サイキ・グループ　*38*
最高の効果　*3*
サイコセラピー　*216*
在宅勤務　*112*
最適の人　*3*
採用選考　*140*
最良の仕事　*3*
作業心理学　*5、14*
作業能率　*14*
サテライトオフィス勤務　*112*
差別出来高制　*4*
参加的　*129*
参加的リーダーシップ　*131*
産業・組織心理学　*7*
産業・組織心理学会　*10*
産業カウンセリング　*218*
産業心理学　*5*
産業能率大学　*9*
支援的リーダーシップ　*131*
時間研究　*4*
自己一致　*224*
自己開示　*56*

自己概念　*186、24*
自己概念の変容　*225*
自己啓発　*174*
自己効力感　*270*
自己実現　*86*
自己実現人モデル　*88*
自己実現の欲求　*73*
自己実現モデル　*34*
自己充足的コミュニケーション　*98*
自己申告制度　*203*
自己探索支援　*239*
自己調整過程支援　*240*
自己直面化支援　*240*
仕事中心行動　*122*
仕事の資源　*260*
仕事の要求度-コントロール-社会的支援モデル　*258*
仕事の要求度-コントロールモデル　*256*
仕事の要求度-資源モデル　*261*
事後評価　*139*
自己不一致　*224*
指示的行動　*129*
指示的リーダーシップ　*131*
システム4　*123*
事前評価　*139*
失敗回避動機　*78*
質問紙法　*243*
支配動機　*76*
社会階層　*286*
社会再適応評価尺度　*251*
社会人モデル　*33、88*
社会的支援　*272*
社会的怠惰　*59*
社会的手抜き　*59*
社会的欲求　*69*
社内公募制度　*203*
従業員規則　*244*
従業員業績のAMO理論　*162*
従業員中心行動　*122*
集権化　*30*

索引

集団　　38
集団維持機能　　、124
集団からの圧力　　、48
集団規範　　48
集団凝集性　　47、49
集団思考　　58
集団の硬直化　　51
集団の発達　　43
集団分極化　　58
集団らしさ　　43
集団力学　　6
自由面接　　146
自由連想法　　223
主観的ウェルビーイング　　89
受信者　　95
準拠集団　　39、286
情意評価　　152
生涯発達理論　　189
状況適合理論　　119、127
小集団　　38
焦点のあてかた技法　　235
情動焦点型コーピング　　271
承認の欲求　　73
消費　　285
消費後評価　　285
消費者行動　　15、278
消費者行動研究　　278
消費者心理学　　278
消費者保護　　279
情報探索　　284
職業指導運動　　214
職業性ストレス　　255
職業性ストレス研究所　　250
職業性ストレスモデル　　258
職業適性　　144
職業能力　　165
職能　　29
職場学習　　178
職場環境改善　　273
職場ぐるみ訓練　　180

職場集団　　40
職務　　29
職務拡大　　87
職務集団レベルのストレッサー　　267
職務遂行能力　　165
職務レベルのストレッサー　　266
所属と愛の欲求　　72
ジョハリの窓　　113
ジョブ・クラフティング　　207
ジョブ型雇用　　140
自律　　187
新規参入者の人材類型　　47
人材育成　　162
人材育成ニーズ　　172
人材育成の課題　　177
人事アセスメント　　138
人事考課　　150
人事財育成体系　　172
人事心理学　　13
人事の個別最適化　　88
人事のパーソナライゼーション　　88、163
人事評価　　138
深層的ダイバーシティ　　60
深層レベルのダイバーシティ　　163
新卒採用　　140
人的資源管理　　244
人的資源管理論　　14、162
人的資本経営　　90
信念　　228
信頼関係　　239
信頼性　　147
心理・社会的ストレス研究　　255
心理アセスメント　　239
心理学的ストレスモデル　　253
心理測定運動　　214
心理的安全性　　63
心理的契約　　71、191
心理的敗北感　　87
心理的風土　　26
心理テスト　　243

303

心理療法　216
親和動機　54、76
垂直的コミュニケーション　98
水平的コミュニケーション　98
スーパービジョン　245
スタンフォード調査研究所　288
ストレイン　255
ストレス　251、263
ストレス耐性　270
ストレスチェック　273
ストレス反応　263
ストレスフル　255
ストレッサー　251、255、263
スパン・オブ・コントロール　30
スモール・ステップ法　241
斉一化　47、48
成果　82
性格適正検査　144
成果主義の弊害　167
生活習慣　271
成功達成動機　78
精神衛生運動　215
精神分析理論　222
生存欲求　74
成長欲求　74
制約された合理性　21
生理的欲求　72
セクシュアルハラスメント　62
積極技法　235
折衷主義　231、237
説得的　129
セルフ・キャリアドック　207
専制型リーダーシップ　121
専門化の原則　29
ソーシャル・スキル・トレーニング　219、227
ソーシャルサポート　264、271
ソシオ・グループ　38
組織　23
組織開発　179
組織過程　25

組織観　18
組織構造　25
組織行動論　7、12
組織コミットメント　188
組織再適応　141
組織社会化　44
組織社会科　188
組織心理学　7
組織設計　28
組織適応　141
組織的機能　42
組織内コミュニケーション　100、108
組織の規模　31
組織の構成要素　24
組織風土　25、26
組織文化　25、26
組織レベルのストレッサー　267
外集団　39

■た行■

ダークサイド　135
大規模集団　38
体系　23
対決技法　236
対人葛藤　56
対人関係　52
対人的コミュニケーション　100
対人認知　55
対人魅力　55
体制づくり　122
代替品評価　284
ダイバーシティ　60
ダイバーシティ・マネジメント　163
ダイバーシティ経営　61、90
対比誤差　156
達成志向的リーダーシップ　131
達成動機　54、76
達成動機理論　77
妥当性　148
多要因アプローチ　256

索引

短期療法　229
探索的リサーチ　294
単純接触効果　55
中心化傾向　156
中途採用　140
調査計画　292
ディストレス　251
定性調査　295
デイリー·ハッスルズ　266
定量調査　295
適性検査　144
デプス·インタビュー　296
デモグラフィ型ダイバーシティ　163
テレワーク　112
電子メール　111
伝達経路　95
電話調査　296
投影法　243
動機づけプロセス　261
動機づけ要因　78
道具性　83
道具的コミュニケーション　98
動作研究　4
同調　48
トークン·エコノミー法　226
独自性クレジット　49
特殊詐欺　280
特性因子理論　231
特性理論　119、120
閉ざされた質問　234
トップ·ダウンのコミュニケーション　99
トップ·マネジメント　29
トランジッション　197
トランジッション·サイクル·モデル　197

■な行■

内的キャリア　184、192
内発的動機づけ　80
内容的妥当性　148
内容理論　71、72

ナラティヴ·アプローチ　229
二因子理論　78
二次集団　39
二次データ　292
二次的組織適応結果　45
二次的欲求　284
日本経営者団体連盟（日経連）　165
日本産業能率研究所　9
入力　82
人間観　33
人間関係開発　219
人間関係論　20、70
人間に対する関心　126
認知·感情·行動療法　227
認知行動療法　227
能率10訓　11
能率増進運動　8
能力適性検査　144
能力評価　152

■は行■

パーソナリティ　243、288
パーソナリティ·タイプ　196
配慮　122
はげまし　234
パス·ゴール理論　130
発達段階理論　189
場の理論　6
ハラスメント　61
ハロー効果　155
パワーハラスメント　61
汎適応症候群　251
非計画購買　287
非言語的コミュニケーション　97
非公式コミュニケーション　100
非公式集団　6
非公式組織　24
非合理な信念　228
非主張的　105
非準拠集団　39

305

評価項目　*153*
評価要素　*151*
表層的ダイバーシティ　*60、163*
開かれた質問　*234*
非リーダーシップ　*135*
ビリーフ　*228*
ファシリテーション型リーダー
　シップ　*132*
フィードバック　*96*
フォーマル・グループ　*38、52*
複雑人モデル　*34、88*
部門（職能）別教育　*173*
部門化　*29*
ブライトサイド　*135*
プロジェクト・チーム　*40*
プロティアン・キャリア　*198*
プロボノ　*178*
文化　*286*
分権化　*30*
米国国立職業安全衛生研究所　*258*
変革型リーダーシップ　*133*
包括的意思決定過程モデル　*282*
放任型リーダーシップ　*121*
訪問面接調査　*296*
訪問留置調査　*296*
ホーソン研究　*5、38、52*
ホーソン実験　*5*
ボトム・アップのコミュニケー
　ション　*99*
本能的な欲求　*68*

■ま行■

マーケティング　*15、278*
マーケティング・リサーチ　*290*
マーケティング・リサーチの課題　*291*
マイクロカウンセリング　*232*
マネジリアル・グリッド　*180*
マネジリアル・グリッド理論　*126*
慢性型ストレッサー　*265*
ミシガン研究　*122*

未成熟－成熟理論　*86*
ミドル・マネジメント　*29*
民主型リーダーシップ　*121*
無意識　*222*
命令一元化の原則　*29*
メッセージ　*95*
面接　*144*
メンター制度　*204*
メンタリング　*204、216*
メンタルヘルス不調　*264*
メンバーシップ型雇用　*140*
目的達成機能　*41*
目標設定理論　*84*
目標達成機能　*124*
目標による管理　*85、201*
モチベーション　*68*
モチベーション・リサーチ　*281*
モデリング法　*226*
モバイル勤務　*112*
問題・ニーズの認識　*283*
問題焦点型コーピング　*271*

■や行■

誘意性　*83*
有機体観　*20*
ユーストレス　*251*
郵送調査　*296*
夢分析　*223*
要因限定アプローチ　*256*
要約　*235*
要約と自立支援　*241*
抑圧　*223*
欲求階層理論　*72*
欲求理論　*76*

■ら・わ行■

来談者中心療法　*224*
ライフ・キャリア　*184*
ライフ・ステージ　*191*
ライフ・テーマ　*199*

ライフイベント　*266*
ライフイベント研究　*251*
ライフサイクル理論　*129*
ライフスタイル研究　*288*
楽観的認知傾向　*270*
ラポール　*239*
ランク　*153*
リアリティ・ショック　*142*
リーダーシップ　*118*
リーダーシップ・スペクトラム　*134*
リスキー・シフト　*58*
リビドー　*68、222*
臨床心理学　*216*
レスポンデント条件づけ　*226*
連結ピン　*110*
労働法規　*244*
六角形モデル　*195*
ロワー・マネジメント　*29*
論理的誤差　*157*
論理療法　*227*
ワーク・エンゲイジメント　*209、260*
ワーク・モチベーション　*68*
ワーク・ライフ・バランス　*188*
ワークエンゲイジメント　*45、89*
ワークエンゲイジメント　*89*
ワーケーション勤務　*113*
ワン・ベスト・ウェイ　*31*
ワンマン・ワンボスの原則　*29*

■英数字■

ABCDE理論　*228*
B=f(P・E)　*13*
BMEモデル　*283*
CDP　*201*
EQ型リーダーシップ　*132*
ERG理論　*74*
FA（Free Agent）制度　*204*
LCU　*253*
LPC得点　*128*
MBO　*201*

MRI　*229*
NIOSH　*258*
OD　*179*
Off-JT　*173*
OJT　*173*
PERMA　*89*
PM理論　*124*
QCサークル　*38*
QWL　*219*
REBT　*227*
RJP　*142*
RT　*227*
SL理論　*129*
S-O-R型アプローチ　*281*
SRI　*288*
SRRS　*251*
SST　*227*
ST　*180*
SWB　*89*
Tグループ　*180*
VALS　*288*
VPI職業興味検査　*196*
VRTカード　*196*
XY理論　*75*
X理論　*75*
X理論的人間観　*35*
Y理論　*75*
Y理論的人間観　*35*
3部門体系　*3*
4P戦略　*279*
4つの1　*134*
4つのS　*198*
5つのパーソナリティ・タイプ　*195*

著者略歴

高橋　修（たかはし　おさむ）
担当：1章、2章、5章、7章、8章、11章、12章

　東北大学文学部社会学科卒業。産業能率大学大学院経営情報学研究科修了。修士（経営情報学）。株式会社レストラン西武、学校法人産業能率大学、浜松学院大学准教授、高崎商科大学短期大学部准教授、東北大学准教授、宮城大学教授を経て、現在、淑徳大学経営学部教授。

　大阪商工会議所メンタルヘルス・マネジメント検定委員会委員、キャリア・コンサルティング協議会キャリア・コンサルティング技能検定委員。

　専門分野は、職業性ストレス・メンタルヘルス、人材育成・キャリア形成支援。

　主な著作は、『キャリアコンサルタント　その理論と実務』（日本産業カウンセラー協会 ,2024, 分担執筆）、『キャリアを創る－女性のキャリア形成論入門』（学文社 ,2021, 共著）、『大学生のための実践的キャリア＆就活講座』（中央経済社 ,2020, 共著）、「IT 企業における参加型職場環境改善の効果：比較対照研究による評価」（産業ストレス研究 , 第 23 巻 ,2016, 共著）、「職場特性が従業員のストレス反応に及ぼす効果の検討」（産業ストレス研究 , 第 20 巻 ,2013, 単著）、『活き活きとした職場をつくるメンタルヘルス・マネジメント』（産業能率大学出版部 ,2007, 共著）等。

高橋　浩（たかはし　ひろし）
担当：3章、4章、6章、9章、10章

　弘前大学教育学部中学校教員養成課程（物理）卒業。目白大学大学院心理学研究科修了。立正大学大学院心理学研究科博士後期課程単位取得満期退学。博士（心理学）。大学卒業後、日本電気アイシーマイコンシステム株式会社に入社し、半導体設計、品質管理、経営企画、キャリアアドバイザに従事し、2011年退職。2012年、ユースキャリア研究所を開設し代表を務める。特定非営利独立活動法人日本キャリア開発協会 理事・顧問。法政大学キャリアデザイン学研究科、目白大学大学院心理学研究科の非常勤講師。キャリア・コンサルティング協議会キャリア・コンサルティング技能検定委員。

　専門分野は、カウンセリング心理学、キャリア心理学、産業・組織心理学、コミュニティ心理学。

　主な著作は、『実践コミュニティアプローチ』（金子書房, 2024, 編著）、『実践家のためのナラティブ / 社会構成主義キャリア・カウンセリング』（福村出版 , 2017, 共著）、『社会構成主義キャリア・カウンセリングの理論と実践』（福村出版 , 2015, 共著）、『新時代のキャリアコンサルティング』（労働政策研究・研修機構 , 2016, 共著）、『セルフ・キャリアドック入門』（金子書房 ,2019, 共著）、『グループ・キャリアカウンセリング』（金子書房 , 2018, 共著）等。

改訂版 社会人のための　産業・組織心理学入門　　　　　　　　〈検印廃止〉

著　者	高橋　浩
編著者	高橋　修
発行者	坂本　清隆
発行所	産業能率大学出版部
	東京都世田谷区等々力 6 -39-15　〒 158-8630
	（電 話）03（6432）2536
	（FAX）03（6432）2537
	（振替口座）00100-2-112912

2024 年 11 月 30 日　初版 1 刷発行
2025 年 3 月 15 日　　　　2 刷発行

印刷所・製本所／渡辺印刷

（落丁・乱丁はお取り替えいたします）　　　　　　　　ISBN 978-4-382-15854-2